思维课堂

和孩子一起解码学习

“上城教育高质量发展系列丛书”编委会
编　著

上海交通大学出版社
SHANGHAI JIAO TONG UNIVERSITY PRESS

图书在版编目 (CIP) 数据

思维课堂：和孩子一起解码学习 / “上城教育高质量发展系列丛书”编委会编著 .—上海：上海交通大学出版社，2023.3
ISBN 978-7-313-28203-3

Ⅰ.①思… Ⅱ.①上… Ⅲ.①中学生—学习方法
Ⅳ.① G632.46

中国版本图书馆 CIP 数据核字（2022）第 249778 号

思维课堂： 和孩子一起解码学习
SIWEI KETANG: HE HAIZI YIQI JIEMA XUEXI

编　　著：	“上城教育高质量发展系列丛书”编委会		
出版发行：	上海交通大学出版社	地　　址：	上海市番禺路 951 号
邮政编码：	200030	电　　话：	021-64071208
印　　刷：	杭州捷派印务有限公司	经　　销：	全国新华书店
开　　本：	710mm×1000mm　1/16	印　　张：	15.5
字　　数：	261 千字		
版　　次：	2023 年 3 月第 1 版	印　　次：	2023 年 3 月第 1 次印刷
书　　号：	ISBN 978-7-313-28203-3		
定　　价：	78.00 元		

“上城教育高质量发展系列丛书”编委会

本册编委会

主　编

孔晓玲

副主编

蒋　敏

成　员

唐少华　邵　虹　朱奕晴　陈　瑶　闻蓉美
汤亚梅　曹建军　孙琴娟　吕琼华　任敏龙
郑一峰

总　序

⊙

2022年10月，中国共产党第二十次全国代表大会胜利召开。党的二十大报告指出：从现在起，中国共产党的中心任务就是团结带领全国各族人民全面建成社会主义现代化强国、实现第二个百年奋斗目标，以中国式现代化全面推进中华民族伟大复兴。高质量发展是全面建设社会主义现代化国家的首要任务，而教育又是全面建设社会主义现代化国家的基础性、战略性支撑之一。

建设高质量教育体系，要以改革教育教学为动力。教育工作者要转变教育观念，遵循青少年儿童发展规律，践行"顺性教育"理念；要改革培养人才模式，改善教育方式方法，改进教育评价制度，落实"双减"要求，推进素质教育；要科学地运用信息技术，促进教育数字化，把现代技术与优秀教育传统相结合，促进教育现代化。

杭州市上城区作为长三角主要城市的中心城区，历史悠久，底蕴深厚，在探索教育高质量发展的实践方面起步较早，形成了很多具有区域特色的发展经验。这些年来，我多次到过上城，访问参观多所学校，与上城的教育行政干部和学校教师有所接触，并目睹了上城教育发生的变化，我认为以下几个方面值得关注：

一是以创新发展推动教育改革。“惟改革者进，惟创新者强。”一直以来，上城都肩负着为教育改革探路先行的历史使命，在理念、机制、服务创新方面作出了有益的尝试。在数字化时代的背景下，上城全面推进教育领域的数字化改革，构建了数字化、空间化、智能化、一体化的数智治理格局。此外，上城重视家庭教育，在全国首创“星级家长执照”，开创家长“持证上岗”的先河，为家校协同育人探索了新的路径。

二是以协调发展促进优质均衡。教育高质量是实现全学段、全领域、全系统的优质均衡，是在政府、学校、社会等主体之间建立良性互动。上城加大统筹力度，开发上线“淘活动”平台，有效整合各类校内外活动资源，打造“九养上城”课程体系，让城市居民乐享终身学习，让各级各类教育的价值与功能实现最大化和最优化。

三是以绿色发展提升育人品质。教育的高质量是在“质”与“量”方面都达到高水准，关注的是人的可持续发展。上城坚持以学生为本，尊重学生的身心发展规律。一方面，深入推进面向学生、教师、学校的教育评价改革，树立科学的教育质量观和人才培养观。另一方面，将课堂作为立德树人的主渠道，启动“思维课堂”研究，实现课堂从“知识立意”“能力立意”到“素养立意”，以思维发展促进学生核心素养落地。

四是以开放发展实现要素整合。高质量的教育体系是开放的，包括系统内部各类资源的开放，也包括系统外部各种要素的开放。上城坚持开放的教育理念，着力打破校园围墙与学科壁垒，探索建设区域学习中心，以“走班—走校—走社会”的新型学习机制，促进学生个性化发展。坚持以德化人，打造特色德育品牌“行走德育”，让学生走出校园、走入社会，以“行走”的方式践行社会主义核心价值观。

五是以共享发展助力教育公平。共同富裕是新时代的命题，教育均衡发展是共同富裕的基础，也是共同富裕的重要体现。上城在共同富裕的背景下，创新名校集群的发展范式，打造教育“新共同体”十大模式，强化师资队伍建设，以“五阶段、五梯队、多维度”的“教育人才多维生长台”助力教师专业发展，促进优质教育资源为群众所共享，以教育公平促进社会公平正义。

上城教育的发展，充分体现其对教育高质量发展的解读、思考与实践，展现了上城胸怀“国之大者”的视野与格局。上城教育编写出版的“上城教育高质量发展系列丛书”，全面梳理并总结了其教育改革发展的成果，涵盖名校集群建设、教育数字化改革、课堂教学改革、教育评价改革、教师培养、学校德育、家庭教育等方方面面，内容丰富、站位高远、系统性强，既有科学的教育理论，又有典型的经验案例，体现了理论与实践的统一、科学与趣味的统一。

“上城教育高质量发展系列丛书”汇集了上城教育育人实践的精华，凝聚了很多有价值的发展经验，为各地的教育改革发展提供了参考和借鉴的对象，有助于建设高质量的教育体系。相信更多的教育人能够从书中得到启迪，进一步锐意改革、积极创新，有力推动教育高质量发展。祝贺本套丛书的出版问世！

是为序。

顾明远

北京师范大学资深教授

中国教育学会名誉会长

2022 年 11 月 28 日

序

⊙

习近平总书记在党的二十大报告中提出:“加快建设高质量教育体系,发展素质教育,促进教育公平。”建设高质量教育体系离不开高素质人才的培养,而高素质人才的培养,离不开思维教育。

未来,中小学思维课堂教学研究的方向是什么,提升点在哪里?我觉得主要有以下几个方面。

第一,要与“双新”和“双减”更加紧密地结合。所谓“双新”,就是新课标和新课程,用新目标教学引领新课程改革。“双减”,就是减轻学生过重课业负担和减轻学生和家长在校外培训的负担,落实立德树人的根本任务,全面进行素质教育,培养学生实践精神和创新能力。思维课堂要成为深度融入“双新”和“双减”的教学,基于新教材、新目标展开实践,发挥思维课堂教学在“双减”背景中的作用。

第二,要与审美、情感更加紧密地结合。首先,思维课堂是把艺术和审美结合起来,同时把审美和思维,即“美”和“思”结合起来,使思维教学走向艺术、审美、思维等多方面的融合；其次，思维课堂是把思维和情感融合起来，课堂教学要真正做到在思维、审美、情感意义上的融通。我所理解的深度学习，不能只是深入思维，还可以深入情感、深入审美，更应该达到思维、情感和审美之间的融通，这是我理想中真正的深度学习。这说起来容易，做起来很有挑战，真的需要在更多的课堂实践中提炼经验。

第三，要与实证和实验更加紧密地结合。用实证的眼光、实证的态度、实证的方式，展现更多思维课堂教学研究的实验成果。

第四，要与工具和方法更加紧密地结合。除了想象和思辨等思维工具，思维教学还需要其他工具和方法。就像汽车、飞机、高铁是我们抵达目的地的交通工具一样，好的教学工具也能带师生更有效地达成教学任务。我们要将有价值的教学工具分享出来，共同借鉴、推广和运用。

综上所述，什么样的研究方法、研究范式最适合思维课堂的研究呢？那就是实证研究。推进思维课堂的研究需要科学方法，要用实证的态度和方法，谨慎、理性地开展实验。既要有实证教学，还要有实证教研。要将实证的态度和方法，贯穿渗透在思维课堂实践和教研之中。真正做到三个“实”——实证、实验和实践，这三者是融为一体的。要让思维课堂的教学、思维素养的培养，转变成我们教育人的专业力量，成为教育人的新能力、新素养、新基本功。要以此视角来备课、上课、说课、观课和评课，以此视角来解读新课标、解读新教材、解读教学内容、解读学情、解读教师专业发展所需的素养。我们要让这些研究成果从大学老师的论文、报告、著作，从大学教授的理论研究中，真正走向中小学的课堂，走向教师的专业发展建设，让每个老师都拥有在课堂教学中进行实证研究的能力。

思维课堂教学的研究与实践在上城区蓬勃开展，中小学各学科展开了全学段的沉浸式实践。从最初各学科思维课堂朴素的实践探索，到区域课堂教学范式的提炼，现在又依托“思维课堂观察分析与实验室”的创建，展开了思维课堂、思维教学的实证研究。其根本的目的就是“看见思维”、赋能学习。

总之，思维课堂教学的研究还要不断迭代升级，教师们要在实践中实现自我进化、自我生长和自我发展。在本书中，我们欣喜地看到，正是这种实证研究的态度与行动，使得上城区的思维课堂教学研究实现了从“教”到“学”的转变，这种转变是具有标志性意义的思维转型，从“学习”的角度分析思维、发展思维，以“学习者”为中心开展思维课堂的教学实践，这样的行动体现了教学思维和研究思维的转型、提升。接下来，期待更多有生命力的实践案例出现，期待素养立意的课堂能越来越多地出现在我们身边。

李政涛

华东师范大学教育学系教授

2022 年 12 月 17 日

目录

CONTENTS

第一章
解码学习·解码思维

教育的核心使命就是帮助人学习。思维是学习的关键，也是教学的中心。当我们把学生如何学习、如何思维等一系列问题放置在课堂中，就会发现我们面临的是前所未有的变革。尽管课堂研究一直被关注，但是当下的课堂是否真的实现了理想的学习，是否足以支持学生的全面发展？“思维课堂”的研究要带动更多教师改变更多课堂，让每一堂课都成为帮助学生成长为自主学习者、深度学习者、终身学习者而打下的基石。本章在解析学习、思维和“思维课堂”之间关联的基础上，与读者共同探讨什么是一堂好课的标准，好课的关键为什么是思维，以及“思维课堂”的定义和特征。

第一节
为什么是“思维”

⊙

“采摘与渔猎文明”时代的教育，以发展学习者的生存技能为目标。人类通过群体活动，以言传身教的方式，学习狩猎、采集、捕鱼、缝制衣服、战斗等技能。“农牧和养殖文明”时代，造纸术与印刷术的发展、面授和自主阅读，对知识的传播起到了巨大的推动作用，同时也推动了教育事业的大发展。“机器工业文明”时代，教育的主要目标从学会生存、学会做人转向学习现代科学知识及发展专业技能，书籍、广播、电视等载体丰富了教学方式，但其本质上还是从不同渠道接受知识。随着互联网及智能终端设备的迅猛发展，今天，教育大步迈入“信息智能文明”的时代，各种各样的知识如潮涌一般，以多种路径、多种形态和多种方式展现在所有人的面前。人类教育的责任不再局限于传授知识，而是要培养学生具有自主学习、深度学习、终身学习的意识和能力。

但是，现实生活中仍有很多学生的学习存在问题。有些学生看起来非常努力，课堂上听讲态度认真，作业也能按时完成，订正错误也很积极，但是每次考试成绩却不尽如人意。有些学生对学习有热情，却没方法，只会刷题、做试卷。

有些学生只对当天上课的内容有印象，过一段时间要考，却完全记不得了，或者遇到一道需要运用以往所学知识来解答的综合题，就无从下手。还有些学生脱离了老师的作业、父母的安排和培训班的任务，自己就不会安排学习进度和学习计划。无奈的父母调侃自己的孩子学习“不过脑子”；事倍功半的学习结果常常让孩子产生“我已经非常努力了，但是仍然学不好”的挫败感。

要改变学习，还是要从解码学习开始。

一、思维是学习的核心

《应用学习科学》是当代教育心理学家、学习科学家梅耶的代表作之一。梅耶在书中提出“学习必然要让学习者发生改变”“教育的核心使命就是帮助人学习”。如何帮助学生学习呢？绝大多数人都认同“学校教育是帮助学生学习的主体”。

但是，对于什么是学习，人们的看法却不尽相同。

有的人觉得，学习就是记忆，就是把知识记住。记的内容越多，速度越快，遗忘率越低，学习水平和学习效率就越高。

有的人觉得，仅仅把知识记住是不够的，还需要理解。但是理解到何种程度呢？是懂得，是了解，是领会，还是能用记住的知识来完成试题，拿到分数？

还有一些人可能会觉得理解知识也还不够，必须学会运用知识来解决问题。那么，我们如何确认现有的知识体系足够解决所有未知的问题？

很显然，这些看法都是从学习的结果这个角度来定义学习的。教育学中，这类研究成果非常丰富。例如布鲁姆的六层次目标分类法（见图 1-1-1）、布鲁姆的弟子安德森的目标分类法、马扎诺的教学目标分类法、加涅的学习结果分类等等。盛群力老师等编著的《21 世纪教育目标新分类》一书，对于教育目标分类的研究也有比较全面的阐述。

Bloom's Taxonomy of Learning Domains
布鲁姆教育目标分类

Benjamin Bloom
本杰明·布鲁姆

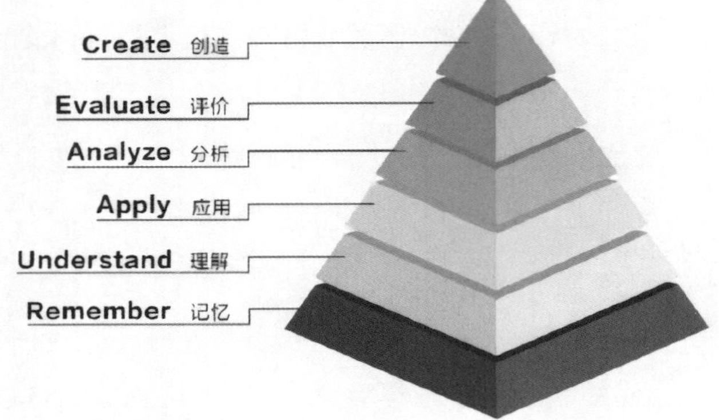

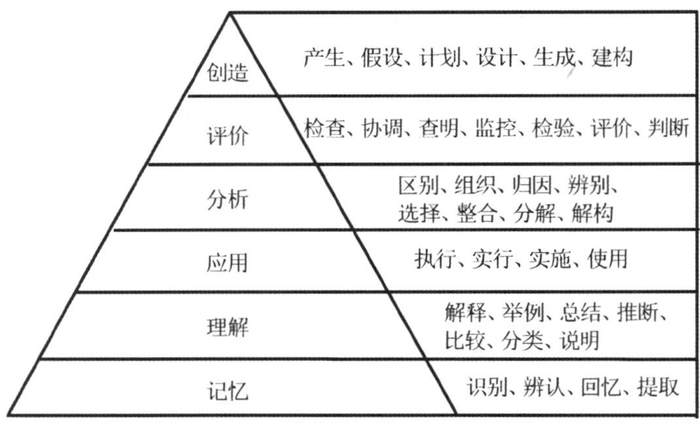

图 1-1-1　布鲁姆六层次目标分类法

“学习”一词，日常使用频率很高，但要弄明白“学习”并不简单。它涉及学什么，即学习内容；怎么学，即学习方式、方法；学习是怎样发生的、怎样进行的，即学习过程；学得怎么样，即学习评估；为什么学，即学习的动力。

100 多年以来，人们一直在试图弄清楚“什么是学习”“人如何学习”等问题，对此不同的学习理论都有不同的回答。从行为主义、社会学习理论，到认知主义、建构主义，再到人本主义、联通主义、具身认知理论及近几年兴起的认知神经科学，都试图回答这些问题，并从不同侧面来探索学习的本质。

在不同学习理论的指导下，形成了各种各样的教学方式和学习方式，如基于项目的学习、基于问题的学习，又如理解性学习、记忆性学习、应用式学习、案例式学习、研究性学习、跨学科学习等等。不同名称的学习方式，是因为基于不同的分类标准，有的是从学习结果的角度分类，有的是从学习内容的角度分类，有的则是从具体方法的角度分类。

不管学习方式有多么丰富、多样、复杂，有三点是共同的：一是学习的主体都是人，二是学习是由“经验”引起的，三是学习都离不开思维。

为什么说“学习的主体是人”？首先，孩子自从出生就不断地与周围的世界互动，探索世界是孩子的本能。换句话说，人是喜欢学习的，人人都有学习的潜质，正如弗朗索瓦·雅各布在《生物学与种族主义》一书中所说的：人是一台学习机器。所以，学习的主体是人，从学校教育的角度看，这个主体就是学生。只有学习者本人才能进行学习，别人不能取而代之，学习者是其自身教育真正的“创造者”。学习者只有对所学的知识主动加工、组织、编码或建构，学习才能真正发生。

其次，学习是由“经验”引起的。“所有儿童和成年人都通过自己的先有概念来理解世界、解码信息”，来学习新知识。学生来到学校学习，不是头脑空空，让老师可以随意向他们的脑袋里塞进各种东西的。学生是带着“经验”来到学校的，这种经验包括学生原有的生活经验、原有的知识、方法、态度、价值观等等。学习心理学家把这种经验称之为“前概念”。前概念具有多重维度，对学生的学习可能起促进作用，也可能起阻碍作用。美国著名教育家奥苏伯尔曾说：“假如让我把全部教育心理学仅仅归结为一条原理的话，那么，我将一言以蔽之：影响学习的唯一最重要的因素，就是学习者已经知道了什么。”所以，学习是由学习者原有经验引起的，这也就需要我们教师了解学习者，要读懂学生。

再次，学习离不开思维。认知主义学习心理学关注学习的思维过程。他们认为，在做中学、向问题挑战，有助于学习者形成对所学知识的个人化理解，促使其在实际生活中应用所学知识。这种认知主义理论被称作“建构主义”。他们一致认为，只有学生形成了个人化的意义建构，学习才能发生，个人化的意义建构的形成，往往依赖于学生本人原有的知识、经验及学习体验。如美国著名教育心理学家、哈佛大学教育研究生院资深教授戴维·珀金斯在《为未知而教，为未来而学》一书中提出：学习即理解，理解即思考，培养思考能力，等于加深对知识的理解；学习即运用，把你的理解和思考用起来。总之，学习离不开思维。

正如孔子所说：学而不思则罔。学生根据自己现有的经验对新知识进行组织、加工或编码，学习才会真正发生，从学习方式、方法的角度看，无论是记忆、理解、应用，还是分析、评价、创造，是问题学习还是项目学习，是理解性学习还是做中学，都需要思维的参与。学习离不开思维，思维是学习的关键。古今中外的教育家、科学家对此已有大量的阐述。

二、学习是思维的结果

今天，我们要培养学生学习什么、学会什么呢？从课程的角度讲，是学习各种各样的学科课程；从知识的角度讲，是学习各种各样的知识。而知识又可以依据不同的标准分成各种类型，例如：陈述性知识，即关于世界是什么的知识，包括事实、定义、符号、概念、原理等；程序性知识，即怎么做的知识，包括规则、程序、步骤、策略等；价值性知识，即有什么用的知识，任何学科知识都有其自身的学科价值。当然，不同的专家会有不同的分类方法。但不管怎样，学习是一个动态发展的过程，任何知识的获得、理解、运用，其目的就是希望学生发展其能力和素养。一旦教师在日常教学中，窄化了知识的概念，过于关注陈述性知识的学习，过于强调灌输、讲授、死记硬背，那么，学生就成了记忆知识的“容器”。教师应该认识到，能力和素养的发展离不开思维。思维是教学的中心，学习的结果来自于思维的加工。

首先，获取知识需要思维。教师要让学生学会“什么是密度”，当然不能满足于学生能背诵“密度”的概念和公式，这没有太大的意义。教师需要设计一系列有进阶的学习任务，促进学生对“密度”这个概念的理解，如用自己的话解释什么叫密度；举例说明密度的概念；比较密度与浓度的区别；等等。也就是说，要让学生真正学会“密度”的知识，教师要帮助学生建构新旧知识之间的联系，让他们根据自身已有的经验，形成对“密度”的意义建构，即思维对认知进行加工的过程。

理解知识有很多思维的方法，如解释、举例、联系、比较、推理、转化、概括、分类等等。罗恩·理查特、戴维·珀金斯、莎丽·蒂什曼、帕特丽夏·帕尔默等研究者，也提出了提高理解力的思维形式，即“理解力图表”，提醒人们指导孩子“细心观察、仔细描述”“解释说明”“给出例证”“建立联系”“考虑不同的观点与角度”“抓住中心并作出结论”“思考并提问”“了解问题的复杂性并深入思考”。

戴维·珀金斯在《聪明的学校》中指出：学习是思考的结果。学生只有不断地思考所得知识，才能记住它、理解它，并加以运用……要知道，知识来自于思考。只有不断地思考所学的内容，我们才能真正地掌握它。如此，我们得到一个判断：思维是学习的中心，而不是学习的补充，不是可有可无、无足轻重的。

其次，思维是能力的核心。把教育看作培养人的活动，已经成为我国教育界具有广泛共识的观点。2022 年新发布的各学科课程标准，基于义务教育培养目标，将党的教育方针具体化、细化为本课程应着力培养的学生核心素养，体现正确价值观、必备品格和关键能力的培养要求。也就是说，核心素养的重要内容之一就是关键能力。能力是指能够运用知识解决问题，其核心是思维。优秀的思维能力包括理解力、分析力、综合力、比较力、概括力、抽象力、推理力、论证力、判断力等。思维既是学生获取、理解和运用知识的方法，也是学生学习的目标、任务。随着人类历史进入信息时代，知识数量呈几何级暴增，知识是学不完的，教育的目的是让学生学会掌握知识的方法，即“授之以渔”。有专家指出，培养学生核心素养需要引导学生进行深度学习。研究表明，与以记忆、复述知识为特征的浅层学习不同，深度学习需要学生去建构新旧知识的联系，并在此基础上理解知识的意义。而要真正理解知识，离不开对知识的深层次思考。从这个角度来说，学科知识是用来发展学生思维品质的载体，让学生从容地面对未来的不确定性。教学的目的就是发展思维能力。发展学生的思维，才是我们教学的核心任务。

再次，思维有助于学生形成同感、道德感及集中注意力。思维是发展学生同感能力的关键，这是一种需要花时间进行训练才能具有的能力。学生只有发展了同感能力，学会思考他们的行为是如何影响他人的，才能够很好地社会化。鼓励学生进行道德思考，发展道德思维水平，提升道德践行能力，引导学生对道德两难问题进行思辨，对各种泛滥的信息进行批判性思考，明辨真假是非，做出合理的价值判断，有助于学生形成道德感。思维还有助于集中学生注意力。注意是学习的门户，没有注意就没有学习。高质量的思考是能够高度集中注意力的。而学会专注，会对他们整个受教育过程中的学习起到重要作用，也会增加他们将来离开学校后成功的机会。

总之，思维是教学的中心，其主体是学生。现代教学论认为学生应该被置于教学的中心位置，即以学生为中心的教学。这种教学观使教师从知识的传输者转变为学生思维能力的培养者。越来越多的教师认识到，学习的过程不是被动接受知识的过程，学习是学生积极思考和意义建构的结果。如何帮助学生成为一个优秀的思考者，是每一位教师必须关注的问题。

三、思维影响学习

学习是孩子的天性。可是随着孩子慢慢长大，进入学校，开始接受“正式学习”，却常常出现不尽如人意的现象：很多孩子不愿学、不会学，甚至是厌恶学习，千方百计逃避学习；有的孩子则出于外部压力，努力地坚持学，学得很累，但学习成绩并不理想，学习效果不好。尽管这类情况的发生，存在多方面的原因，但是，学校教育所负担的责任，促使我们从思维的角度进行分析。

首先，思维方式影响学习的结果。理查德·保罗在《批判性思维工具》中说：“思维是人类最重要的高级心理活动之一，思维和意识的存在使人类和其他动物有了显著的不同。”“思考是人类最大的乐趣”，思考是人类所独有的，是人和动物的最本质的区别。心理学家们很早就开始对思维进行研究。但是，传统心理学把思维与问题解决进行关联，很少关注思维是如何影响人类生活的。随着文化心理学的发展以及积极心理学运动的深入，人们开始把研究重点放在思维方式对人类生活的影响上。心理学家们开始意识到：思维方式决定行为方式。思维决定行为、感受和需要。思维方式是一个人是否幸福或是否成功的决定性因素。在生活中，决定人们心理感受是积极的，还是消极的，恰恰是人们的思维方式。

思维方式对学习具有很大的影响。2006 年，斯坦福大学的卡罗尔 · 德韦克教授团队经过 30 多年的研究，发布了关于“成长型思维”和“固定型思维”的研究成果。他们认为人有两种思维方式，一种叫成长型思维，一种叫固定型思维。具有成长型思维的人更喜欢挑战性任务，不怕困难，不怕失败，不怕犯错，勇于坚持。因为，他们认为人的智力、聪明程度、能力经过努力是可以成长的、改变的。而固定型思维的人正好相反，认为人的智力是天生的、固定不变的，后天怎么努力都是没用的。因此，他们害怕挑战，害怕困难，害怕失败，害怕犯错，容易放弃。这也就导致他们在学业、工作，甚至生活上的失败。同时，这一成果还提出，每一个人都具有两种思维方式，只是“触发点”不一样，成长型思维是可以培养的。脑科学新知识已经表明，人的潜能是无限的。神经科学研究表明，学习是神经元之间的连接，学习促进神经重塑，犯错促进大脑生长。卡罗尔 · 德韦克指出：我们每次犯错，大脑神经元突触都会被激活，表明大脑在生长。为什么人们会形成不同的思维方式呢？“如果数学老师只教孩子死记硬背规则和解题过程，即使他们强调了努力和坚持不懈的重要性，学生也无法感到自己能力在提高，也就无法形成成长型思维模式。”如此看来，孩子的思维方式与成年人（家长、老师）的表扬、批评方式有关，也与教师的教学方式有关。

其次，思维方法影响学习的效果。学生不会思考、缺少思考问题的方法，就无法解决问题。从这个角度来说，提升能力的核心是发展思维能力。而思维能力的发展，有赖于思维方法的掌握。

我们经常听到老师在课堂上会这样说：请同学们看课文，然后概括出文章的主要内容。但怎么概括呢？概括的步骤有哪些呢？老师没有向学生交代清楚，学生也是糊里糊涂自己摸索。尽管大家都认为概括是基本的思维方法，但学生不可能天生就会。只有要求，没有方法，概括能力的缺失，成了学生阅读学习的瓶颈。

在学生面对一个个难题时，老师们还经常会说“要学会分析”。的确，分析同样是重要的思维方法，可是老师对如何分析只字不提，是先分类，再排序，还是先对比，再选择？如果老师只提要求，不提供帮助，学生只能凭感觉，怎么可能做到“胸有成竹”？

还有，几乎所有老师都会跟学生说，你们在学习时不要死记硬背，要理解。可是，理解有哪些方法，不同年级的学生面对不同的学习内容，究竟要理解到哪个层次，老师是否真的清楚明白？如果老师不说清楚，那学生只能一遍一遍地重复，直到背出来为止。

学生思维方法的不足，还有一个原因是，教师在指导学生运用思维解决问题的时候，缺少工具支撑。思维在大脑中进行，学生也不知道教师在想什么，为什么这样想；学生是否在思考、怎样思考，老师也看不见。指向思维发展的教学必须得借助可视化的思维工具，如利用韦恩图、矩阵图等可视化图形，帮助学生学会比较。这些工具就是学生学习思维的支架。

所以，要想让学生掌握思维方法，发展思维品质，课堂教学就需要重新设计，学习内容就需要重新架构，评价以及工具等就需要重新发表和研发。

再次，思维品质影响学习能力。思维品质通常是指思维的严密性、逻辑性、深刻性、灵活性、创新性。不同专家也有不同说法，如华东师范大学李政涛教授就非常强调思维的清晰度。思维品质是学生在长期的思维训练过程中慢慢形成的。不同的思维品质，对学业学习影响很大。如逻辑性，一个逻辑混乱的学生，无论是在日常做作业过程中还是在考试中，都可能会影响答题的质量。再如深刻性，如果学生的思维缺乏深刻性，回答问题仅仅是停留在思考的表面，就很难获得问题本质的答案。思维品质的不同维度，正是教师训练学生思维的方向。教师可以设计不同类型的问题或学习任务、学习活动，有针对性地开展思维品质训练。例如问题教学，对发展学生思维能力、思维品质就十分有效。问题有不同的类型，从思维层次角度看，可以分为低思维层次问题和高思维层次问题，如记忆、复述性的问题，就是属于低思维层次的问题；分析型、评价型、创造型问题，就属于高思维层次的问题。根据问题的答案数，可以将问题分为封闭性问题和开放性（发散性）问题。封闭性问题只有一个答案，适合训练聚合性思维；开放性问题常常有多个答案，适合训练学生的发散性思维。从问题的指向维度，可以把问题分为内容性问题和过程性问题。内容性问题基于事实，重点在关键性概念上，例如，“故事包含哪些要素”“什么是分数”等。过程性问题，关注学生的学习过程，这类问题常常属于反思性问题，让学生反思自己的学习过程，总结学习方法与策略，从而培养学生的反思能力。

四、如何发展学生的思维

学习的主渠道在课堂。打造思维课堂，让学习真实、持续、有效地发生，首先要研究学生有什么样的思维，如何发展学生的思维等一系列问题。

这样的研究，首先要明确谁是思维的主体。学生是学习的主体，是思维的主人，发展学生的思维，必须调动学生积极参与的主体意识。思维加持的学习，是学生积极思考和主动建构的过程，这就需要教师关注学生的思维态度，鼓励他们挑战自己的能力边界，走出舒适区，进入发展区。教师要帮助学生认识到，学习是挑战，挑战就可能遇到困难、失败、丢面子，需要有勇气去面对、去坚持。学生也正是在挑战学习任务的过程中逐步发展思维。当然，在鼓励学生挑战学习任务时，也要根据不同年龄阶段学生的思维水平，设计符合学生思维能力水平的任务，将学生置于“最近发展区”，在教师设计的各种“支架”的帮助和鼓励下，不断丰富思维方法，提升思维能力。

其次，思维的发展在任何时间、任何地点、任何场景中都可能发生。课堂中的思维发展要结合各学科的内容来推进，离开各学科内容知识，思维就成为无源之水、无本之木。思而不学则殆，偏离学习内容的思考，那不成了胡思乱想了吗？况且，每门学科都有自己的学科特质和相匹配的思维能力，如数学学科就特别强调思维的逻辑性、严密性，强调数形结合；科学学科特别强调实验探究，注重实验规范性、实验数据的分析及结论的推导；历史学科则特别强调学会从不同角度看问题；跨学科的学习则强调思维的综合性。

再次，要重视思维评估与思维评估的可视化工具。思维发展不仅需要有载体，如问题、任务，而且更加需要提供可视化的思维工具，因为学生在思维的时候，我们看不见。学会方法，其实就是学会使用工具，没有工具不可能学会方法。思维工具最好是“图形组织器”，如概念图、思维导图、鱼骨图、冰山图以及各种表格。

浙江省特级教师唐少华在教学《商鞅变法》一课时，设计了以下两张图表（见图 1-1-2），从不同维度引导学生多角度审视问题。

事件	不同的人	看法
商鞅变法	旧贵族	
	新兴地主	
	农民	
	当时的别国统治阶级	
	后代史学家	

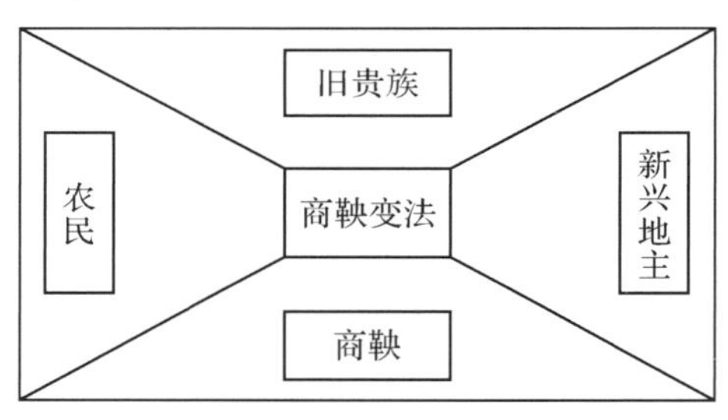

图 1-1-2 《商鞅变法》的问题图表

以上案例提醒大家，重视培养学生的思维能力，重在帮助学生掌握思维方法，而要学生学会各种思维方法，就需要教师提供各种思维发展支架和思维诊断工具。看见思维，发展思维，这也是教师教学能力的重要体现。唐老师提出，在培养学生思维品质的过程中，提问具有极其重要的作用。通过向学生提问、追问，能帮助学生形成良好的思维态度、思维能力和思维习惯。在进行问题教学时，要给足学生思考的时间，要引导学生的思维向纵深发展。

培养思维的深刻性，要让学生的思维过程清晰有进阶；培养思维的逻辑性，要鼓励学生尽可能从多角度寻找答案；培养学生思维的发散性，要鼓励学生自己提出问题，大胆提问，小心求证；提高思维的严密性，要为学生创设平等、宽松的课堂氛围，让学生大胆讨论，发表自己的看法，保证独立思考的时间和空间……当我们把这些问题，放置在课堂中，就会发现我们面临的是前所未有的变革。

第二节
让学生在好课中学会学习

⊙

链接 1-2-1
写在课本上的笔记

有人说，一个学生的书本上，只有写满了密密麻麻的笔记，才能证明自己是个爱学习、会学习的好孩子。虽然不一定如此绝对，但确实有许多人都认为笔记记得好，就是会学习的表现。那么，作为老师，你对链接 1-2-1 的笔记（扫描二维码即可查看）是否满意呢？

大部分老师看到这份笔记的第一感觉，都是肯定。对，这是一位认真的学生。可以看到，这位学生的笔记记得很多。他用橙色、紫色的水彩笔涂画了“宇航员”“遨游”等词语，又用黑笔标注了“薄”“扁”等多音字的读音，还记下了“打比方”“做比较”等文中所用的说明方法以及作用。

假设这些笔记都是在课堂上完成的，他必定没有时间“心不在焉”或“开小差”。但是，这位学生对文章主旨，对写作方法，真的有自己的判断和思考吗？

《只有一个地球》是六年级上册《语文》中的一篇课文。尽管生字词语、说明方法也需要掌握，但概括课文的主要内容，梳理这篇文艺说明文的写作思路，才是六年级学生学习这篇课文的重点；能分析整个文本的表达逻辑，从中提炼出主要观点“我们只有一个地球，必须保护地球的生态环境”，并且能理解这个观点是如何一步步说明的逻辑，才是他们学习这篇课文的难点。

这位记笔记的学生在 40 分钟的时间里，边听边写，还要根据内容换不同颜色的笔，记下的内容，却和应该解决的重点、难点关联不大。这样的学习，是理想的学习吗？

再假设，学生记录的内容，的确来自于老师在课堂上呈现的内容。那么，我们可能都需要反思，这样的课堂，为学生核心素养的发展、思维能力的提升，是否预留了足够的时间和空间？这样的课堂，是否够得上一堂好课的标准？我们的课堂是否真的实现了理想的学习，是否真的足以支持学生全面的发展？

一直以来，课堂都是培养人才的主渠道，提升学校教育质量的主路径，也是教师职业的主舞台、学生发展的主阵地。对于教育改革来说，课堂教学更是关键点。从“教书”为本，转向教书育人，转向实践育人、综合育人，课堂的“育人价值”有待进一步挖掘、重塑。

无论是学生、家长，还是教师，都对课堂有足够的期待和重视。

随着课程改革的推进，各地各校对课堂教学的研究一直在持续。但是，大多数教师的关注点仍然是新课如何导入、教材如何处理、环节如何设计、课堂评价如何呈现、现代技术如何融入等操作点，停留在“术”的层面，对课堂教学之“道”则重视不足。各种新的教学方法、教育技术层出不穷，各种新名词、新风格接连出现。然而，老师想的仍然是如何用各种形式讲好教材上的某个内容、要考试的某道题。学生在课堂上，还是被知识点或考点驱动，课堂始终以知识传授为重心，甚至出现课内轻松课外补等不尽如人意的现象。偏离了课堂与教育本身的规律，课堂变革就无法发挥应有的效果。

一、一堂好课的标准

据考证，自鲁昭公十七年（公元前 525 年）孔子开创私学，传道授业解惑开始，中国就有了课堂的雏形。自那时起，老师讲、学生记的课堂样态延续到今天，几千年来几乎没有本质的变化。

如何理解“课堂”，是一个很有意思的话题。

有人提出“课堂是学生学习的场所”，也有人提出“课堂是围绕学习内容划分的结构性时段”，还有人从课堂的英文单词“lesson”、拉丁语单词“lectio”引申，认为课堂是“阅读和表达”。这些观点都有自己的理由。但是反过来想，有效的学习是否必须有个教室，有张课桌？保证了内容和时间的课堂，就一定能保证有效学习发生吗？

如此想来，我们可以对课堂有多元的理解，更要认识到，课堂的样态也必将发生改变。

1. 教师眼中的好课

随着时代的发展和科技的进步，知识获取的渠道越来越多元，课堂的时空越来越广阔，课堂的个性越来越强。一直以来，教师、教学研究者乃至教育家，都在持续探讨一堂好课的标准。

人民教育家于漪老师有句名言：“我上了一辈子课，教了一辈子语文，但还是上了一辈子深感遗憾的课。我做了一辈子教师，一辈子在学做教师！”她希望老师们做一个“疏凿手”，精心帮助学生在思想上、语文知识和能力上通达起来；做一个“疏理者”，应善于抓住要害，把问题梳理清楚，进行正面教育，使学生从根本上获得益处；做一个“开窍人”，点在学生心扉上，打开学生的心窍，使学生能独立学习、独立思考。

全国政协常委、中国陶行知研究会会长朱永新在《新教育之梦》一书中，提出了“理想课堂”。首先，理想的课堂应该具有参与度，能引导学生全员参与、全程参与并持之以恒地有效参与。理想课堂还应该具有亲和度，师生之间、学生之间有轻松、愉快的情感交流，有智慧的交流。再是自由度，教师应该在学习方式上更尊重学生的个性化选择。此外，是课堂的整合度，教师在整体把握学科知识体系的基础上进行教学设计。然后，课堂要具有练习度，保证学生在课堂上动脑、动手、动口的程度。最后，理想的课堂要具有延展度，要整合知识，还要关注知识的广度和深度，从课堂教学向社会、向生活延展。“落实有效教学的框架”是理想课堂的第一重境界，即讲效率、保底线；“发掘知识这一伟大事物内在的魅力”是理想课堂的第二重境界，即讲对话、重品质；“知识、社会生活与师生生命的深刻共鸣”是理想课堂的第三重境界，即讲个性，求境界。六个维度、三重境界，描绘出新教育既充满智慧，又充满活力和情趣的理想课堂。

著名教育学者叶澜曾经提出过一堂好课的五个“实”。第一，好课应是有意义的课。对学生来说，要能学到东西，要能锻炼能力，能激发良好而积极的情感体验，对进一步学习产生强烈需求，这就是“扎实”。第二，好课应是有效率的课，要“充实”。第三，好课应该有生成，能触发创造，不能完全呈现预设的结果，要有师生的情感和智慧的真实交流，既有资源的生成，又有过程状态的生成，能给人以启发，这就是“丰实”。第四是“平实”，一堂好课应该是常态下的课。第五是“真实”，这种课不应该过度追求完美，从某种角度来说，一堂有缺憾的课、有待完善的课、有发展空间的课，也是值得珍视的好课。教师追求五“实”的课堂，才能提高其专业水平，博大其心胸，开拓其眼界，才能真正享受到——“教学作为一个创造过程的全部欢乐和智慧的体验”。

在此基础上，华东师范大学基础教育改革与发展研究所所长李政涛教授就“好课”又提出了四个关键词：长，放，清，细。“长”是指一堂好课应该要有生长点，要给学生提供挑战，训练学生的审辩式思维能力，有逻辑地思考与表达、有概念地思考与表达和有依据地思考与表达。“放”是开放，要重心下移，让学生在课堂里充分表达、充分朗读、充分讨论、充分质疑、充分思考。要让教学组织形式多样化，要把提问权、质疑权、评价权、总结权还给学生。“清”其实是指思维的清晰。一堂好课，学生、内容、目标、方法、环节等等必须要清晰。

“细”是对细节的敏感、揣摩、设计、实施、反思和重建。例如小组合作，训练的起点、前提条件、人数、时间、分组、分工、规则、发言措辞、评价反馈、组际互动、教师巡视时的语言等等，都是关键细节。以上种种，都是让课堂充满生长气息的要素。

致力于“现场改课”研究的浙江省小学数学教研员斯苗儿，从事了30年的教研工作。她的教研愿望是让多数人上好多数课——给学生一节好课。这样的好课，每个学生都要“在场”，老师要读懂学生的表情，通过规划教学路线，找到学生起点，知道学生在哪里。这样的好课，每一句话都有意义，教师要锤炼聊天的技术、提问的技术、反馈的技术。这样的好课，每一次体验都需要精心设计，教师要让素材运用更灵活，让任务驱动更连贯，让作业完成更高效。这样的好课，坚持学生立场，把学生的收获和进步作为评价课堂教学的重要指标。

在《中国教育报》记者瞿晋玉所做的网上调查中，一线老师对“好课”也是众说纷纭，各有主张。越来越多的教师意识到，好课没有固定的标准，其共同的出发点是，必须为学生的有效学习搭建跑道。

2. 学生喜欢的好课

那么，学生喜欢什么样的课呢？2022年4月，上城区“思维课堂”研究项目组就“你眼中的好课”组织网络调查。2215位四到六年级小学生和七到九年级初中生接受邀请，以选择、判断和畅想的方式，描画了他们心目中的“好课”。

调查发现，好课对学生们来说并不陌生，也不遥远。

52.19%的学生认为自己上过的好课非常多，每天都有；39.59%的学生认为自己遇上好课的概率是“每周都有”；7.67%的学生认为自己上过的好课不是很多，但每学期都有。

关于“你上过的好课大多是什么学科”的问题，12.69%的学生认为自己经历的好课遍布全部学科或每个学科，32.42%的学生填写了至少五个学科，41.18%的学生填写了三到四个学科，还有9.71%的学生只填写了一个学科。

让调查者欣喜的是，关于课堂学习质量的责任主体，90.2% 的学生认为一节课是否算得上“好”，主要看“老师和学生”，而不是单看老师或单看学生。在一堂好课中，学生对自己的要求并不低：59.28% 的学生评价自己在好课中，会带着问题听，边听边思考；38.65% 的学生评价自己会认真听，边听边记；只有 2.08% 的学生认为自己是被动听，不做思考。

回忆自己上过的好课，96.21% 的学生会花时间在课前预习上，其中预习时间在 20 分钟以上的占 23.52%，预习时间在 10—20 分钟之间的占比 51.47%，预习时间在 10 分钟以内的占比 21.22%。

一堂好课结束，56.52% 的学生自述会有新的问题要问老师；78.42% 的学生想看相关的书籍、文章、影片等资料；还有 66.05% 的学生想挑战以前觉得很难的问题。

对于一堂好课，学生对教师又有哪些期许呢？

首先是提问。55.62% 的学生希望老师提的问题是没有唯一答案，但能启发思维的；36.07% 的学生希望是有难度、有争议的；认为老师提的问题应该是简单、无争议的同学只有 6.77%。

其次是理答。66.09% 的学生希望自己回答问题正确时，老师会点评后再追问，把你的思维引向深处，而不是肯定你回答正确，然后让你坐下，或者表扬你或者让同学为你鼓掌，不说原因，又或者重复说一遍你的答案，不作其他说明。

在好课中遇到共同难题时，54.67% 的学生希望老师引导思考后大家一起找到答案，29.57% 和 14.54% 的学生希望能独立思考后或者让大家讨论后，老师再说出答案，而不是不让学生再思考直接讲出答案。

与此同时，项目组用同样的问题向 503 位教师征集答案，发现了一些有趣的对比结果。

回忆自己上过的好课，89.03% 的学生认为自己了解学习目标，只有 4.51% 和 6.46% 的学生认为自己不了解学习目标或者从没想过这个问题。

回忆自己上过的一堂好课，只有 14.91% 的老师有自信把教学目标完整地写下来，50.3% 的老师能写出教学目标的大部分，24.06%、9.15% 的老师估计自己只能还原教学目标的一半或四分之一，还有 1.59% 的老师完全想不起来自己制定的教学目标了。

这样看来，是不是学生对于目标的重视度比教师更高呢？ 2011 年版新课程标准提出，教学目标要从“知识与技能、过程与方法、情感态度价值观”三个维度进行设计，对教师提出了新的挑战和考验。但是，教师是否真的理解其中的深意，真的能从学生发展的立场来设计，还是仍然习惯于教学目标在备课中可有可无的地位，或者从教学参考书中摘录大而化之的“普通话”，来应对学校教导处的常规检查？

表 1-2-1 是学生和教师关于“一堂好课开始的方式”的选项结果对比，数据显示，老师们的选择相对更集中，学生们的选择更倾向于百花齐放。

表 1-2-1　好课中，教师如何开始新课的调查数据

选项	学生	教师
从生活场景开始	28.08%	53.28%
从故事讲述开始	26%	10.54%
从激发情感开始	10.7%	19.09%
从悬疑问题开始	18.51%	13.32%
从作业错误开始	8.76%	1.59%
从美好回忆开始	4.83%	0.99%
其他	3.12%	1.19%

再是对小组合作学习的看法。79.95% 的学生认为小组合作学习的方式能让自己体验成功的快乐，认同此选项的教师占比为 67.4%；83.21% 的学生认为该方式能激发自己参与的热情，认同此选项的教师占比为 79.3%；87.95%

的学生认为小组合作学习能培养自己合作的能力，认同此选项的教师占比为86.6%。只有 7.95% 的学生认为小组合作学习没有什么实际效果，但是对合作学习效果持保守态度的教师却有 10.54%。

把学生当成课程建设的主体，是基础教育第二轮课程改革的一大重点。自此，以学生为中心建立自主、合作、探究的学习模式日益得到重视。时至今日，似乎没有一节公开展示的课会缺少“小组合作”这一环节，但是，为什么教师对合作学习的期待或判断会低于学生，仅仅是因为谦虚谨慎吗？如果，教师把合作的意义和价值仅仅定位于“形式”呢？

通过 2000 多份问卷以及超过 100 例个案的跟进访谈，项目组大致得出以下的结论。对于一堂好课，学生在不同的阶段，对不同的学科课堂，会有不同的判断和要求，但是有一点是相同的：学生立场的好课要有获得感。

3. 让学习真实发生

正如教育家叶圣陶先生所说：教师教任何功课（不限于语文），“讲”都是为了达到用不着“讲”，换个说法，“教”都是为了达到用不着“教”。尽管好课在不同的人看来，会有不同的标准，但细细揣摩，也有共同的出发点——最要紧的是看学生，看学生的学习是否真实、有效、持续地发生。

具体而言，学生对课堂的期待并没有简单到只要快乐、好玩、轻松就行。随着学习阅历的增长，大多数学生都能客观地看待自己的课堂表现，希望通过课堂学习，在繁复的事物之间独立探索，自主实践，获得学习的成就感。

这种成就感来自于课堂中接受挑战、赢得挑战的经历。教师需要认识到，这种经历对于促成学习的价值，不在于做对了几道题，不在于考到了多少分，也不在于发了几次言或得到几次表扬，而在于是否真实（与成功、失败无关），是否有效（能解决问题），是否能持续下去（不断找到想要探究的新问题）。从这个意义引申开去，每一堂课都是帮助学生成长为自主学习者、深度学习者、终身学习者而打下的基石。

二、好课的关键是思维

上城区历史文化底蕴深厚，是浙江省杭州市的中心城区。区域内名校众多，教育和师资水平较高。

虽然上城区属省内教育发达地区，但教研员综合分析 2012 学年至 2016 学年 2341 份课堂观察报告后，仍然发现以下问题。

首先就是学生思考时空被挤占的问题。教师为一堂课准备 30 张以上幻灯片和 1 页以上练习题的占比分别为 67.32% 和 75.35%；中、小学教师平均候答时间超过 1 分钟的占比只有 13.13% 和 8.28%。这样内容偏多、节奏偏快、练习过多的课堂，源于社会对分数、升学的过度关注和普遍焦虑，结果是学生没有充分的探究机会和思考时间。

其次，思维指导被教师忽视。70% 以上教师的课堂关注点是学生“根据教材或听讲回答”“阅读后讨论、汇报”“练习并记住正确答案”，关注学生“质疑书本”“提出有价值的问题”“寻找多种方法和答案”的分别只占 8.41%、11.88%、13.97%。过于强调知识、记住知识的课堂，导致教师避开学生思维分歧和困惑，有意无意地忽略思维指导。

再次，思维发展目标被矮化。89.97% 的教师认为学生思维发展很重要，但 78.46% 的教师仍以拔高练习难度替代思维指导，以正确率替代思维评估。此外，超过 65% 的课堂目标设计指向于记忆、理解和应用，但指向于分析、评价、创造的分别只有 19.31%、5.25% 和 16.92%。这是教师缺少经验和方法导致思维发展目标被矮化的真实表现。

还有，学生高层次能力表现无优势的问题也需要引起重视。2016 年浙江省中小学教育质量综合评估结果显示，上城区受检学生学业水平高于全省平均水平，高层次能力指数（涉及分析综合、反思评价和创造创新的试题综合得分表现）则与全省平均水平持平。比较可见，上城区受检学生高层次能力表现无明显优势。

从全国范围看，学生思维发展已经得到学界重视，但研究成果多侧重于理论层面。中国学生发展核心素养和 2022 年新版的课程标准对思维发展都提出了宏观指向，但缺乏操作性的指导意见。具体到课堂教学和教研指导，教师缺乏针对学生思维品质和状态的观察诊断工具，对学习思维发生、发展的过程认识模糊，缺乏深入透彻系统地从学生学习思维的角度去设计实施课堂教学的意识和方法，没能得出令人信服的结论和成果。与此同时，教研员同样缺少这方面的专业指导经验和资源。

以上种种问题要如何解决？上城区教育学院的教研员们提出了“思维课堂”的研究命题。希望通过课堂变革，发展学生有梯度、有方法的思维，解决当下的问题，获取活化的知识，整合思维建构的过程和知识框架搭建、运用，能帮助学生学会学习，发展思维，学会解决更多的问题。同时，上城“思维课堂”的研究，还希望找到基于现状、科学优化的课改经验，带动更多教师，改变更多课堂。

三、从研教走向研学

近几年，我国思维教学快速发展，这与当下中小学校强力推动“核心素养”导向的课程改革，有着密不可分的关系。同时，国际思维教学运动的影响也不可小觑，近年来，国内专家学者，同样在大力推动引领思维教学。

从强调“基本知识”和“基本技能”的“双基”目标，到强调“知识与技能”“过程与方法”和“态度、情感、价值观”相结合的“三维目标”，我国教育教学改革经历了教育目标的全新转型，当前，正进一步向强调“核心素养”的阶段转变。思维能力已成为核心素养的重要组成部分，旨在促进学生思维能力发展的思维发展型课堂正受到越来越多的关注。20 世纪 70 年代在欧美兴起的思维教学运动，为我国开展思维教学提供了理论依据和实践参考。国内，以胡卫平、林崇德、郅庭瑾、赵国庆等为代表的教育研究者，持续关注思维研究，陆续有思维教学研究相关的论文著作发表，还有专家编写了适用于中小学部分学科的思维训练教材。

回顾“思维课堂”的研究与实践，从研教走向研学的方向始终明确。

2019 年，上城区就开始研究“学为中心”的课堂，探寻“学为中心”的课堂关键特征。通过构建以探究为核心的自主学习模式，提升了区域内学生的合作与探究能力；通过关注学生个体差异的研究，积极探索以兴趣为前提的选择性学习方式；通过无边界学习理念的指引，探索运用信息技术的移动学习方式。

2012 年至 2015 年，区域研究进一步聚焦以探究为核心的“自主式学习新课堂”。历时四年，梳理了“新课堂”的四个核心要素：以前置学习任务支持学生先行独立学习；以学习小组建设与有效任务设计促进学生合作学习；以展示性学习与学情诊断促进学生深度学习；基于学科特质的思维引导与学法指导促进学生学会学习。前三项要素的研究均有突破，但思维引导的学习指导研究遇到了瓶颈。

从 2016 年开始，上城区教育学院直面研究难点，聚焦“思维课堂”特征，开展“观察分析—特征提炼—应用验证”的课例研究，积累“思维参与、思维可视、思维指导支架和学生思维发展规律”等方面的实践经验。

2017 年 6 月，上城区教育学院和华东师范大学教育学部签订《基于学生发展核心素养的区域教育品质提升项目》合作协议，华东师范大学基础教育改革与发展研究所所长李政涛教授领衔的专家团队介入“思维课堂”的研究，成功组建以基地学校定点、以核心成员拓面的核心研究团队，以“思维课堂”分析观察实验室为场域，持续深入展开实证研究。基于实证研究，综合“活动设计”“诊断量规”“技术融合”等项目成果，完善范式设计和实施，提出了“思维课堂”的定义及特征，探索了“思维课堂”教学范式的架构、实施以及“手册 · 平台 · 教研创新”的区域推进。

2019 年秋，上城区教育学院与华东师范大学基础教育改革与发展研究所合作举办首届全国中小学“思维课堂”高峰论坛，共同发起成立全国中小学“思维课堂”教学研究联盟。22 个成员单位中，既有义务教育阶段的优质学校和相对薄弱的学校，也有大专院校、教科研单位和师训机构。联盟以“立足课堂，为学生的思维发展而研究”为宗旨，设立主席团、理事会、秘书处，借助专属公众号发布国内外思维教学研究的前沿动态、项目成果，展示“思维公开课”，通过论坛、年会、评比展开研究分享和教学互助。

“思维课堂”的研究力求实现课堂从“知识立意”“能力立意”到“素养立意”的推进，以思维发展促进学生核心素养的落地，让课堂教学改革向纵深处发展，为更多地区和学校提供相关经验借鉴和研究支持，为更多的师生改变课堂提供方法引领和实践机遇。

四、“思维课堂”的定义与特征

上城区研究的“思维课堂”，是以思维能力、思维态度、思维习惯的培养，优化学科学习进程和结果，提升学生思维品质，发展学生核心素养的学习场域。它具有鲜明的特征：教学设计更强调有思维含量的问题设计与指导反馈，互动生成更强调学生思维的表达和输出，成果样态更强调引导学生以项目、作品形式呈现所学所得，资源应用更强调思维支架与工具的综合与科学。

这样的课堂，不是“单一教授思维技能的课堂”，也不是“讲解有思维难度习题的课堂”，而是思维发展与学科学习交融并进的新型课堂。

把定义和特征组合在一起，可以看到一节“思维课堂”大致的样貌。如此，判断一堂课是不是“思维课堂”，也就有了方向和标准。杭州市胜利山南小学的来姗姗老师在执教六年级下道德与法治第 9 课《日益重要的国际组织》的时候，设计了如下的过程（见图 1-2-1）。

如图所示，课堂中的每一个环节，环节中使用的每一个载体都是互相影响、互相作用的，课前学习单为课堂中的板贴、合作单、话题、情境积累素材，国际组织作用与地位环节中的话题、情境是对疫情导入话题的升华，小组合作单的制作与展示为课后自主探究提供了方法，指明了方向。每一种载体的使用都指向一个小目标，所有的小目标又紧扣主题，达成课堂的教学目标。这

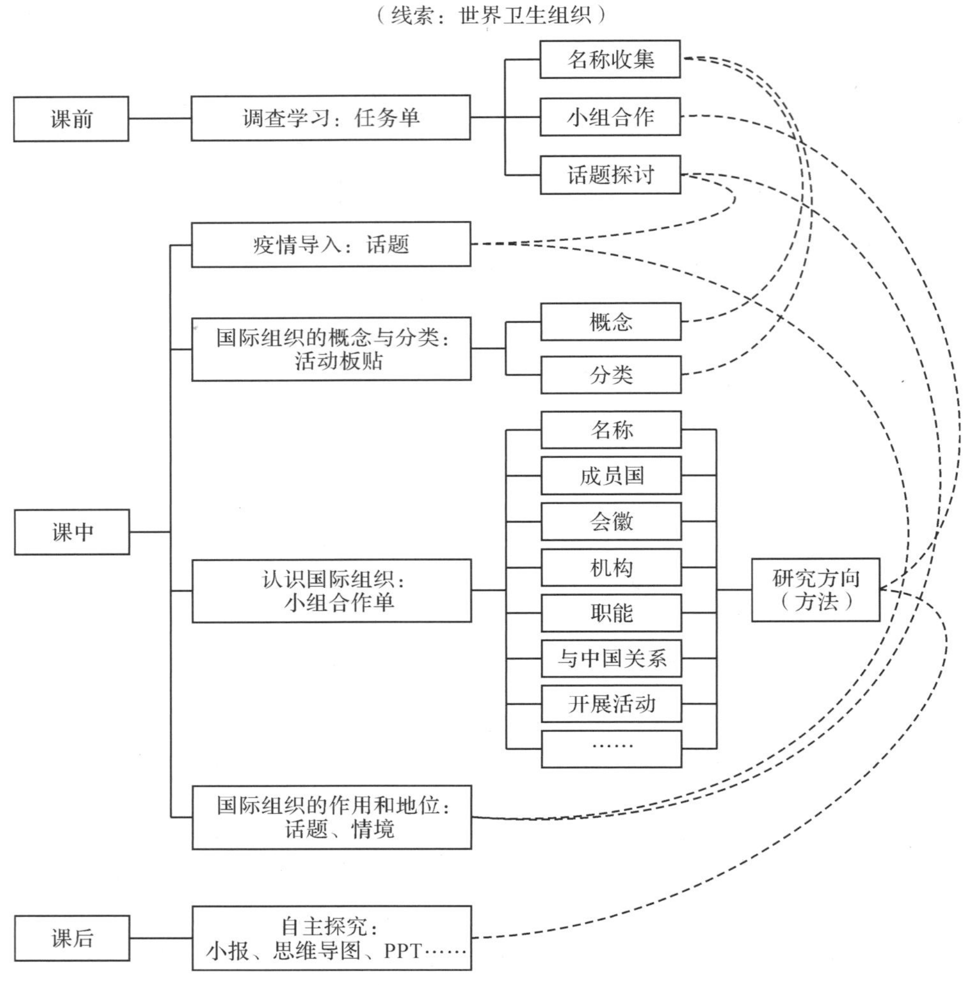

图 1-2-1 《日益重要的国际组织》的过程图示

个过程，带动多种思维的运用并交织成网，推动学生思维能力的递进发展（见图 1-2-2）。

库尔特·考夫卡认为，每一个行动均被行动发生的场域所影响，而场域并非单指物理环境而言，也包括他人的行为以及与此相连的许多因素。迁移到课堂教学，这个场域由教、学的个体和群体，围绕知识、文化、思维的生产和传递

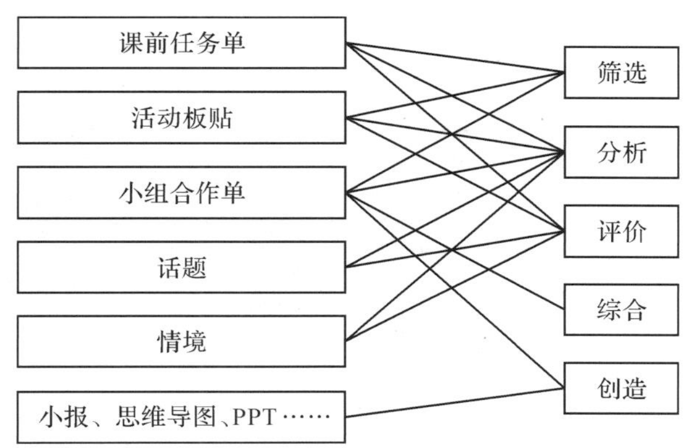

图 1-2-2 《日益重要的国际组织》关联的思维要素

形成多元、复杂而特殊的关系网络。多元是指这个场域包含了多样具体事物的组合，如教师、学生、教学资源、教室空间等等。复杂是指它们在现实中的交互，是不断转化的，这种关联与关系，影响并作用于每个身处其间的人。特殊是指决定每个学生学习状况的变量各不相同。当教师充分认识到这一点，开始尝试借助“思维课堂”场域中的每个变量为学生提供学习的支架，引导学生利用课堂有限的时间进行有意义的思维活动，不断重构知识体系的时候，课堂就有了生命力。

“思维课堂”的定义与特征，来自上千堂研讨课的分析与提炼。每一位教师都可以把它作为跑道，在对照中探索、反思，也可以把它作为新的起跑线，在尝试中创造、突破。具化“思维课堂”特征，形成“中小学‘思维课堂’教学观察评估表”（见表 1-2-2），可用于课堂评估。让教师“看到”自己的课堂教学水平，对照一堂好的“思维课堂”标准，找到改进方向。

表 1-2-2　中小学“思维课堂”教学观察评估表

<table>
<tr><th colspan="2">学段、学科与内容</th><th colspan="4"></th></tr>
<tr><th>地点</th><th colspan="3"></th><th>日期</th><th></th></tr>
<tr><th>学习者</th><th></th><th>执教者</th><th></th><th>评估者</th><th></th></tr>
<tr><th>一级指标</th><th colspan="3">二级指标</th><th>评估分值</th><th>评分</th></tr>
<tr><td rowspan="2">目标设定</td><td colspan="3">1. 思维发展目标与教学材料匹配度高</td><td rowspan="10">各等级最高分为:
非常同意　（10 分）
大部分同意　（8 分）
基本同意　（6 分）
不同意　（4 分）</td><td></td></tr>
<tr><td colspan="3">2. 思维发展目标表述精当，思维要素明晰，表现动词准确</td><td></td></tr>
<tr><td rowspan="7">过程指导</td><td colspan="3">3. 创设或引入的情境能有效激发学生的思维动机</td><td></td></tr>
<tr><td colspan="3">4. 对话探究、反思拓展的过程展开充分且有价值</td><td></td></tr>
<tr><td colspan="3">5. 问题推进与指导反馈关注学生的思维含量与输出表达</td><td></td></tr>
<tr><td colspan="3">6. 善评价，能多层次、多维度鼓励学生深度参与</td><td></td></tr>
<tr><td colspan="3">7. 引导有方法，能利用学生错误资源，能搭建生动、有效的学习支架</td><td></td></tr>
<tr><td colspan="3">8. 材料、方法、导图、技术、量规等工具的应用恰当，有推广价值</td><td></td></tr>
<tr><td colspan="3">9. 目标达成度高，学生思维有发展，学习成果可见、可用、可迁移</td><td></td></tr>
<tr><td>教师教学思维提升</td><td colspan="3">10. 教师能科学反思“学”与“教”的全过程，有提炼、能跟进，有研究意识</td><td></td></tr>
<tr><td>改进建议或片段分析</td><td colspan="5"></td></tr>
</table>

以上是中小学“思维课堂”教学观察评估表，设“目标设定”“过程指导”和“教师教学思维提升”三个一级指标，以及十个二级指标，引导教师对比、评估、改进。例如教师教学思维提升的二级指标：教师能科学反思“学”与

“教”的全过程，有提炼、能跟进，有研究意识。这样的要求为教师实践后的反思提供了支架。评分设“非常同意、大部分同意、基本同意、不同意”四个等级，各等级的最高分分别为 10 分、8 分、6 分、4 分，并设空栏，鼓励观察者提出改进建议或针对某一片段进行分析。同时，这份量表也可以通过平台输入，借助数据的汇总、沉淀和筛选，为研究者提供各指标的动态衡量，让教师看到努力的方向。

课堂教学评价是促进学生成长、教师专业发展和提高课堂教学质量的重要手段。通过不同层面的专题教研，借助“观察分析实验室”的技术支持，听课评价的教师可以借助手机或电脑记录评估结果，汇总全体听课教师的数据后，为执教老师实时生成评估报告，既有评分雷达图体现的指标评价，也有文字建议的主观评价。应用“中小学‘思维课堂’教学观察评估表”的过程，促成了不同学科、不同学校的实践，引导教师在正确认识“思维课堂”的教学价值的基础上不断创新，同时也加强了教师之间的思维碰撞和实践交流。

“思维课堂”是走向理想的新型课堂样本，虽然它不一定完善，但正在改变课堂，改变课堂上的学习。

参考文献

[1] 理查德·E. 梅耶．应用学习科学——心理学大师给教师的建议［M］．盛群力，丁旭，钟丽佳，译．北京：中国轻工业出版社，2016.

[2] 安德烈·焦尔当．学习的本质［M］．杭零，译．上海：华东师范大学出版社，2015.

[3] 杰夫·佩蒂．当代教学实用指南［M］.5 版．姜学清，译．济南：山东文艺出版社，2017.

[4] 罗恩·理查德，马克·丘奇，卡琳·莫里森．哈佛大学教育学院思维训练课：让学生学会思考的 20 个方法［M］．于璐，译．北京：中国青年出版社，2014.

[5] 苏·考利．教会学生思考［M］.2 版．徐卫红，译．北京：教育科学出版社，2010.

[6] 理查德·保罗，琳达·埃尔德．批判性思维工具［M］.3 版．侯玉波，等译．北京：机械工业出版社，2017.

［7］李政涛．深度开发与转化学科教学的“育人价值”［J］．课程·教材·教法，2019，39：（03）：55-61+101.

［8］郭华．好课燎原：斯苗儿和她的教研故事［M］．北京：人民教育出版社，2021.

［9］缪华良，李小红，等．学与教改革的上城创新［M］．杭州：浙江教育出版社，2014.

［10］孔晓玲．思维课堂：面向未来的学教变革［M］．北京：现代出版社，2021.

第二章
不只是准备：学习起点与目标设计

随着新课程改革不断深入，学校教育已从学科本位、知识立意向学生本位、能力立意转变。从“学”的视角，锚定“思维课堂”的起点，确定“思维课堂”的目标，是提高学习效率，发展学生思维品质的重要保证和前提条件。第一节以“学习起点—学习状态—学习结果”为框架对“学习起点”进行研究，阐述了“学习起点”的基本内涵与主要功能、分析方法和基本内容。从“整体思维，单元设计”“确定目标，精准施策”“聚焦思维，动态评价”三个层面探讨了“学习起点”的结果应用。第二节则分析了教师设计教学目标时的实际问题，以“培养学生成为主动学习者”为导向，分析了教学目标与学习目标的异同，将课程标准转化为学习目标的思路，以及“思维课堂”教学目标的设计策略。

第一节
如何看待学习起点

“思维课堂”改革已经进入“深水区”，“学为中心”“以学定教”“精准施策”等理念深入人心，研究学生的“学习起点”，成了教育研究领域的热点话题。“思维课堂”的研究，希望实现从“知识为中心”到“学习者为中心”的转型，就必须研究学生的学习起点，这是教学系统设计的起点。

“学习起点”是指学生已有的学科知识、学习经验、学习方式、学习习惯、学习动机以及认知风格的起点，也是学习方法和思维水平的起点。

教学过程中，学生对知识的理解是经验的一种抽象、概括与重新表征，这一过程可能会遇到学生的思维散漫、思维迟缓、思维不连贯、思维的指向性不明等思维障碍，经历“思维危机”。关注学生的认知起点，设计与之匹配的、指向知识发生发展过程的教学活动，能够让学生在教学中经历知识的形成过程，逐步建构知识体系，厘清学科知识间、学科知识与外部世界的关联，从而进一步加深对所学知识的深度理解。

强调“学习起点”的研究，是提升学教方式变革的指归。但对一线教师来说，仍然缺乏系统角度的研究梳理。本节将从“学习起点”的基本内涵、主要功能、分析方法、基本内容等维度展开阐述，并结合案例探讨“思维课堂”视域下的“学习起点”。

一、“学习起点”的内涵与功能

研究“学习起点”，是从学生“学”的视角进行课堂变革的第一步。美国著名认知教育心理学家奥苏伯尔在其著作《教育心理学：认知观点》的扉页中写道：“如果我不得不将教育心理学还原为一条原理的话，我将会说，影响学习的最重要的因素是学生已经知道了什么，我们应当根据学生原有的知识状况去进行教学。”因此，“学习起点”的研究既是教学活动的基本环节，也是学教变革的基本组成部分。

我们可以从以下三个方面来理解“学习起点”的内涵。

第一，“以学定教”，影响有效学习的因素分析。“学习起点”研究的基本内涵是指教师全面而深入地了解学生已有的知识储备、学习经验和学习风格，分析影响学生开展有效学习的因素，为“以学定教”提供重要依据。实施课堂教学前，教师可以通过经验分析、前测问卷、个别访谈诊断学生的真实学习水平，掌握真实思维起点、思维障碍点和思维生长点，为教学设计和教学实践提供行动的基础和策略指南。

第二，“学会学习”，促进有效学习的支持系统。“学习起点”研究是一个持续动态的分析历程，应该贯穿教学准备、实施和评价的始终，其目的是为学生提供与已有条件相符合的支持系统，帮助学生“学会学习”。教师要善于运用多种研究方法全面而深入地分析学生学习的达成情况，要关注不同学生间的差异，充分挖掘和利用好这种最基本、最重要、最不该“遗忘”的教学资源，反复检验、矫正教学目标和教学策略，发动学生主动探究、独立思考、合作学习来达成教学任务，培养学生思维品质。

第三，“即时生成”，侧重思维发展的动态表现。课堂教学活动具有“动态性"与"生成性"等基本特点。实施课堂教学时，教师要善于通过课堂观察、课堂提问和跟进式的诊断作业等方式，及时掌握学生课堂学习达成情况，诊断学生真实的思维起点，并将这些生成性的资源进行分析，用以调整教学目标、教学素材、教学方式和测评工具等。教育家苏霍姆林斯基认为："教育的技巧并不在于能预见到课的所有细节，而在于根据当时的具体情况，巧妙地在学生不知不觉之中作出相应的调整和变动。"可见，教师在教学过程中根据学生即时表现进行"学习起点"和思维水平的发展性研判，及时调整教学，这一步具有重要性，也特别强调灵活性。

通过科学有效的"学习起点"研究，能避免教师主观臆断的教学设计及以教材为中心的教学实施。"学习起点"研究，能帮助教师更全面地掌握学生已有的知识储备、经验和能力，为聚焦思维能力培养的教学设计提供基本依据与重要指导；能提醒教师洞察学生的学习动机、个性化的思维方式、多样化的认知风格等方面的信息，为课堂教学中实现学习方式变革和学习策略拓展提供重要保障。其功能基本涵盖以下三个方面。

一是填补理论与实践的断层。"以生为本"的课堂中，教师在设计并实施教学前，应明确教学内容，了解学生的已知情况、实际学习水平。事实上，多数教师对学生已知情况的分析仅凭主观经验，根据教材中曾经出现过的、学生学过的、理应掌握的内容来判断。然而实践中，受学习环境、学生动机、学习能力等诸多方面的影响，学生的已知情况是不确定的，对于先前学过的知识、技能，学生是否能掌握和运用存在变数。因此，教师采取恰当的研究方法，关注学生从初始状态到目标状态的转变过程，以实证的方式对学生进行"学习起点"的研究和分析，能填补理论与实践的断层，避免经验主义的教学设计及以教材为中心的教学实施。

二是聚焦能力与思维的培养。运用"学习起点"的研究结果，课堂教学就会释放出更多的时空，增强学生的自主性，教师就有余力发展和培养学生的能力和思维。如，语文教学中，强调语言文字与情感的交融；数学教学中，抓住与学生的认知的矛盾，激发学生的求知欲望；历史学科注重"论从史出，史论结合”，培养学生大胆猜想、小心求证的辩证思维能力……针对学生“已知”的，教师无须多讲；针对学生“能知”的，教师搭建合适的脚手架，鼓励学生自主探究；针对学生“未知”的，教师调整教学目标和教学方式，提供更丰富的学习资源和素材，设计更灵活的开放的探究环节，将学生的思维引向深处。

三是满足差异与个性学习的需要。通过“学习起点”的研究，教师可以了解、认识不同学生不同的学习动机、学习风格、认知基础和思维水平，并以此为依据，为他们设立不同程度的学习目标，提供不同的学习机会，设计不同的教学方法，展开不同的教学过程和评价方式，并允许学生自主选择，有效地将学生差异转变为课堂教学资源。

二、“学习起点”的分析方法

了解“学习起点”是思维课堂教学前的一个重要环节，可以采用“经验分析”“课堂观察”“问卷调查”“个别访谈”等方法来实施。

1. 经验分析法

经验分析法是指教师根据自身的教学经验对学生的“学习起点”进行分析与研究。但是，仅依靠教师的过往教学经历来判断“学习起点”是远远不够的，容易陷入“经验主义”和“主观主义”的泥潭。所以，经验分析法需要教育教学理论与教学经验的支撑，运用多维分析视角和多元分析方法，帮助教师进一步对经验分解、厘清、检验和矫正，这样的分析结果才更为可靠，也更有指导作用。

2. 课堂观察法

课堂观察法是指教师在课堂教学中，有目的、有计划地对学生的学习状态、学习兴趣、学习习惯、学习表现、学习结果等进行考察的一种方法。在课堂中运用观察法进行学习起点的诊断，需要明确五个关键点。一是目的性，要明确观察目的，有针对性地开展观察活动。二是客观性，要避免主观臆断，保持中立和科学，尽可能减少“经验论”和“结果论”的影响。三是全面性，进行“全息性”的信息采集，观察普遍存在的现象和个别化问题。四是翔实性，观察后的记录要尽可能翔实、深入，记录方式科学，保证后续的反复使用。五是规范性，观察结果的统计与分析应规范、科学，采用“多角互证”的方式揭示观察到的教育现象背后的隐藏因素和内在逻辑。

3. 问卷调查法

问卷调查法是指教师根据教学需要，事先设计好专项调查问题，对学生已有的学习知识、学习经验、学习风格、学习能力等维度进行诊断和统计分析，为教学目标的制定、教学环节的设计提供精准的量化与质化数据。问卷的设计应聚焦学科知识和方法能力，主题突出，简明扼要，语言表述避免出现暗示性或倾向性，问卷数据应客观、准确、真实地反映学生的实际状况，问卷结果分析有利于教师获得准确、真实、有效的调查结果。

4. 个别访谈法

个别访谈法是指教师通过口头谈话的方式收集学生在学习新知识前已经知道了什么及知道程度的一种研究方法。访谈前，教师应明确访谈目的，设计访谈提纲，选择一定数量的有代表性的访谈对象，围绕学生的已有知识储备、学习经验及学习动机等方面展开交谈，为教学活动的有效开展提供有力证据。

三、“学习起点”的基本内容

“学习起点”的基本内容主要围绕影响学生学习的各种因素，包括“学习习惯”“学习动机”“认知基础”“思维水平”等非智力因素和智力因素。

1. 了解学习习惯

学习习惯是在一定情境下，不需要任何意志努力和监督的、自动化的学习行为方式。独立思考、反思质疑、多维思考等良好的学习习惯和思维习惯是学生素质的基本要素，是学生学会学习的具体表现和重要保证。

为了更好地了解学生数学学习习惯的养成现状，浙江省特级教师邵虹曾选择不同类型的学校，对1—6年级的学生进行了一次问卷调查。如表2-1-1所示，调查内容涉及独立思考习惯、质疑反思习惯、多维思考习惯等。

表2-1-1　关于“独立思考”的数据分析

调查内容	年级						
		一	二	三	四	五	六
老师提出的问题，我一定会： A. 先自己思考 B. 有时会自己先想一想 C. 等待其他同学先发言	选择A	72.9%	74.6%	75.4%	70.3%	65.9%	61.2%

独立思考是一切数学思维的发生地，培养独立思考习惯是发展数学思维的重要基石。表2-1-1的调查数据表明，70%左右的学生已经有了“先自己思考”的意识，还有30%左右的学生存在依赖心理，缺乏独立思考和研究的探索精神，习惯于等待获得老师和同学的帮助，长此以往，他们会丧失独立审题、分析、解决问题的能力。如何改变这样的现状？保持和提升独立思考习惯的养成度，关键还是需要教师对独立思考方法和策略的引导。

表2-1-2　关于“质疑反思”的数据分析

调查内容	年级						
		一	二	三	四	五	六
对老师讲的内容： A. 我会思考对不对 B. 老师讲的都是对的 C. 没思考过对错的问题	选择B	58.2%	41.9%	17.1%	15.8%	14.3%	10.2%

表 2-1-2 的数据表明，一年级有近 60% 的学生认为教师上课讲解的内容都是对的，而六年级只有 10% 左右的学生选择了这一项，高年级学生的质疑反思习惯明显好于低年级。同时也说明，质疑反思习惯和能力是后天习得的，高年级教师要充分利用学生这一学习特点，创造更多的独立思考、质疑问难的机会，培养学生的反思能力和创造能力。

表 2-1-3　关于“多维思考”的数据分析

调查内容		一		二		三	
解题时获得答案后，你还会寻找其他方法或答案吗？ A. 经常 B. 有时 C. 从来不会	选择 A	男	女	男	女	男	女
		54.1%	73.6%	54.2%	68.4%	31.8%	23.5%
		四		五		六	
		男	女	男	女	男	女
		45.3%	38.1%	54.7%	42.5%	59.8%	46.3%

多维思考是指从多种角度思考问题，寻求多种解决问题的策略。观察表 2-1-3 数据，可以发现有意思的现象。一、二年级学生多维思考习惯明显好于三、四年级，说明儿童天性是天真烂漫、爱思考的，但是随着年龄的增长，学习程式单一，多维思考习惯逐渐降低。到了五、六年级，学生的数学知识和方法获得递增，多维思考能力又开始提升。另一方面，从数据也可以发现，一、二年级的女生多维思考习惯优于男生，但从三年级开始发生了变化，男生的多维思考习惯好于女生，这一点同样值得研究。

2. 调查学习动机

学习动机是指激发学生进入学习活动，积极主动地进行某项学习任务，并朝向一定学习目标的内部心理状态。学习起点研究要及时了解不同学生的学习动机、学习兴趣，能引导教师将教学目标转化为学生学习活动的内在需要，有针对性地调整教学内容、教学方法和教学进程，引导学生与学习内容之间建立起积极的意义关系，从而提升学生的学习自主能力。

杭州市清河实验学校的马益彬老师在设计小学语文五年级下册第一单元习作《那一刻，我长大了》的教学时，先进行了学习动机的调查，结果如图 2-1-1 所示。

图 2-1-1 《那一刻，我长大了》学习动机调查数据

调查结果帮助马老师充分把握学生学习动机和学习兴趣。他在课前引导学生翻阅相册、日记等物品，回忆自己成长经历中印象深刻的事，利用二维码上传习作素材（见链接 2-1-1），为教学内容和学习活动设计做好准备。课中，马老师利用词云图展示学生上传的习作素材，引导学生交流，指导学生多角度选择材料，初步感受“成长”的内涵，调动学生表达的积极性与主动性，为后续选材、立意做好铺垫。

3. 读懂认知基础

认知基础是指学生在新知学习前已经储备的知识，能够表达、运用，并且信以为真的知识。“学习起点”研究，不是主观判断，而是基于实证调查、数据分析后的诊断，同时要关注学生与新授内容具有“链接点”和“生长点”的认知基础。

以小学数学五年级下册《长方体和正方体的认识》为例，教学前，有教师根据自己的主观判断，在学期起点诊断中写到“由于学生在第一学段已经初步认识了简单的立体图形，所以班中绝大多数学生能识别长方体和正方体，并能较完整地描述长方体和正方体的特征……”但事实并非如此，对 117 名五年级学生进行“能否用数学语言较完整地描述长、正方体特征”的问卷调查，统计分析（见图 2-1-2）显示：不足 50% 的学生能够对长、正方体基本要素较完整地表达特征，34.2% 的学生对长、正方体特征的表述还停留在平面。

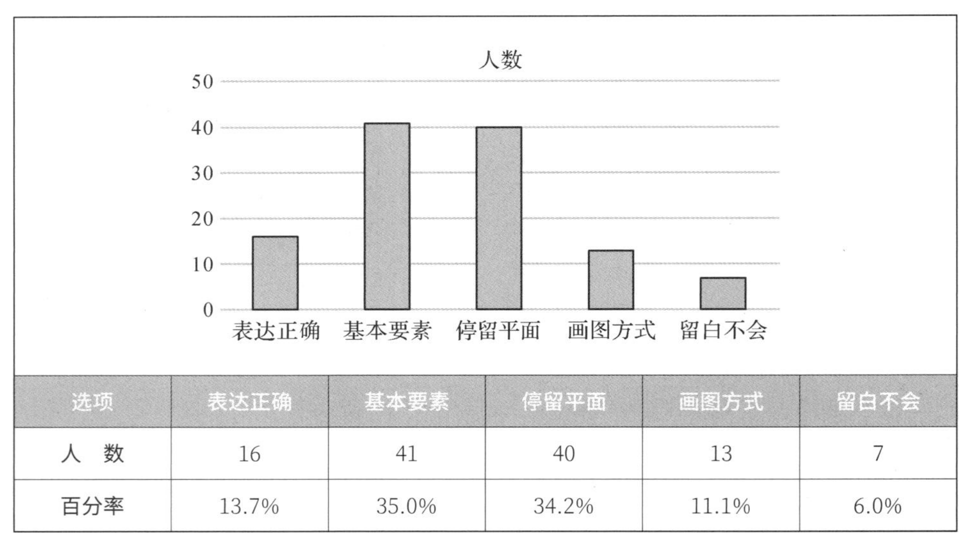

选项	表达正确	基本要素	停留平面	画图方式	留白不会
人　数	16	41	40	13	7
百分率	13.7%	35.0%	34.2%	11.1%	6.0%

图 2-1-2 《长方体和正方体的认识》认知基础分析

由上图可见，虽然个人判断并非完全无效，但对于一个群体的多样性和复杂性而言，这样的诊断在很大程度上是不够准确的。为了更好地发挥学情诊断的功能，更有效地指导课堂教学，教师需要科学运用学情诊断的方法，基于实证调查、数据分析后的诊断，为教学起点的确定、教学内容的取舍、教学方法的选择指明了方向。

4. 分析思维水平

对学生思维水平进行细致了解和有效分析，能准确把握学生的最近发展区；收集、分析、整理、归纳学生的思维障碍，能引导教师设计适合每个学生自主探索、合作交流的教学环节，给出学困生解决困难的路径，从而使教学目标、教学内容和教学方式适合学生的认知水平和心理特征。

以小学数学五年级上册《平行四边形的认识》一课为例，表 2-1-4 是教学前，通过前测发现的学生思维水平结果及分析。

表 2-1-4 《平行四边形的认识》教学前学生的思维水平

表现维度	表现等级	具体描述	表现样例
已有思维水平	前结构水平	当学生独立面对一个平行四边形时，无论是否有无网格暗示都得不出这个平行四边形的面积	
	单点结构水平	学生面对有网格暗示的平行四边形时，能够独立地求出这个平行四边形的面积	
	多点结构水平	学生面对没有网格暗示的平行四边形时，能够独立地想办法求出这个平行四边形的面积	高3 底7
	关联结构水平	学生不但能计算特殊的平行四边形面积，还能通过归纳推理得出平行四边形面积计算公式	高3 底7 ⟺ 宽3 长7

这一课是“图形与几何”领域重要的学习内容。与之相关的“学习起点”研究，要了解学生学习前对该知识及相关内容的方法，收集并归纳出学生遇到的困难类型，分析学生的思维过程是否与公式推理过程一致……通过这样的研究，可以帮助教师有针对性地提出教学建议，为学习这一内容有困难的学生提供合适的解决困难的路径。

四、“学习起点”的结果应用

重视“学习起点”的研究，促使教师不再仅凭主观分析判定学生的真实情况，而是以学情为起点，捕捉并诊断学生的思维水平，整体设计教学内容，分解单元教学目标，选择合适的策略与方法，聚焦思维的发展，实施动态成长评价，实现课堂学习的高质量。

1. 整体思维，单元设计

诊断教学起点的方法可以从学生必须达到的终点能力进行逆向设计，从而揭示达标的必要条件，以学情为起点，以目标为导向设计单元教学。具体操作可以通过以下三个步骤实施：诊断学情，分解单元目标，编写课时目标；聚焦任务，统筹安排教学内容，选择策略和方法；关注课堂生成，使教学目标、教学过程和作业设计三者之间建立起对应和关联。

以杭州市天长小学方舒杨老师执教小学英语 PEP 五年级上册“Unit 1 What's he like？”时，基于学习起点的研究可见，整体设计单元目标、课时目标、作业目标，从而重构作业内容和作业评价等方面的变革。

首先是单元目标的重构。指向于知识与技能的目标确定为：在语境中学习、理解并运用性格和外貌的词汇，如 old, young, funny 等 10 个单词；在语境中学习、理解并运用句型“Who's your music teacher？ Is he young？”“What's she like？ She is kind.”；在语境中运用核心词汇和句型，询问并回答关于人物性格或外貌特征的问题，或运用这些词句描述人物性格或外貌特征。

指向学习策略培养的目标设计为：能用思维导图的形式，口头介绍不同老师的性格和外貌特征；能通过“漫画老师”中英文类比，捕捉、概括老师的性格和外貌特征；能通过设计“机器人教师”，把喜爱的性格和外貌元素迁移和运用到设计中；能通过单元内容重构，回顾老师对我的爱，并通过自制教师节贺卡向老师表达爱。

指向情感态度的目标是通过学习逐步了解老师的内在品质，通过故事分享体现老师对自己的爱，通过制作贺卡表达对老师的爱。

指向思维能力发展的目标确定如下：借助思维导图和“漫画教师”，学会分析、类比和归纳，从而培养和发展学生思维的逻辑性。能通过单元重构学习，从关注老师的外貌到深入了解老师的内在品质，从而培养学生的理解、比较和判断力。

其次是重构课时内容。在英语学科中，一个单元的内容通常分为六课时，每个课时的教学模块如下。重构后，新的单元主题下分为五个关联递进的分课时话题（见表 2-1-5），且教学模块也有对应的调整。

表 2-1-5　分课时话题

课时	重构前分课时内容	重构话题	重构后分课时内容
1	Let's talk A	Teachers in my school	Let's talk A Let's learn A
2	Let's learn A	Teachers in my eyes	Let's learn B Let's wrap it up
3	Let's spell	My favourite teacher	Let's talk B
4	Let's talk A	My robot teacher	Read and write
5	Let's learn B	Ideas for Teachers' Day	Story time
6	Read and write +Let's wrap it up	/	/

如何重构分课时目标和作业目标？根据分课时话题，方老师设计了五个分课时的课时目标，进而制定了作业目标（见表 2-1-6）。

表 2-1-6　分课时作业目标

课时	课时目标	作业目标
1	能够听、说、读、写单词: old, young, funny, kind, strict；能够朗读、表演对话，运用 Who's your music teacher? Is he young? 询问或回答任课教师的基本信息	能够从外貌和性格方面，打听自己或朋友的新老师

续表

课时	课时目标	作业目标
2	能够听、说、读、写单词: polite, helpful, shy, clever, hard-working；能够运用 What's he / she like? 询问或回答不同老师的性格和外貌特征	通过真实情境，进一步了解老师们的性格
3	能够朗读、表演对话，能够结合“漫画老师”的故事，运用 What's he / she like? 询问或回答自己最喜欢的老师的性格和外貌特征	说一说最喜欢的老师的特征和理由，并能简单写几句话
4	能够设计个性化机器人教师，介绍设计特征，并简单介绍原因	设计一款机器人教师，写出外貌和性格特征
5	能够感悟到老师的内在品质，并为老师写一张教师节贺卡	欣赏老师们的内在品质，写一张贺卡来表达喜爱和感恩

2. 确定目标，精准施策

在实际教学中，多数教师依循教材的逻辑起点来确立课堂教学的目标起点，这样的做法虽然保证了教材的系统性和严密性，却忽略了学生真实的学习水平与能力，忽视了学生在学习过程中可能超前或滞后于教材所预想的起点。因此，仅仅依赖教材分析和教师的经验判断教学起点是不够的，对学生真实的“学习起点”展开研究，找准真实思维起点，确定教学内容，修正教学目标，才能提高教学效率。

以小学数学五年级下册《长方体和正方体的认识》为例，教学前，学生在课前已经对“长方体的认识”相关知识有一定的了解，这是不争的事实，但究竟有多少学生能“正确选取材料拼搭长方体框架”？又有多少学生能判断“长方体关键特征”？

研究者选择杭州市城区的实验学校、普通学校和薄弱学校各 3 个班 282 名五年级学生，以问卷方式进行了“思维起点”调研，测查学生学习“长方体的认识”之前对该知识及相关内容的掌握情况。调查内容设计为多选题“用小棒搭一个长方体的框架，哪种选料方法恰好可以搭成一个长方体”，学生可以在下面的（ ）中打“√”。表 2-1-7 对学生正确选取材料拼搭长方体框架的能力进行分析。

表 2-1-7 关于“正确选取材料拼搭长方体框架”能力的分析与统计（可多选）

	A	B	C	D	E
9cm 小棒	2 根	4 根	8 根	—	4 根
7cm 小棒	4 根	4 根	—	12 根	7 根
4cm 小棒	6 根	4 根	4 根	—	3 根
	A（错误）	B（正确）	C（正确）	D（正确）	E（错误）
人数	42	163	175	188	19
百分率	35.9%	57.8%	62.1%	66.7%	16.2%

从上表的统计数据发现，虽然大多数学生能辨认长方体物品，能注意到长方体的零散特征，但是头脑中并没有形成良好的长方体表象，不能突破“面”的强刺激，很少思考“棱”的数量以及长度关系。所以，依然有 35.9% 和 16.2% 的学生在小棒材料的选择中做出了错误的判断。

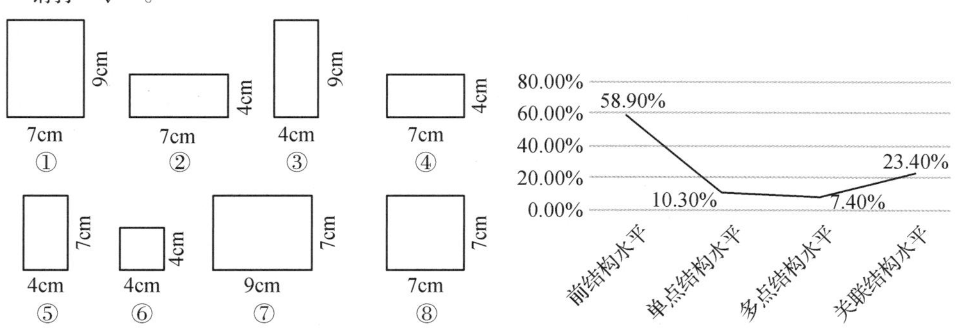

图 2-1-3 学生能否“正确选择长方形并组合成长方体”SOLO 分类的层次分析

通过图 2-1-3 的数据统计可知，58.9% 的学生不能正确选择长方形的面，10.3% 的学生虽然选择对了 6 个面，但是不能组合成长方体。说明学生根据平面想象立体的能力非常弱。而长方体是小学几何教学的第一个立体图形，需要揭示平面与立体的本质区别。

教学《长方体和正方体的认识》前运用 SOLO 对学生真实思维起点进行

研究，既能了解不同学生知识储备的丰富性和多样性，又能分析学生探究长方体特征的认知水平，为开展有效教学奠定基础。在课堂教学中，我们不但要承认这种差异，而且要充分利用学生间的思维差异，制定可操作、可观察、可测评的学习目标，这些目标是具有情境性、复杂性的高层次思维目标（见表 2-1-8）。

表 2-1-8 《长方体和正方体的认识》的思维目标

思维水平	学习目标	思维目标
单点结构水平	能辨认长方体、正方体模型	建立正确的长方体、正方体概念
多点结构水平	探究并掌握长方体、正方体的特征	在想象、操作活动中，经历长方体、正方体的模型制作过程，积累操作活动经验，掌握长方体、正方体的本质属性
关联结构水平	理解长方体的关键特征，经历推理过程	经历长方体关键特征的发现以及基于关键特征的推理过程，积累思维活动经验，培养推理意识
抽象扩展结构水平	理解长、宽、高的概念，通过平面想象立体，发展空间观念	重视长、宽、高等概念的发生过程，根据棱的数量变化想象长方体，理解长、宽、高决定了长方体的唯一性

3. 聚焦思维，动态评价

一个单元或一节课教学后，目标的达成度怎样？思维的增量有没有体现出来？是否存在薄弱环节或疏漏之处需要改进？……

如此，教师需要设计相应的评价方式来诊断教学效果。评价时要注意两个层面的问题：一是检测与教学目标间的匹配关系，二是选用适当的评估手段、方式来检测不同的学习结果。

案例 2-1-1 是小学英语六年级下册“Unit 1 How tall are you?”单元聚焦思维，可设计如下评价标准。

案例 2-1-1 “Unit 1 How tall are you?” 单元评价标准

<table>
<tr><th>单元大概念</th><th>单元表现性作业</th><th>表现维度</th><th>评价标准</th></tr>
<tr><td rowspan="5">能通过比较，建立有逻辑的因果关系</td><td rowspan="5">学校一二年级新成立了一支球队，现需要招聘一位足球教练，你觉得以下三位候选人谁更合适？请在谨慎比较后，向校长提交一份报告，说明你的观点
报告范例供参考，也可自己创作
Dear Principal,
The chart below shows that ___ is ___ than ___, and/but he is ___ than ___. And/But he is___. So I think ___ is better to be our football coach.
______
<table><tr><td>Name</td><td>Height</td><td>Weight</td><td>IQ</td><td>Ranking</td></tr><tr><td>Tom</td><td>160cm</td><td>50kg</td><td>90</td><td>13</td></tr><tr><td>Ben</td><td>178cm</td><td>73kg</td><td>100</td><td>10</td></tr><tr><td>Jack</td><td>190cm</td><td>90kg</td><td>130</td><td>15</td></tr></table>
Tom likes playing sports. And he can teach young kids play football very patiently（耐心地）.
Ben is good at playing basketball, and he also likes watching football games. He watches football match on TV every weekend.
Jack likes footballs. He has many different footballs at home. He sometimes writes some articles（文章）about footballs for a magazine.</td><td>解释</td><td>★★★ 能读懂作业范例，并能把比较三位候选人指标的方式说给别人听
★★ 不能完全读懂作业范例，但能在别人的帮助下比较三位候选人的指标
★ 完全不能读懂作业范例，不知道如何完成作业</td></tr>
<tr><td>阐明</td><td>★★★ 能通过比较候选人的某项具体指标，与最终结果建立关联
★★ 能比较候选人的某项具体指标，经提示，能意识到与结果呈现某种关联
★ 完全不能建立指标与结果之间的联系</td></tr>
<tr><td>应用</td><td>★★★ 能用单元目标语言做出候选人具体指标的比较，并呈现一份自创的思路清晰、用词准确的报告
★★ 能用单元目标语言比较候选人具体指标，但报告的逻辑不清晰或语法错误较多，或直接选用参考范例
★ 不能用单元目标语言比较候选人具体指标，完全无法形成报告</td></tr>
<tr><td>洞察</td><td>★★★ 能从不同角度看待选择结果，说明结果产生的另一种可能性
★★ 经过提醒和示范，能从不同角度看待选择结果，并能用自己的语言说明
★ 不能从不同角度看待选择结果</td></tr>
<tr><td>神入</td><td>★★★ 能接受选择不同足球教练的观点
★ 不能接受与自己不同的观点</td></tr>
</table>

续表

单元大概念	单元表现性作业	表现维度	评价标准
		自知	★★★ 能对自己的作业表现做出合理评价 ★★ 能对自己的作业表现做出一些评价，但不够合理 ★ 完全无法对自己的作业表现做出评价
		表现技巧	A. 书写端正、布局合理，错误在 2 处以内 B. 书写较随意或达 3 处错误 C. 书写潦草，错误在 3 处以上

（刘珂羽　杭州市胜利小学）

基于“学习起点”研究，能有效帮助教师正确处理学、教、评的关系，聚焦思维的动态评价，是教师不断加强对单元目标内涵和内容体系理解的过程，其最终指向是更好地促进学生核心素养的形成和发展。

综上所述，通过“学习起点”研究，从“学”的视角，锚定“思维课堂”的起点，从“整体思维，单元设计”“确定目标，精准施策”“聚焦思维，动态评价”三个层面展开研究，为教学内容的取舍、教学方法的选择以及能力培养指明基本方向，是提高学习效率，发展思维品质，促进学生全面发展的重要保证和前提条件。

第二节
重新认识学习目标

⊙

老师们在课堂中，最害怕看到这样的现象：预设的教学目标无法完成，学习进程缓慢，虎头蛇尾；精心设计的课堂成了走过场，学生两眼无光，无精打采；实际课堂被学生带着跑，偏离预设的教学目标，上到哪里是哪里……

其实，关于教学目标落地实施的问题，还不止这些。老师们在设计教学目标时，或者照着教学参考全盘复制，或者雄心勃勃，恨不得一个课时解决所有问题。这与目标设计缺乏学生意识，无法触及学生心灵，不能有效指导学生学习有着主要关系。关注学生这个学习的主体，帮助其积极地投入学习，需要教师转变观念，站在学习者的立场，从教学目标到学习目标，重新认识学习行为。

一方面，从维果茨基的“最近发展区”理论来看，确定学生现有的水平，才能在设计目标时“走在发展的前面”，以足够的挑战性引导学生主动参与，也不会让学生因为太难而气馁。布鲁姆的教育目标分类学中也明确提出教学的目的，是为了促进学生学习而教。“想要学生习得的东西作为我们的教学结果，就是我们的目标。”

另一方面，有实践证明把学习目标作为学生学习的主要参考，能监测衡量学生成长，巩固教学实践。如美国中小学的“学生学习目标评价体系”（student learning objectives，SLOs）以实现学生的成长为导向，为学生设立具体的、可测量的和符合标准的长期学业发展目标，将教学实践与学生活动紧密联系，值得学习借鉴。

一、让学生成为主动学习者

一个好的学习目标，应该能使学生明确学习目的，促进有意义的学习发生，帮助学生进入愿学、乐学、会学的积极状态，也能为学生提供解决问题的知识和过程，让学生获得自我的体验与成长。对教师而言，好的学习目标可以为学生和教学内容之间搭建桥梁，使教学行为更加聚焦，教学活动更加有效，为推进学习进程、培养学生能力、呈现学习结果等提供重要的引导。

1. 区分教学目标与学习目标

华南师范大学曾文婕教授认为“教学目标是教师根据课程标准、教材和学生的学习实际，对学生学习目标进行的‘主观规定’”。学生能否理解教师的“主观规定”，并落实到自己的学习行为中，将决定教学目标是否达成。但大量的课堂教学行为观察发现，教师的教学目标设计或过度偏于主观认知，缺少对学习者的深层认识；或偏于记忆和理解的内容掌握，缺少促进思维发展的深层学习；或偏于单向灌输的模仿操练，缺少学习主体的实践体验；或以课程目标替代教学目标，表述笼统，缺乏操作性。教学目标的问题进一步影响了课堂教学行为、设计实施过程和学生学习效果。事实上，学习成功的关键在于学生是否内化了目标，其主观学习的愿望、动力、方法、策略、习惯以及投入的时间与精力等，都将影响最终的学习成果。正如《追求理解的教学设计》一书所言：“在学生完成整个学习任务过程中，如果教学设计没有突出强调清晰的目的和明确的表现性目标，那么学生无法做出令人满意的反馈……学生在学习过程中，如何证明自己获得了预期能力，领悟了相关知识内容？应该如何选择与使用活动和资源，以保证学习目标的实现，并提供最有利的证据？”因此，教师需要将教学目标转化为学生能理解和愿意去实现的学习目标。表 2-2-1 是杭州市惠兴中学黄炜瑾老师调整的《变色龙》学习目标。

表 2-2-1　统编版语文九年级《变色龙》的教学目标与学习目标

《变色龙》教学目标	《变色龙》学习目标
1. 把握小说情节，简要复述故事 2. 对比小说细节，把握人物形象 3. 理解艺术手法，挖掘讽刺主题	1. 从不同的叙述视角，简要复述课文，梳理小说的主要情节 2. 通过增删小说人物，分析小说细节，把握人物的性格特点，感知小说的艺术 3. 通过续猜故事情节，把握小说主旨，理解作者对当时腐朽专制的社会的批判

从上表中我们可以看到，教学目标是教师按照教材、教法等固定的内容设计目标，指向教师的“教”，而不是学生的“学”，学生需要花大量的时间思考自己要做什么，使用怎样的方法，将会获得怎样的技能，为什么要这样做，等等。经黄老师调整后的学习目标，将“教”的单向输出转化为具体“学”的过程，“把握小说情节”通过“不同的叙述视角”获得；“把握人物形象”通过“增删小说人物”的方式把握；“挖掘讽刺主题”以“续猜故事情节”的方法理解，指明了学习此课的目的。学生明确学习的过程，采用的方法策略，将有助于其达成学习的结果，明白“我要学什么”“我要学到什么程度”和“学得怎么样”。

可见，学习目标的表述，应该是学生预期达到的学习结果，而非教师的教学内容和教学过程；反映的是学生的发展水平，体现学生“能干什么”，即阐明学生在不同层次上的行为操作，使学习目标更加明确、具体、可测。

2. 将课程标准转化为学习目标

2022 年版课程标准进一步明确了“培养什么人、怎样培养人、为谁培养人”的育人目标，提炼核心素养发展要求，强化课程育人导向。各学科都将学生的学习主体地位放到重要位置进行阐释，以表 2-2-2 为例。

表 2-2-2　义务教育学科课程标准（2022 年版）列举

学科	课程理念
语文	从学生语文实际生活出发，创设丰富多样的学习情境，设计富有挑战性的学习任务，激发学生的好奇心、想象力、求知欲，促进学生自主、合作、探究学习
数学	学生是学习的主体，教师是学习的组织者、引导者与合作者。学生学习应是一个主动的过程，认真听讲、独立思考、动手实践、自主探索、合作交流是学习数学的主要方式
英语	秉持在体验中学习、在实践中运用、在迁移中创新的学习理念，倡导学生围绕真实情境和真实问题，激活已知，参与到指向主题意义探究的学习理解、应用实践和迁移创新等一系列相互关联、循环递进的语言学习和运用活动中
科学	倡导以探究和实践为主的多样化学习方式，让学生主动参与、动手动脑、积极体验，经历科学探究以及技术与工程实践的过程
历史	树立以学生为主体的教学观念，注重学生自主探究的学习活动，鼓励教学方式的创新

如上表所示，各学科都非常强调学生的主体地位。“自主、合作、探究学习”“学习应是一个主动的过程”“在体验中学习、在实践中运用、在迁移中创新”“以探究和实践为主的多样化学习方式”等表述，都体现了素养目标导向下对学生学习过程、学习方式、学习活动的具体要求。但学科素养目标不能等同于教学目标，更不同于学习目标。教师需要“以学科素养目标为思考框架，根据课程标准的目标和教学内容，结合学生情况，确定某一课的核心目标，并细化为相关的学科技能，对学科技能学习结果进行水平划分”。

如七年级数学的《相交线》知识，是在学生已经学习了直线、射线、线段和角的有关知识基础上，进一步研究平面内不重合的两条直线的位置关系——平行和相交，重点研究相交线所形成的邻补角、对顶角的位置和数量关系。课程标准中关于《相交线》的课程目标有两点：（1）理解对顶角的概念；（2）探索并掌握对顶角相等的性质。显然，这个描述还不够具体，操作性不够，如何检测也没有明示，原因是对“了解”“理解”的含义没有具体化。而要做到“具体化”，我们就要对其进行解析，给出“理解”“掌握”等要求下，学生到底能干什么的明确表达。达成目标（1）的标志是能利用角的概念区分邻补角和对顶角，并能识别对顶角、邻补角。达成目标（2）的标志是能利用邻补角的性质，推出对顶角的性质，感受逻辑推理的严谨性；能根据对顶角、邻补角的性质，进行有关角度的计算。

要实现上述指向核心素养的学习目标，显然应“示以学生思维之道”，让学生经历完整的“感知对象—研究性质—应用拓展”数学对象的研究过程，从数学知识的发生发展过程和学生认知规律出发构建研究问题的思路，重视以“一般观念”为引导发现规律、获得猜想、证明结论，使学生学会思考。可见，学习目标的设定要基于课程标准，明确学习行为，将预期的学习结果可视化，以更好评估学生的学习情况。

因此，教师在确定每一个单元、每一节课学习目标时，应对照课程标准要求，明确思维发展能力，有意识、有计划地将素养目标转化为学习目标，落实到日常教学中去。

3. 基于学生的思维发展

《礼记》云：“心不在焉，视而不见，听而不闻，食而不知其味。”学生要成为主动学习者，需要教师激发学生学习兴趣，使学生主动、愉悦地投入学习活动，才能听其言、品其味、知其趣。学生真正成为学习主体的重要标志是能够自主地投入、理解客体对象，并获得发展。从学习机制的角度看，学生无论何时都不是一张白纸。布兰思福特在《人是如何学习的》一书中说道：“学生带着有关世界如何运作的前概念来到课堂。如果他们的初期理解没有被卷入其中，那么他们也许不能掌握所教的新概念和信息，否则他们会为了考试的目的而学习它们，但仍会回到课堂之外的前概念。”学生的前概念非常顽固，如果在课堂上没有充分促进概念的转变，一段时间以后就可能回到原来的错误概念。

要促进学生学会学习，改变前概念，发展思维品质，可以从明晰学科技能水平、提炼思维要素、明确过程方法、经历活动体验等方面实现。体现在学习目标上，可以把学生学习后获得的发展作为主要目标，明确学习内容与经历的活动，包含或暗含思维品质、思维技能等，以促进学生的学习。案例 2-2-1 是杭州市开元中学方向老师在教学《植树的牧羊人》一课时制定的学习目标：

案例 2-2-1 《植树的牧羊人》学习目标（七年级语文）

1. 练习默读，能有效提高阅读速度，圈点勾画出文中关键信息，复述牧羊人种树的故事。

2. 根据牧羊人的相关具体情节，能分析评价牧羊人形象。

3. 学习对比手法，理解环境描写对于凸显人物形象的作用。

4. 学会抓住议论句体会文章主旨的方法，体会生命平和之美、奉献之美、坚持之美。

（方向　杭州市开元中学）

方老师在目标表述时，突出了以下三个方面的要素。

首先，基于学生的最近发展区。《植树的牧羊人》是七年级上册第四单元的一篇教读课，学生在第三单元已经学习了“默读”的相关知识。方老师基于单元学习目标，引导学生在已有基础上进行新旧知识的关联，提出新的要求，引发学生新的挑战，使旧知识支持新学习的发生。

其次，围绕学科素养重塑学习目标。四条目标对学科核心素养的四个方面都有涉及，“文化自信”触及对人生意义与价值的思考；“语言运用”指向多角度品味语句的表达效果，理解人物形象；“思维能力”从分析比较、归纳判断等认知表现，提升学生“实证与推理”“批判与发现”能力；“审美创造”引导学生感受、理解、欣赏、评价作品中的语言文字，提升审美品位。

再次，注重过程方法的引导。以上四条目标虽然没有明确写出主语，但都暗含了“学生”这一主体，以“能够”“学会”这样的短语，包含了预期的学习结果。以“练习”“圈点勾画”“分析”等过程指导贯穿整个课堂，指导学生掌握方法，提升思维。当学习目标以外显的行为动词、具象的思维能力、预期的学习成果来表述时，可以更好地评估学习结果，激发学习动力，通过感受学习的乐趣与成功的喜悦，推动其成为一个主动学习者。

二、和学生一起制定学习目标

如果教师只是把教学目标写在备课本上，学生只能通过课堂教学进程、作业完成或测试结果推测目标的达成情况。这不利于调动和激发学生参与学习的积极性、主动性和创造性。如何让写在纸上、装在心里的教学目标走到学生面前，成为学生学习的目标，不妨让学生一起参与制定学习目标，使学习结果更清晰，操作性更强，学习更富有成效。

在带领学生制定学习目标前，教师首先要清楚本单元、本课时的核心目标，认真研读教材，从“学什么”“学到什么程度”“学得怎么样”等多个维度进行预期评估。有一种逆向设计，以终为始，在开始时就详细阐明预期结果的方法可以给我们带来一些启发（见图 2-2-1）。

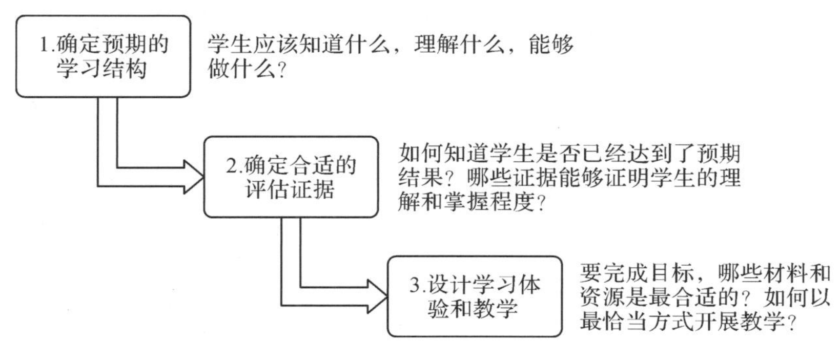

图 2-2-1　UbD（Understanding by Design）：追求理解的教学设计

逆向设计的原理是先明确预期结果和评估证据，再做具体的教学活动，包括学习活动、学习顺序、学习资源等。清晰的目标能帮助我们在设计时有效聚焦，就如同外出旅行，都需要在出发前明确目的地和计划，如何制定最佳路线，如何设计最佳攻略，可以通过了解他人的旅行经验等（学习资源），确定具体明确的旅行目标，使整个旅途更加顺利、愉悦。

合适的评估证据可以以评价量表等形式出现，评价标准基于学习目标设计，服务于学习目标，是学习目标的细化与落地，对学习指导更有帮助性。学生可以在学习活动中自主构建知识，和老师一起完成评价量表的制定与完善，并在后续的活动中进行自我诊断，始终以评价量表引领、调整、完善学习，以更好地走向学习目标。这种间接参与学习目标制定的方式，也能促进学生对知识的理解、内化，以实现最终的目标。

教学活动，是师生共同经历的一场智慧之旅。旅程的终点，不应该是零散堆砌的知识、测试的考点，让学生能积极、主动地投入学习，运用所学解决现实中的问题，促进终身学习，实现全面发展才应该是根本出发点和最终归宿。让学生参与目标制定的过程，带着学生一起目标明确地向终点进发，可以从以下几个方面进行实践。

1. 陈述目标结果，明确能力发展

在陈述学习目标时，最好能描述希望的结果、希望的变化等。诸如“体会作者的情感”“理解电路的概念”“认识长方体的特征”“知道元素的组成”等表达，都在描述学生学习行为，但由于不清楚具体把握到何种程度，就可能出现多种结果。多种结果的背后可能就内隐多种目标。

在日常教学中，我们也时常发现，同样的教材内容，相似的目标，却有着不同的教学结果。以《屈原》一课为例，三位老师在教学时都将“把握戏剧冲突”“品味戏剧语言”等作为教学目标，但在呈现中却反映出了多重目标和不同能力。

A 教师认为，学生应该把人物的对话和独白作为重点内容，理解靳尚和郑詹尹的对话内容，甚至应该背诵屈原的大段独白。他强调戏剧中的细节，非常关注事实性知识。

B 老师认为，人物对话与独白之间有着密切联系，“风”“雷”“电”的形象也有着丰富的象征意义。他希望学生能关注彼此间的关系，并在小组内进行分角色表演，将戏剧与生活形成联系，进而品味语言，把握冲突。这位老师更关注概念性知识，关注“实施”“执行”等运用能力。

C老师把《屈原》作为学生理解戏剧的剧本之一，他的目标是把它作为一个例子，教会学生阅读剧本的一般方法、策略或工具。他的基本步骤是：和学生一起讨论剧情，了解剧本形式上的特征，把握人物关系，理解人物的心理活动，揣摩台词含义，最后了解故事背景，深入理解主题，为第二阶段的表演做准备。该老师的教学步骤，不只适用于《屈原》一课，也可以运用于其他一切戏剧的阅读，他更关注的是程序性知识，指向一定的方法、程序、步骤。

以上三位老师以不同的教学方式表现同一教学内容，其实指向了不同的目标。如果学生不清楚教师内心设定的具体目标，只看到了"品味戏剧语言"等笼统的表述，就只能被动地在学习过程中跟着老师亦步亦趋，不利于能力的发展，也不一定能走向预设的目标。若教师能向学生阐述预期的学习结果，或邀请学生参与学习目标制定，根据学生建议适度调整目标，与学生目前的能力与期待的结果尽可能一致，就更易于让目标成为现实。

因此，在陈述目标时，可以采用"主体+学习条件+学习行为+预期结果"的表述方式，如上文中《屈原》一课，把"认真阅读剧本，模仿人物语气语调，揣摩人物深层含义，写下自己对人物的分析，与同学交换意见，作些探讨"作为学习目标之一，将有助于学生根据目标参与学习。

2. 关注情境创设，指向成果应用

核心素养的培育与发展离不开情境实践。学习者拥有的知识是围绕学科核心概念和技能组织起来，能在真实、复杂的情境中进行应用的知识。教师只有让学生知道在不同的情境中需应用不同的知识，面对新的真实情境时要主动调整学到的知识，才能更好地培育学生具备终身学习和社会发展的必备品格和关键能力。

各学科的新版课程标准也反复"提及"情境，如道德与法治学科的"创设多样化的学习情境""坚持教师价值引导和学生主体建构相统一"；语文学科的"增强课程实施的情境性和实践性，促进学习方式变革"；数学学科的"会用数学的眼光观察现实世界""会用数学的思维思考现实世界""会用数学的

语言表达现实世界”；科学学科的“创设良好的学习情境，设计适宜的探究问题”；等等，都关注解决情境问题中的基本知识和技能。

在学习目标的制定中，也可以根据学生实际情况，将学习任务融入情境，以清晰的目标指向，发挥情境的功能。案例 2-2-2 是杭州市夏衍小学王玉老师关于《声音是怎样传播的》学习目标的制定与基于情境的优化设计：

案例 2-2-2 四年级科学《声音是怎样传播的》学习目标的制定与优化

基础目标：感知并举例说明声音需通过物质传播；能逐步认识到声音传播时发声物体振动引起了周围物质的振动，并尝试描述声音传播的过程；举例说明声音在不同物质中可以向各个方向传播；体会到科学技术是人类发展的巨大推动力。

拓展目标：初步认识声音是通过不同物质以波的形式传播的。

首先，充分调查前测，了解原有认知，修正学习目标。将“声音是怎样传播的”具象化为“物体振动发出的声音是怎样传到我们的耳朵的”，意在引起学生关注传播过程，但整理问卷发现很多学生对于这个问题本身并不能完全理解，对传播过程并不清楚。四年级学生对“传播”这个词的认知停留在浅层认识，如在三年级语文《蜜蜂》一课中提到的传播花粉一词等，学生生活经验中的感受与感知相对较为匮乏，而对“声音的传播”的相关观察、思考更是少之又少。同时学生生活中对“液体（水）传声”“固体传声”的实例接触较少，相对比较陌生，让其直接理解并作为证据来分析“声音的传播”有难度。同时由于空气在我们的周围无处不在，因此学生感受相对较深的是“空气能传播声音”。因此，结合情境将原本“急于求成”的宏观大目标，优化为“逐渐体会”的实际小目标，让学生从他们熟悉的空气开始，慢慢从实验、生活实例中初步达成“感知并举例说明声音需通过物质传播”这一基础目标。

其次，逐层推进实验，结合学习情境，制定分层学习目标。在小学科学教学中，实验活动的设计会不经意间挖掘出学生原有的错误认知，那实验情境活动的逐层推进就尤为重要。本课先后通过设计“双鼓”师生实验、增设“黑板阻挡实验”、预设“玻璃罩阻挡实验”、改进“土电话传声”实验、增设“阻止土电话传声”实验、增加“鱼缸旁拍手对比”视频等实验探究情境活动，充分挖掘学生的错误认知，学生在一次次印象深刻的认知学习中，进一步达成了“逐步认识到声音传播时发声物体振动引起了周围物质的振动，并尝试描述声音传播的过程”这一核心目标，让不同层次的学生结合不同的情境进行知识的迁移运用，小步走却有大增量，以实现分层学习。

（王玉　杭州市夏衍小学）

同时，从认知过程维度来看，可迁移运用到新情境的能力包含理解、运用、分析、评价和创造的认知过程，是判断学习适应性和灵活性的重要指标。在多元情境而非单一情境中学到的知识更利于灵活迁移。如在整本书阅读中，通过搭建展厅、制作读书宣传册、戏剧表演、朗诵会等多种学习情境的创设，将自己的阅读理解、感受、体验在不同的情境中灵活运用，逐步完成。对于长项目、跨课时的学习目标，需要学生在较长的时间里通过自主学习、规划、执行、调整、反思来实现，在一定程度上也发展了学生的元认知，激发学生持续地思考与探究。

3. 重构学习单元目标，促进真实学习

当下倡导的教与学的方式，都有一个共同点：基于大单元、大概念、大任务、大观念的问题解决，深度学习认为“单元是知识结构化的重要表现”“结构化、情境化、凸显学科大概念的知识，发展核心素养的功能最强”。因此，从学习单元出发，明确单元学习目标，激发深度参与学习活动，是师生共同的任务。

学习单元可以重组教材单元内容，可以在原有教材的基础上打通各板块内容进行整合，也可以保持原有教材单元格局，重视研究单元内板块之间的关系，

体现关联整合的特点。无论哪种形式，单元学习目标都要充分体现学生在学习该单元后应获得的知识、技能、策略、方法以及解决问题的综合能力等。

确定单元学习目标要基于课程标准，关注单元学习主题下的学习内容，把握单元所承载的学科核心素养的进阶发展，明确学生的学习方式和发展需求。准确清晰的单元目标才能为每一堂课的目标把准方向，使单元内的课时安排具有内在关联。案例 2-2-3 是周佳燕老师根据八年级语文第三单元设计的基本框架和学习目标。

案例 2-2-3 八年级语文“山川之美 古来共谈”单元整体学习设计

自然山水，引人流连忘返，能获得美的启发，也给人写作的灵感。学习本单元的课文，参与四个学习任务，为最美若水园留下“写真”。具体设计如下：

学习情境
感受山川之美，描绘学校最美的若水园

教学内容
第三单元：《三峡》《短文两篇》《与朱元思书》《唐诗五首》
写作“学习描写景物”

学习活动
任务一：古籍“小专家”编纂文集
任务二：书写灵动的山水之美
任务三：舞台剧“我游山水之行”
任务四：若水园实地写作

单元学习目标
1.积累第三单元每篇课文的常见文言实词、特殊句式等，自主进行整合归纳，了解作者背景与生平。
2.感受不同作者笔下的山川风物之美，体会作者寄寓的情怀与志向，合作制作文集，形成一定的写作观点。
3.对比阅读，感受诗文意境。根据文本内容适度发挥，以舞台剧的方式展现祖国的山川风景。
4.掌握基本的描写方法，学会多角度观察，实景描写若水园，在读与评中体会写景的方法，提高写景的能力。

（周佳燕　杭州市丁兰实验中学）

以上案例中，第一个学习目标是后面深入阅读和写作的前提。“自主整合归纳”字词句式，引导学生对学习内容进行组织建构，将零散、碎片的知识组合到一起，形成一个有关联的意义整体，体现了整合的思维。第二个目标在“感受”“体会”中引导学习者参与制作文集活动，并以分析、比较、评判、溯因等思维路径推动学生进入诗文意境，也帮助学生在鉴赏与体会中逐步构建其相对复杂的写作观念，为下一步的写作服务。阅读服务于写作，写作又反推阅读的深入，这种读写整合的单元教学，一定要找好关联点，制定清晰的目标，为每一个学习任务的子目标把好统领式的方向。链接2-2-1（扫描二维码即可观看）展示的，就是整个活动任务中学生参与的过程和成果。他们在活动后由衷地感慨：“原来学校里还有这么美好的风景，值得我们驻足，留在我们的笔端！”他们的成果在校园橱窗、走廊、展板中展示，积极性更加高涨。

链接 2-2-1
“山川之美　古来共谈”单元整体学习

单元学习目标对教师提出了挑战，因此教师可以邀请学生一起参与目标制定的整个过程，使目标更符合学生实际，又能面向学生未来的发展。如上述案例中，选择学校的哪个景点作为写作实践点，可以让学生投票，说说自己的看法；积累归纳字词有哪些困难，需要得到哪些帮助，可以让学生畅所欲言；采用哪种方式感受作者的情怀与志向，可以进行讨论；山水写景类的古诗文阅读还存在哪些困难。也可以通过学生的补充，对学习目标进行调整。

4. 尊重学生差异，兼顾各类学生

基于学生实际，对学习目标进行合理分层分级，以适合班级中每一个学生，是学习目标制定的难点，也是因材施教的重要一环。建构主义学习观认为，“学习者进入任何学习情境时，已有大量的知识，有自己的目的和在该情境中的先前经验，他们利用这一切使其接触到的信息变得‘有意义’”。但这个建构的“有意义”与教材内容本身、教学行为目的或公认的规范并不一定一致，学生个人朴素的观念需要在教师的引导下进行转化，使其获得真实而规范的基本概念。

因此，一方面教师要深入了解学生已有的学习经验，在学生已有知识和教师制定的学习目标之间建立联系的桥梁。学习目标可以根据学生的建议进行调整，以更适应他们的学习起点。另一方面，班级内部学生的差异是客观存在的，要兼顾不同类型的学生，因人施教，将学习目标与活动进行适度分层，尽可能适合每一个学生的发展。

尤其是面对复杂综合的学习任务，学生的学习结果多元、开放，充满不确定性，教师不能以现成的标准答案和唯一的结论去解决问题，而是需要根据学生的具体表现来解释学习目标。如，阅读《苏菲的世界》一书，要引导学生“理解独特的叙事结构，关注故事间独立又相互联系的特点”“走进哲学世界，唤醒对生命的赞叹及人生终极意义的关怀和思考”，如果把这些作为学习目标就有些大而无当，无从下手。杭州市采荷中学的胡赛妮老师通过分阶段、分层的方式，设计了学习目标（见表 2-2-3）。

表 2-2-3 《苏菲的世界》整本书分层学习目标

项目阶段	项目任务	分层学习目标
第一阶段	阅读分享会 阅读质疑墙	1. 掌握选择性阅读方法，自选阅读方式（初级） 2. 定期交流阅读内容，分享阅读感受（初级） 3. 收集、归类信息疑点，提出驱动问题（中级）
第二阶段	神秘来信	1. 通过示例展示、概念解释，感知了解叙述艺术（中级） 2. 梳理人物关系，分析叙述视角和叙事结构（中级） 3. 培养阅读兴趣，学会欣赏小说的叙述艺术（高级）
	趣思绘本	理解不同人物的观点、想法，解决哲学问题（高级）
第三阶段	成果分享会	1. 能够基于设计思维解读物品（中级） 2. 能够大方、清楚、自信地介绍研究过程和成果（中级）
	妙妙墙	1. 提炼本书中的观点、情节等，内化为答案之书（中级） 2. 发散性寻找答案之书，敢于表达对问题的思考（高级） 3. 不断地唤醒好奇心，唤醒对智慧与爱的追求（高级）

胡老师将学习目标分为“初级”“中级”“高级”三个层次，分别对应学生的不同层次。根据阅读阶段与相关任务，给不同层次的学生提供了不同的学习目标。学生根据自己的阅读情况以及自身能力，选择相关项目任务进行阅读、

活动与实践。暂无法完成高级目标的学生，可以先完成初级、中级目标，并在小组内跟着其他同学一起学习，逐步提升。

同时，学生的性别、兴趣、爱好、能力不同，在完成复杂任务时表现也会有所不同。尊重学生的差异，也表现在多维度设计学习目标，对不同的学生提出不同的要求，以保证学生在合作、探究、交流中互相帮助，共同提升。

和学生一起制定目标，让学习目标推动学生成为一个主动的学习者，是重新认识学习、解码学习的重要一环，也是探索教学方式变革，更好促进深度学习的开始。深入理解学习目标，将会使教与学进入一个崭新的发展阶段。

参考文献

［1］奥苏伯尔．教育心理学：认知观点［M］．任夫松，译．北京：人民教育出版社，1978.

［2］邵燕楠，黄燕宁．学情分析：教学研究的重要生长点［J］．课程与教学，2013（02）：60–63.

［3］苏霍姆林斯基．给教师的建议［M］．杜殿坤，译．北京：教育科学出版社，1984.

［4］徐梦杰，曹培英．精准针对学生差异的学情分析研究［J］．课程·教材·教法，2016（06）：62–67.

［5］马文杰，鲍建生．“学情分析”：功能、内容和方法［J］．教育科学研究，2013（09）：52–57.

［6］周茂生，周翠兰．培养学生自主学习习惯的意义和方法［J］．中学数学杂志：初中版，2004，4（8）：1–3.

［7］马兰，高军玉，陈琳．以学情为基点，以目标为导向设计单元教学［J］．浙江教育学院学报，2008，5（3），50–56+68.

［8］邵虹．找准学习起点，捕捉思维动态，渗透极限思想——“圆的面积”教学实践［J］．小学教学设计：数学，2018（12）：51–55.

［9］L·W·安德森，D·R·克拉斯沃尔，P·W·艾雷辛，等．学习、教学和评估的分类学——布卢姆教育目标分类学修订版［M］．皮连生，主译．上海：华东师范大学出版社，2008.

［10］蔡敏，冯航贞．美国中小学“学生学习目标评价体系”的建构及启示［J］．

教育测量与评价（理论版），2015（3）：13-18.

［11］曾文婕.从“教学目标”到“学习目标”——论学习为本课程的目标转化原理［J］.全球教育展望，2018，47（04）：11-19.

［12］格兰特·威金斯，杰伊·麦克泰格.追求理解的教学设计［M］.闫寒冰，宋雪莲，赖平，译.上海：华东师范大学出版社，2017.

［13］唐少华.如何将“学科素养目标”转化成“课堂教学目标”［J］.基础教育课程，2019（3）：16-20.

［14］约翰·D·布兰思福特，安·L·布朗，罗德尼·R·科金，等.人是如何学习的：大脑、心理、经验及学校（扩展版）［M］.程可拉，等译.上海：华东师范大学出版社，2013.

［15］刘月霞，郭华.深度学习：走向核心素养（理论普及读本）［M］.北京：教育科学出版社，2018.

第三章
不只是教法：学习方式与学习习惯

“思维课堂”的研究要带动更多教师改变更多课堂，帮助学生在真实的学习中，成长为自主学习者、深度学习者、终身学习者。因此，要推动课堂成为学习中心和高效交互的学习场域。在这样的视阈下，课堂教学研究不再只是寻求教法的突破，课堂变革的追求远远不局限于教什么、如何教。越来越多的教研员和教师开始关注、研究学生的学习方式和学习习惯。本章就指向思维发展的学习方式和学习习惯的内涵、路径进行阐述，探讨自主学习、合作学习和探究学习的特征以及实施要点，提炼出指向思维发展的学习习惯的培育路径：“发现和探索”“激活和使用”“激励和保持”。

第一节
指向思维发展的学习方式

⦿

学习方式（learning style）是指学生在进行学习活动时，为达到某种目标而采取的作用于特定学习内容的具体路径，表现出具有偏好性的行为方式与行为特征。根据学习者参与学习过程的独立性程度，分为自主学习和他控学习；根据学习者参与学习活动的社会组织形式，分为个体学习和合作学习；根据学习活动的探究情况，分为接受学习和探究学习；根据学习内容与学习者已有心理结构是否建立起有意义的联系，分为机械学习和意义学习……尽管学习方式有不同的分类，不同的标准，但大家公认的一点是，要根据学习者和学习活动的目标、内容，来选择合适的学习方式。

传统的课堂教学关注学生的知识习得、技能提升，为满足适应世界教育改革发展趋势、提升我国教育国际竞争力的迫切需要，《中国学生发展核心素养》明确指出：学生需要学会学习，乐学善学，具有积极的学习态度、掌握适合自身的学习方法、具有终身学习的意识和能力。《基础教育课程改革纲要（试行）》指出：要求改变课程实施过于强调接受学习、机械训练的现状，倡导学生主动参与、乐于探究、勤于动手，培养学生搜集和处理信息的能力、分析和解决问题的能力以及交流与合作的能力。

合适的学习方式能促进学生的思维发展，而思维发展又能促进学生寻求更优的学习方式进行学习，两者是相辅相成、相互促进的关系。转变传统的学习方式，由被动、单一、接受式的学习方式转向自主、合作、探究式的学习方式，有助于促进学生思维的发展，指向培养全面发展的人。“思维课堂”的研究，一直在寻求与实践发展学生思维品质的课堂，希望优化其学习方式，促进其思维发展。

一、让思维在自主学习中生成

自主学习（autonomous learning）在 20 世纪 60 年代以后得到了大力推动，其重要性不言而喻。我国 2014 年提出的《中国学生发展核心素养》把自主发展确定为核心素养的基本内涵之一，指出自主性是人作为主体的根本属性。学生的自主学习能力在其终身学习和发展中具有重要作用，自主学习不仅能够帮助学生加深知识理解，促进思维发展，提高学习成绩，而且能在科技发展迅猛的今天帮助学生获得生活与未来工作中所需的知识与技能。早在 1972 年，联合国教科文组织就强调了自主学习的重要性，我国在基础教育课程改革中也极力倡导自主学习，把培养学生的自主学习能力作为一项重要任务。

自主学习的主体是学生。“思维课堂”推崇的自主学习是指学生需要先根据学习目标，自主制订学习计划和选择学习策略，并将学习过程中实际的学习行为与预期进行对比、评价，监控和调整自己的学习过程，从而达成预期的学习目标，并产生积极的自主学习体验，发展自主学习能力。自主学习本质上是一种自我调节的学习方式，学生将经历的学习活动作为观察对象，关注并审视学习活动过程中自己的行为表现与头脑中的思维发展，对偏离学习的行为与固化停滞的思维及时进行调整。这一过程需要理性思维的全程参与，它类似于计算机的 CPU，当观察到学习者的行为后便作出判断，给身体发出后续行为的指令；但它又高于 CPU，其过程促使学生不断地锻炼和提升自己的元认知思维（指学生对认知过程的计划、监控和调节）。此外，学生对自主学习结果的正确归因，对成长型思维的形成具有积极作用，而元认知思维和成长型思维的发展对学生成为自主学习者、深度学习者和终身学习者具有决定性作用。因此，自主学习的主要特征是自我规划、自我调控和自我强化等。

1. 自我规划，引导学生思考在前

学习目标是自主学习的核心。在目标的引导下，学生能不断调控自己的学习过程。根据最近发展区理论，设置具体的、富有挑战性但又可实现的学习目标有助于增强学生的自我效能感（影响学生自主学习的一个重要因素，指学生相信自己有能力完成某个任务）。虽然考虑到学生的年龄特点和教学限制，自主学习的目标设置往往不完全由学生自主决定，但是学生参与目标的选择过程，能够发展学生的批判性思维，同时也更容易接受目标并承诺、相信自己有能力达成目标。

学习目标的达成与学生的自我规划的关联是否有效而密切，取决于学生能否基于确定的学习目标，选择和运用相应的学习策略，并有效地管理和安排自己的学习时间以保证学习顺利完成。然而，学生很难在学习中自动生成有效的自我规划方案，教师需要搭建必要的学习支架，帮助学生从学习目标出发，分解学习任务，匹配学习策略，在提高学生自主学习能力的同时发展学生思维的灵活性。案例 3-1-1 是七年级学生整本书阅读的活动设计。

案例 3-1-1 初中语文《海底两万里》阅读活动设计（节选）

教师借助视频短片和教材资料，指导学生初步了解《海底两万里》和作者凡尔纳，再出示整本书阅读的要求，让学生们自由讨论阅读前的整体规划。根据学生的兴趣和阅读方向，教师把他们分成四组，选定组长，抛出问题：本次假期自读活动计划用四周的时间完成，在规定时间内，如何保

质保量完成？师生通过讨论，归纳梳理出整本书阅读的关键要素：确定阅读目标、安排阅读时间、抓取典型情节、提炼阅读策略、记录阅读感悟。最后以小组为单位，完成整本书阅读的规划，具体要求如下：

1. 依据阅读目标，每位成员设计自主阅读规划，有效监督阅读进程与效果；

2. 组内讨论各方案的优、缺点以及可操作性，推选或重组一个典型方案进行全班分享；

3. 全班交流后，各小组对阅读规划进行修改，并进行组内成员的分工，然后按规划实施。

（洪雨涵　杭州四季青中学）

众所周知，整本书的阅读周期较长，需要学生在课余时间进行自主阅读，这就需要明确的阅读规划，来保证自主阅读的有效性。如何指导学生进行自主阅读规划的制定？上例中，杭州四季青中学的洪老师先提出整本书的阅读要求，再和学生讨论并确定自主阅读的关键要素，如目标、安排、策略、记录等，由此帮助学生更好地制定阅读规划。其中，阅读策略的学习与有效选择至关重要。在阅读规划的制定中，洪老师指导学生用“记录”“评估”“对比”等方法审视阅读策略的运用，发现不同阅读策略的优势与不足，以此提升学生的元认知思维水平。在此基础上，洪老师让学生根据兴趣与阅读方向组成学习小组，完成自主阅读规划的制定。这样的指导既来自学生实际，又基于阅读整本书的特点，引导学生思考在前。正是有了这样的指导，学生才会形成有聚焦又有个性的阅读规划。表 3-1-1 和表 3-1-2 是两个小组构思的阅读规划记录表。

表 3-1-1　第一组阅读规划记录表

阅读时间	阅读范围	阅读任务	阅读策略	阅读心得
1.17—1.23	上篇 1—10 回（飞驰的礁石—海洋人）			
1.24—1.29	上篇 11—24 回（鹦鹉螺号—珊瑚王国）			
2.3—2.10	下篇 1—11 回（印度洋—马尾藻海）			
2.11—2.17	下篇 12—23 回（抹香鲸和长须鲸—尾声）			
阅读任务（可选）：	1. 以小说中任意一个主人公的口吻，记录航海日志（包含日期、地点、事件、备注） 2. 绘制“鹦鹉螺号”完整的航行路线图 3. 绘制“鹦鹉螺号”潜水艇的构造图 4. 摘录表明尼摩、阿龙纳斯、康塞尔、尼德·兰人物性格的语句，分析人物性格特征 5. 摘录体现小说科学性或幻想性的语句或段落并分析 6. 思考并提取小说可以探究的专题，如“科学与幻想的巧妙结合”“生动曲折的故事情节”等 7. 对比《海底两万里》的影视作品和原著书籍的差别，分析各自的优劣 8.……（自选）			
综合评价及理由（A/B/C）				

表 3-1-2　第二组阅读规划记录表

规划维度	评价标准	评价结果（A/B/C）	
		自评	互评
阅读时间	平均每日至少有 20 分钟的自主阅读时间		
阅读任务	每周至少能按时完成 1 项阅读任务，有可见的成果		
阅读策略	能学习并使用快速阅读策略；同时能结合其他阅读策略；制定适合科幻小说的阅读策略		
阅读心得	能从小说内容、人物形象、艺术特点等多个角度记录阅读心得，且文从字顺		
阅读经验总结与反思			

制定有效的自主阅读规划对于七年级的学生来说仍然具有一定的难度。从以上两份表格可以发现，洪老师以小组合作的方式让学生进行规划制定，能够

帮助学生从多个角度思考问题，对规划进行补充与完善，进一步发展学生的批判性思维，保障其自我规划的有效性。

2. 自我调控，帮助学生实时反思

学习中的自我调控，是让学生将近阶段的学习行为与预期的学习目标进行统整思考，尝试对学习行为与结果进行自我监控，使学习过程在理想的学习轨道上前进。为了不偏离既定的学习目标，学生需要观察和评价自己的学习行为与结果，通过对学习过程进行有效的监控，发现过程中的问题，如学习策略是否合适、时间安排是否合理等，对此进行审视、判断、调控，从而达成预期的学习目标。

有效的自我调控在很大程度上依赖自我监控的精准可靠，但是由于学生的自我反思能力发展还不成熟，元认知发展水平不足，很难对学习过程进行精准监控，有时还会受到外界干扰，影响自主学习过程，因此需要教师的指导与帮助。教师可以提供或引导学生编制“自我监控表”，在表格中列出可能会影响学习过程或效果的具体指标，指导或引导学生定期对照监控表的内容，如实记录学习过程、效果及反思，并及时对自己的学习行为与学习策略作出调整，以此发展学生的学习监管与调控能力。

如何引导学生自主设计自我监控表？教师可以给学生提供相应的工具支架。比如 PTA 量表法，把学习任务分解成几个基本要素，每个要素通过具体描述形成可操作、可检测的评价标准。又如 KWL 表格，让学生在学习的不同阶段梳理并记录自己已经知道了什么、想知道什么、学到了什么，让学习过程与效果可视化。在案例 3-1-1 中，学生通过小组合作自主设计和优化阅读规划方案，监控自主阅读的学习过程。第二组学生就采用了 PTA 量表法，根据阅读的基本要素形成具体的阅读规划评价标准。同时，教师还通过组织学生开展同伴交流、定期给予反馈等方法协助学生更好地进行自我监管与调控。

除此之外，教师还可以指导学生在学习过程中进行“自我提问”，通过问题的构建帮助学生明确自己已经掌握了什么内容，什么内容还不明白，哪种方

法推进学习有效，哪种方法无效等，以此引导学生监控自主学习过程和检查自主学习质量，从而促进学生自我监管与调控能力的发展。

从案例 3-1-1 中还可以看到，教师提供了自我提问的范例和支架，由扶到放地指导学生不断地向自己提问。学生提出的问题如“我有没有按计划进行阅读？如果没有按计划执行，是因为什么？”“我满意自己的阅读行为吗？哪些方面满意？哪些方面不满意？”“我要保持的是什么？我要改进的是什么？”这样的自我提问，事实是与自己内心对话，主动促进自我阶段性小结与反思，从而调整学习行为。如此，让自主学习活动走向深入，学生的元认知能力也得到了发展。

运用“自我监控表”和“自我提问”等策略，有助于发展学生思维的独立性，学生在一定程度上可以摆脱对教师或他人的依赖。教师要结合对学生学习行为的观察和分析进行适度把握，引导学生学会合理使用求助策略，在遇到自己付出足够努力也无法解决的困难时，主动寻求他人的帮助。在实际案例中，我们发现，对教师而言，更需要警惕的是，不要给予学生过多不必要的帮助，避免在课堂上扮演专家角色、有问必答，剥夺学生深度思考的机会，阻碍学生自主学习能力的发展。

3. 自我强化，发展学生成长思维

自主学习基本完成后，学生需要客观地对比学习结果和预期学习目标，评估目标的达成度和学习过程的有效度，进行有根有据的归因，并总结出经验或教训。学生对自主学习结果的归因会影响个人自我效能感。一般而言，如果学生把自己的学习成功归因于自身能力，把失败归因于努力程度不够或策略使用不当，可以让学生逐步确信自己是有学习能力的，增强自我效能感，发展成长型思维，更容易激发积极的自主学习；反之，如果学生把自己的学习成功归因于运气等不可控因素，把失败归因于自身能力不足，这些学生往往会表现出消极、低自我效能感，呈现出固定型思维，不愿意为学习付出努力。

在自我评价与归因之后，学生自然会产生一定的自我反应，如果学习结果

低于预期，往往会感到自责；如果学习结果达到甚至超出预期，往往会感到满意，作出自我奖赏，这种行为就是自我强化。自我奖赏可以是评价性的自我满意感，也可以是实体性的物质奖励或愿望满足。相比较于物质奖励，自主学习能力较强的学生把获得自我满意感看得更为重要。在案例 3-1-1 中，7 年级 9 班的钱同学在实施自主阅读规划之后，真实地感受到了自主学习带给自己的成就感，他把自主学习的成功归因于学习方法的合理使用，自主学习提升了自己的自主学习能力，面对之前困扰自己的阅读作业，钱同学明显有了更多的自信。以下是钱同学的真实感受："在制定整本书阅读规划前，我总是盲目地阅读名著，读完很容易忘记其中的细节和一些故事内容。而当我采用阅读规划表及时地记录我的阅读历程时，发现可以更清晰地记住故事发展的脉络和一些事件的细节，有助于提升阅读的效果。同时，在阅读任务和阅读时间的安排上，也有了更多的自主空间，阅读方法的使用也极大地提高了自己的阅读效率。总之，从前总因为在名著阅读作业上花费很多时间而感到苦恼，现在有了很大的改善。"

在自主学习中，学生聚焦学习目标进行自我规划，审视学习进程进行实时调控，反思学习结果进行正确归因，强化成长型思维，提升思维的灵活性和敏捷性，以此发展学生的自主学习能力。

二、让思维在合作学习中拓展

合作学习 (cooperative learning) 于 20 世纪 70 年代初兴起于美国，它是相对于个体学习而言的一种学习方式。合作学习以小组为单位，通常是 2—6 人的异质小组，这样的学习方式对于大面积提高学生学业成绩有效，同时能促进学生素养的提升。

"思维课堂"所提倡的合作学习是指学生在小组或团队中为了完成共同的任务，通过探讨问题、交流思想、澄清分歧来构建新的认识，在完成共同任务的过程中，促进小组和小组中每个人的提升。有效的合作学习能促进学生的学力增值，组内同伴的学习前认知不尽相同，通过交流、分享来获悉同伴的想法，以此丰富自身的认识。有效的合作学习能促进学生的思维发展，不同学生的思维品质不同，通过交往互动能促进灵感的激发，增强思维的灵活性与广阔性，拓宽思维的广度和深度。

学生能否进行有效的合作学习，很大程度上取决于组内同伴是否形成了积极互赖的关系。组内有明确的分工，每个成员各尽其责，这是合作学习有效实施的前提；组内的交往互动氛围良好，每个成员都能积极表达观点，这是合作学习有效实施的关键；基本实现小组自治，每个成员都能在团队中得到帮助、有所发展，这是合作学习的目标。这些都离不开学生个性思维的参与。为了让合作学习更有效、更有助于学生的思维发展，教师需要为学生搭建一定的“支架”。

1. 积极互赖，营造合作氛围

合作学习中“一荣俱荣，一损俱损”的价值观营造了一种积极互赖的氛围，鼓励学生把组内伙伴的成功视作自己的成功。“我为人人，人人为我”更是创造了一种承诺。学生的个体学习能解决现有发展区的问题，而合作学习能解决最近发展区的问题。如此，合作学习通过小组成员之间的积极互赖达到优势互补、共同发展和有效思维。教师设计的合作学习内容应该是具有挑战性的合作任务，而非一个人可独立完成的任务。

当然，除了共同的目标外，形成学习资料、学习分工、成果奖励、观念认同等层面的积极互赖也很重要。以组内共享资料为例，小组成员在短时间内每人阅读部分信息，信息汇总后，才可完成共同的大目标。又如情景剧表演，不同学生扮演不同角色，通过理解每个角色、出演每个角色才能完成情景剧。

2. 人尽其责，保障合作有效

要想小组合作在积极互赖的基础上开展，这就要求小组内每个人都必须对小组有贡献。合作学习倡导者卡甘曾提出：每个人都必须要有看得见的行为表现，这种行为表现是全组成员所必须的。也就是说小组合作中，每位组员都要在组内承担一定的任务，不能坐享其成，同时任务在合作的前提下又具有一定的独立性，在"思维课堂"中的小组合作可以通过"说""写""画""演"等方式呈现，教师可以在活动前对小组合作活动进行一定的指导，这恰好是呈现学生思维的好平台。案例 3-1-2 是吴燕婷老师带领学生开展的科学思维课堂的活动设计。

案例 3-1-2　小学科学《怎样认识矿物》的活动设计

在学习了观察、描述矿物后，以 5 人小组为单位，每组提供 5 块贴有序号的不知名矿物、5 张指导单、5 张空白的矿物特征卡、5 张矿物特征表以及相应的矿物观察工具。小组合作任务设定为鉴别这 5 块不知名矿物，具体要求是：

1. 每人选择一块矿物，根据指导单，观察矿物，制作矿物特征卡；
2. 对照矿物特征表，初步推测这块矿物的名称；
3. 10 分钟后，将矿物特征卡展示在编号区域；
4. 思考鉴别过程中出现的问题及解决方法，准备全班交流分享。

（吴燕婷　杭州市崇文实验学校）

链接 3-1-1
合作学习，人人尽责

吴老师的案例中，小组有共同的任务"利用提供的材料和资料，鉴别 5 块不知名的矿物"，但又有独立的任务"每人选择一块矿物观察并制作特征卡，同时推测矿物名称"，在完成独立任务的同时，为了高效达成小组的共同任务，合作也顺应而生（链接 3-1-1，扫描二维码即可观看）。在这样的小组合作中，没有浑水摸鱼，没有"小组英雄"，没有"一言堂"的现象，而是组内每人都有贡献，每人都有收获，每人都经历了一场学习，每人都进行了一次实践，每人都参与了思维活动，呈现了学生的思维差异，个人成果表征了学生思维水平，这为组内交流互动、观点碰撞奠定了基础，为学生的思维发展提供了保障。

3. 交往互动，导向深度学习

学生有了独立学习和思考的能力，随着学习活动的展开与深入，通过分享彼此的思考、经验和知识，丰富学习内容，获得新的发现，交往互动自然地发生。基于个人思考后的交流才是真正的互动，才有可能深度交流，才能有效促进学生思维的发展，否则学生对同伴的不同见解、观点只能跟随性地赞同或反对，也无法做到研讨，更无法修正和完善自我观点。在这一过程中，教师可以设计一定的形式来保证充足条件供学生进行交往互动。

案例 3-1-2 中的小组合作没有停留在“鉴别 5 块不知名的矿物”。随着“将矿物特征卡展示在编号区域，思考鉴别过程中出现的问题及解决方法，准备全班交流分享”这一过程的推进，相同编号（同种）的矿物集中在同一区域展示，学生迅速组成新的学习小组。“我的矿物名称推测正确吗？”“大家的矿物有什么相同点？”“为什么看上去不一样的矿物是同种矿物？”……面对外观不同但却属同种的矿物，学生会自发地产生这些问题，交流研讨自然而然地发生了。因为学生对该矿物的探究都有着亲身经历，学习过程中出现的问题、解决方法，也会成为他们交流的又一话题。在这一过程中，学生观察、对比自己和同伴的矿物，核对自己和同伴的矿物名称的正确性，再次核查矿物特征表述的准确性，分析结果的客观性和可靠性，对不一样的结果进行研讨，进行再次实验，在交往互动的过程中，落实了教学目标，同时促进了思维的深度发展。

4. 小组自治，关注全面发展

“思维课堂”倡导的小组自治，不仅关注学习内容，也关注学生的全面发展。教师可以设置量规，将量规前置，引导小组以此为目标开展学习活动；活动后，对个人、对小组进行评分，以此达到小组自治的目标。案例 3-1-2 中，学生根据“成员参与度”“内容质量”“汇报创意”的评估框架，合作完善了评价细则（见表 3-1-3）。

表 3-1-3 《怎样认识矿物》的活动评价细则

第__小组	评分细则		得分
活动参与	1. 全员参与，分工明确（5 分） 2. 大部分参与，有分工（4 分） 3. 个别参与，无分工（3 分）		
研究质量	1. 能根据资料卡，正确、有序地观察与描述矿物（5 分） 2. 能根据资料卡，初步观察与描述矿物（4 分） 3. 能观察与描述矿物（3 分）		
交流汇报	1. 能根据现象，实事求是、有序地汇报研究结果（5 分） 2. 能根据现象，有序地汇报研究结果（4 分） 3. 能汇报研究结果（3 分）		
评价组		汇总	

小组活动前，教师请学生完善评分细则，学生对小组活动提前进行预评估。活动过程中，针对研究质量、活动参与、交流汇报等方面实施小组自治，促进小组合作。当然，量规的评价纬度需要根据学习内容和学生的学习特征进行设计。活动后，教师组织不同小组的相互评估和自我反思，寻求提高活动有效性的途径。如此，良好的小组合作方法与习惯能对日后小组成员的高效合作起到作用，以此形成良性循环。

通过积极互赖、人尽其责、交往互动、小组自治，能促进合作真实发生，让合作学习往纵深方向推进，提升学生思维的广度与深度。

三、让思维在探究学习中进阶

探究学习（inquiry learning）是美国 20 世纪 50 年代“教育现代化运动”的产物，由芝加哥大学教授施瓦布于其 1961 年在哈佛大学所作的报告《作为探究的科学教学》（*Teaching of Science of Enquiry*）中首次提出。他认为，学生的学习性质与科学家探究工作相似。因此他们强调学习过程是提出问题、解决问题的过程，在这个过程中探究（inquire，也有询问、查问、调查的意思）知识、获取知识。探究学习作为一种学习方式，是以在探究过程中获得学科知识、发展学科关键能力和凸显学科思维为指归，指向学生深度思维进一步发展的一种学习方式。“实践育人”是各学科《义务教育课程标准（2022 年版）》强调的核心理念之一。基于这一理念，探究学习应充分体现“知行合一”，在学科实践中迭代升级，继而推进育人方式变革，引导学生走向“源于实践、在实践中、为了实践”的真实学习。

“思维课堂”所指的探究学习，是让学生像学科专家一样思考和实践，通过探究学习，理解、运用相关知识，感受知识创生、验证、传播与分享的过程，提升解决问题的能力和基于证据进行解释的意识，体现出思维的进阶。在探究学习中，一般包含八要素，即提出问题、作出假设、制订计划、设计实验、搜集证据、处理信息、表达交流和反思评价。需要指出的是，探究学习的八要素并不是步骤或线性方法，而是能以不同学科的思维方式连接成探究活动的过程，可以由其中的几个要素组成，具有很强的灵活性。这种学习是开放的，学习内容和学习时空不仅仅是教材或课堂中的。教师在其中的主要作用是为学生创设学习情境，在探究学习中引导学生开展真实的实践探究，运用多种方法寻找证据，从而创造性地解决问题。因此，探究学习的主要特征是基于问题、勤于实践和善于开放等。

1. 基于问题，激发内在动机

探究学习并不是始于感知，而是基于问题，要在实践中解决真实复杂的问题。探究学习也被视作“问题学习法（problem-based learning）”，因此基于问题是探究式学习的核心要素。探究学习关注学生的思维过程，学生需要学会“识别问题，明确问题，提出假设和检验假设”的思维方法。但是并非任何问题都需要探究，也不是什么问题都能引起探究。只是没有问题，探究学习是不可能发生的。

什么样的问题才能引发学生进行深入探究？那就是在学生的最近发展区内的、具有真实情境的、有意义的且富有挑战性的问题，在这样的问题中找到思维起点，在思考分析中拓宽思维广度，在问题解决中延伸思维深度。问题的提出既可以是教师直接给出的，也可以是学生独立自主提出来的，还可以是在师生对话中所产生的。因此学生需要通过分析与综合、抽象与概括、联想与想象、发散思维等思维方法识别可探究的问题，同时运用证据和推理对探究的问题进行描述和预测。在提出和聚焦可探究的问题时，教师需要创设与学生生活相关的真实情境，并提供丰富的学习支架，引导学生感知真实情境所蕴含的实际价值，建构学习的意义，激发学生的探究兴趣；同时帮助学生对所提问题进行聚焦和转化，引导学生发现和归纳可探究问题的特征。教师为学生的发展提供“学习支架”，学生开展学科实践，有效地进行探究学习。

2. 勤于实践，发现探索路径

新课程提倡学科实践，指的就是增强教学的实践性。在整个探究学习中要求学生勤于实践，并致力于人类实践的改善，强调的是具有普遍性特征的学科原理可以用来指导实践的发展，以服务人类的生产实践、社会实践和科学实验。只有通过动手实践操作，获得的学科知识才能在生活中被学生灵活运用。同时，学生在实践过程中要形成证据意识，发展学科思维，培育批判精神和求证精神，养成尊重事实、实事求是的习惯。

六年级上数学课《圆的认识》中，学生在三种不同工具的画圆实践活动中有理有据地辨析圆的概念、特征和认识，提高了学生的自我反思能力和高阶思维能力。借助实践活动，学生间呈现出“辨别”和“辩论”的思维火花。“辨别”即辨识具体对象之间的区别，“辩论”即学生有自我的主张和想法，当同伴有不同的见解，能以基于证据的辩论让同伴认可自我的主张，“思维课堂”中的学习就是要在“辨”与“辩”之中进行。如此，学生在辩论时做到了思有源、言有据，将模糊的概念变成精准的概念进行阐述，从感知走向理性判断。在整个实践过程中，学生既能够坚持己见并且学会反思，也能够认同多种价值的观点存在，在明确自己的“真理”的同时能够包容他人的“真理”，在综合学习中发展综合能力，提升思维品质。

3. 善于开放，培育创新意识

探究学习的目的不是教会学生识别零散的学科知识、公式和原理等，而是让学生在探究中进行创新。探究学习一般需要学生通过分析与综合、比较与分类、抽象与概括、归纳与演绎、联想与想象、推理与论证等方法来实现。以多层、多维、多样、多元的探究学习，凸显《义务教育课程方案和课程标准（2022 年版）》中所对应的思维的表现，如重组思维、发散思维、突破定势、计算思维等品质。因此，探究学习应注重探究内容、探究时空、探究路径、探究结果的开放性，鼓励学生运用多样的方式获取支持自己观点的证据，倡导学生用喜欢的方式输出探究的结果，从而达到激发学习动机、培养审辩式思维与创造性思维的目的，真正让“思维课堂”焕发生命力。案例 3-1-3 是吕琼华老师带领杭州市天长小学六年级学生针对《估测不规则图形的面积》展开讨论的教学设计。

案例 3-1-3 浙教版六年级上册数学《估测不规则图形的面积》的教学设计

一、操作：梳理不同方法

1. 提出任务：求出不规则图形的面积。

2. 指导讨论：借助一些绿豆，如何估计不规则图形的面积？

3. 交流提炼：

方法 1　在图形中铺满绿豆，数出绿豆数量，估计一颗绿豆在该图形中占据的面积，再乘以绿豆数量。

方法 2　在图形中铺满绿豆，再将绿豆摆成长方形，测量长和宽后求出长方形的面积，即不规则图形的面积。

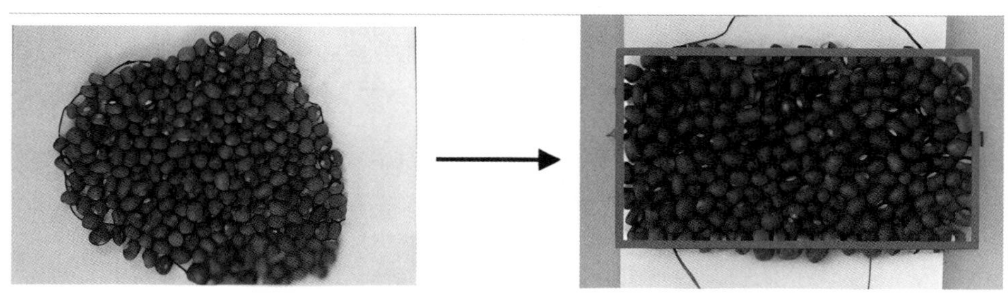

方法 3　首先在长方形内和不规则图形上方撒一些绿豆并均匀分布，然后分别数出绿豆数量，最后算出数量比即得到面积比。根据长方形的面积推算出不规则图形的面积。

二、分析：设计实验步骤

1. 分析不同方法。

2. 进行实验设计。

3. 确定实验步骤：撒一撒；数一数；记一记。

三、实验：进行数据推断

1. 小组实验。

2. 数据汇总。

	1 组	2 组	3 组	4 组	5 组	6 组	7 组	8 组	9 组	总计
长方形内绿豆数量	159	151	99	60	169	185	116	97	64	1100
不规则图形内绿豆数量	81	87	47	31	89	69	64	51	47	566

3. 数据推断。

观察：从数据中，你有什么发现和猜测？

交流：长方形和不规则图形内绿豆数量比约为 2 ∶ 1，那么长方形和不规则图形的面积比也约为 2 ∶ 1。

推断：测量得到长方形的长和宽分别是 17cm 和 12cm，不规则图形的面积大约为：$17\times12\div2\approx100$（$cm^2$）。

四、验证：获得实验结论

1. 验证结果。由“类分数”得到面积大约是 95cm^2。由“转化算”得到面积大约是 99cm^2。

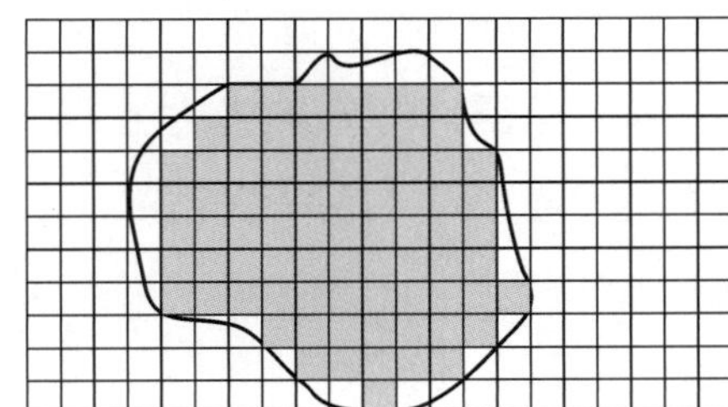

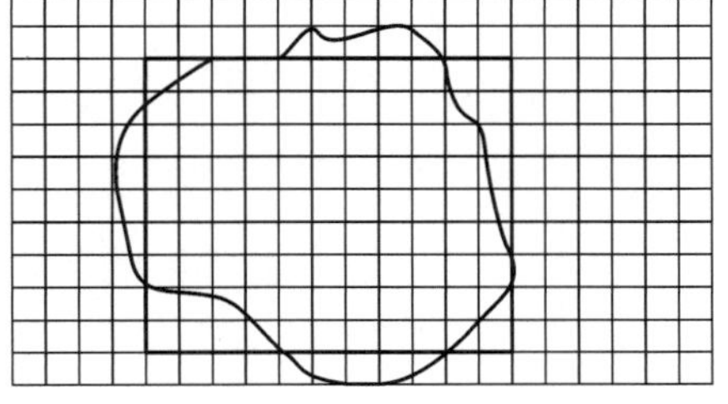

2. 得出结论。先用平铺绿豆的方法，得到两种图形中绿豆的数量比，然后可以推测出这两种图形的面积比，最后根据已知图形的面积求得未知图形的面积。

（吕琼华　上城区教育学院）

探究学习活动设计要注重挑战性，激发学生主动学习、创造性地解决问题。吕老师在课堂中引导学生用推理论证、创新思维等方式，认识客观事物的本质属性，重视探究内容、探究路径和探究结果的开放性。选用全新的实验材料“绿豆”来“估测不规则图形的面积”，是一个开放且有挑战性的任务。在探究路径上，学生构建了三种方法来研究不规则图形的面积，不同方法中，挑战性越强、未知性越强、探究空间越大，学生越有参与的内驱力，更有利于学生创造力和创新思维的培育，引导学生积累数学实践经验。学生在创造性地解决开放性任务的过程中，经历了“猜想—实验—验证”完整的探究过程，建立了解决类似问题的模型，体现出模型思维。在探究结果方面，教师并未限定答案，只要学生言之有理即为正解，鼓励学生提出新颖且有价值的观点，充分培养学生的审辩思维，同时发展思维的缜密性和深刻性。实际的课堂教学中，教师可能无法做到内容、路径、结果等多方面开放，往往在一节课中有重点地体现某一要素的开放，突显某种思维的培养。当聚焦某个真实的、较为复杂的问题，有充裕的探究时间和学习资源时，学习者进行探究的开放度便会增大，更接近项目化学习或主题式学习，这些学习方式将在下一章进行具体论述。

探究学习自提出至今，为众多教师所推崇，是因为它有利于发展学生学习的自主性、主体性，使人类群体的智力资源有效转化为个体智力资源，有利于培养可持续发展的能力，使学生学会学习，培养健康的社会情感，培养学生的创造精神，而这些品质都是未来社会所必需的。但是，如何指导学生在探究学习中深入思考、论证，如何启发学生将探究发现与知识体系联系起来，通过概括、归类、抽象等方法抓住事物的本质和规律，有所批判，有所创新，仍需要不断探索。

在“思维课堂”中运用自主、合作、探究学习的方式，是希望以各学科或跨学科教学内容为载体培养核心素养，帮助学生逐步形成良好的思维习惯和品质。当下，教育正在经历一场深层次变革，学习者将置身于与真实世界相关的学习环境，在与生活相关、彼此联结的各种实践活动中进行意义建构，分析并解决较为复杂的、真实的问题。因此，项目化学习、混合式学习、主题式学习、数字化学习等学习方式对学生而言同样重要。从学习者实际出发，选择适合的一种或多种学习方式，或单用、或融合着用，最终达到提升学生思维灵活性、独创性、深刻性与批判性的目标，那便是最佳的学习方式。

第二节
指向思维发展的学习习惯

⊙

学习习惯的形成是学习的结果。美国心理学家华生认为:“学习的过程就是习惯形成的过程,人的各种行为不外是肢体的习惯、言语的习惯与脏腑的习惯,人格乃是我们所有的各种习惯系统的产物。”研究发现,21 天以上的重复才会形成习惯,90 天以上的重复才会形成稳定的习惯。

习惯分为良好习惯与不良习惯。学生的良好学习习惯一旦形成,就会成为学生的本能反应,自动地体现在学生的学习过程中。良好的学习习惯不但能提高学生的学习效率,还能为他们的身心发展及终身学习打下良好基础。

良好学习习惯的形成是严格训练、反复强化、日积月累的结果。在日常教育教学中,虽然教师对学习习惯的重要性都有认识,但是在教学实践中却不注重培养方法,不同学科之间缺少合作,也鲜有教师引导学生将课内习得的良好习惯延续到课外。尤其对于作为学习习惯核心要素的思维习惯,不少教师觉得难以培养和保持。因此,教师要通过系统科学的思维习惯训练,不断优化学生的思维品质、提高其学习效率。

一、发现和探索

思维习惯是智慧的人在应对问题、两难情境以及不是很快就能找到答案的难题时所表现出来的特征和倾向。良好的思维习惯将有助于学生以正确的方式思考问题，有助于学生获得知识和提升能力，是迈向成功的前提。

1. 思维习惯的维度

美国教育家霍瑞斯·曼曾经说过："习惯是一条缆绳，我们每天织一根线上去，最后，我们无法把它扯断。"教师和父母可以教授、培养、观察和评价 16 种思维习惯，分别是：坚持不懈，管理冲动，理解和共情地倾听，灵活的思维，对思考的思考（元认知），力求准确，提问和质疑，将过去的经验用于新情境，清晰而准确地思考和交流，利用所有感官来收集信息，创造、想象和革新，好奇和惊叹，合理地冒险，发现幽默，互助思考，不断学习。

这 16 种思维习惯很少单独出现，而是在某个学习情境下会被联系调用。例如学生在课堂听课时，他可能使用了很多的思维习惯，如灵活的思维、对思考的思考（元认知）、清晰而准确地思考和交流、利用所有感官来收集信息等，开展小组合作学习时会使用互助思考、提问和质疑、将过去的经验用于新情境等思维习惯。因此，教师要尽量培养学生的各种思维，使它们平衡发展，通过培养这些思维习惯，帮助学生养成智慧的行为方式，使学生在将来的生活中遇见的各种问题都能迎刃而解。

2. 思维习惯的特征

对思维习惯特征的研究，可以更好地认识思维习惯，从而矫正学生不良的思维习惯，为培养良好的思维习惯打好基础。总的来说，思维习惯有后天性、个性化、敏感性和情境性的特征。

思维习惯的后天性。思维习惯并不是天生的，而是通过后天的学习得来的。如学生的坚持不懈、互助思考、不断学习等习惯，都是学生在后天的学习实践活动中通过教师的培养逐渐形成的。

思维习惯的个性化。每个人因其生长环境不同、所受教育不同，其思维习惯也不尽相同，不同人的思维能力也有所差异，这就要求教师在面对不同学生时，要使用不同的教学策略，因材施教，培养学生形成良好的思维习惯。

思维习惯的敏感性。思维习惯的一个较隐含的，也是非常重要的特征，是强调智力的敏感性的重要作用。这是一种重要的但容易被忽视的智力成分。思维习惯不仅强调教授学生思维技能，还强调引导学生自己去发现并使用这些思维技能，坚持不懈地开展实践，这样学生才能在未来的学习和生活中，学会独立思考、解决问题。

思维习惯的情境性。思维习惯是在相同情境下出现的相同反应，因而有情境性。它是在学习情境中形成的，当学生遇到相同的学习情境，他们会自觉地使用相应的思维习惯来解决学习活动中的问题。在这一过程中学生会自我调整、自我提高。思维习惯也可以在不同情境中进行迁移。

二、激活和使用

思维习惯培养的要素以一个相互关联的集合系列呈现，关键要素有学习情境、认知冲突和评价反思。

1. 把握关键要素

首先是学习情境。知识的使用和学习都是在情境中发生和发展的，好的情境可以充分激发学习者的学习动机，助力思维习惯发展。教师应结合学生的生活实际设计有效的情境，激发学生的学习兴趣，促成其思维的生成。在课堂教学中，教师要根据教学目标、联系学生已有的知识和生活体验，设计一些能够使学生产生认知冲突的“两难情境”，激发学生思维，培养其理解和共情地倾听、将过去的经验用于新情境、创造、想象和革新等思维习惯。

其次是认知冲突。矛盾是事物发展变化的根本原因，没有认知冲突就没有学习的发生，更不可能有思维的发展。《论语》里“不愤不启，不悱不发”中的“愤”和“悱”精准地刻画了认知冲突产生时学习者的状态——“心求通而未能，口言语而不得”，这种状态能够帮助学生开启思维之门，并进一步激发他们主动思考，促进学习的发生。此外，认知冲突能有效激发学生参与学习的欲望，促使学生开始主动学习和积极思考。教师要充分利用认知冲突，适时培养学生的灵活的思维、提问和质疑、清晰而准确地思考和交流、好奇和惊叹等思维习惯。

然后是评价反思。对思考的思考（元认知）是学生思维习惯的核心，对提升学生的学习效率大有裨益。教学中，我们需要强调师生反思，特别是要求教师引导学生对自己使用的思维方法进行总结和反思，培养学生的元认知。

比如在语言阅读课中，教师的读后设计与学生提问和质疑、创造、想象和革新的思维习惯培养息息相关。教师可以设计与文本有关的语言输出活动，通过创设具有探究性的情景，让学生开展迁移评价，发现问题、提出疑问，在互相交流和不同观点的碰撞中，加深对问题的思考，培养批判性思维能力。教师应充分利用多种课堂评价手段，发动多元的评价主体，使课堂教学中对思维习惯的评价落地。

有很多提问策略能帮助教师引导学生开展针对思维习惯的评价和反思。

例如当要学生检查准确性时，教师可以提问：“你怎么知道你是正确的？”“你还能用其他的方法来证明你是对的吗？”

谈话过程中可以暂停并澄清，但不要打断：“你首先做了什么？”“你有什么线索表明你的思路是对的？”“你怎么知道从哪里开始？”“什么导致你作出那个决定？”

给学生提示，但不要直接给答案：“你是不是听错了，我复述一下问题。”“是不是检查一下你用的方法？”

不要轻易作好坏判断或者同意学生的答案：“谁有不同的答案？”“这是一种解法，谁还有其他办法来解决？”

集中于思考过程上：“能告诉我在解决这个问题时，你用了什么策略吗？”“你具体的解题步骤是什么？”

教师要鼓励学生用语言表达思维过程，并鼓励学生坚持不懈：“告诉大家，你头脑中是怎么想的？”“你做得很好，继续加油。”

2. 关注学习过程

教师开始一个学习单元时，可以让思维习惯成为单元学习任务的重要部分。教师要将思维习惯引入单元学习过程，通过精准的目标设定、有效的知识建构与迁移运用等，与思维联结，促使学生的思维从低阶向高阶发展。

关于目标设定，教师可以通过设立思维目标将思维习惯的培养与单元学习任务相结合，从而实现思维习惯的培养与教学评价一致性的融合。表 3-2-1 是基于大单元教学目标的思维习惯培养目标设定。

表 3-2-1 单元教学目标与思维习惯培养目标

单元主题			大概念		
单元知识结构图					
单元教学目标					
学习任务	课时 1	课时 2	课时 3	课时 4	课时 5
课时学习目标					
课时学习内容					
思维认知活动					
思维习惯					
思维能力					

在知识建构环节，学生感知知识，通过各种感官收集数据、发现和提出问题，通过相互依赖地思考，逐步实现个人清晰准确地进行思考和沟通。教师需站在系统的高度把握知识，帮助学生掌握学科大概念，从而更好地了解单元教学的主题意义。教师可以采用“See—Think—Wonder”的思维程序帮助学

生通过观察进行知识建构。“See”引导学生仔细观察，“Think”让学生阐述看见的内容，“Wonder”确保学生在观察和思考之后开展质疑。教师可以在课程导入时使用该思维程序，帮助学生实现从观察到阐述再到质疑的思维过程。教师还可以引导学生通过图形和文字相结合的方式，对信息进行加工和处理，形成概念图或思维导图，帮助学生将知识结构化、思维可视化，从整体上认识和把握知识，培养力求准确、提问和质疑的思维习惯，引导他们学会清晰而准确地思考和交流，并利用所有感官来收集信息。

在迁移创新环节，通过将所学知识运用于真实情境中解决问题，以创造、想象、创新激活学生的发散性思维和创造性思维。教师可以使用“Connect—Extend—Challenge”的思维程序，即“联系—拓展—挑战”，引导学生在把握结构化知识的基础上，联系以前的生活经验和经历，拓展思考其原因。教师通过将大问题转换为一系列相关的小问题的方式，帮助学生对知识从概念理解纵深发展到拓展精练进而达成有意义地运用，从发现思维雏形到破除思维定式，激发思维的多样性和灵活性，将思维从低阶引向高阶，从逻辑思维到创新思维渐进发展，逐步养成灵活思维以及不断学习的思维习惯，学会将过去的经验用于新情境，清晰而准确地开展思考和交流，在此过程中，培养学生发展逻辑性思维和批判性思维。问题链的设置则为思维习惯的养成和巩固提供了强有力的保障。

3. 结合学科特点

思维习惯支持了学科内部、不同学科之间甚至学科之外的思维方式。尝试用学科思维解决学科问题，各学科所需培养的思维习惯和侧重点也不同，这使得学生的思维能力和思维习惯丰富且完整。以下的阐述借助语言、数学和艺术的学习实例展开。

在语言教学中，如何培养思维习惯？阅读是语言学科最常见的语言学习活动，当学生阅读的时候，他们的想法和问题可以帮助自己更好地理解文章，元认知和提问是加深理解的有效方法。教师可以使用元认知聚焦的策略培养学生良好的思维习惯。元认知聚焦就是通过提问和反思自己的思考过程来加深阅读理解水平的策略。这种策略是弗兰克·莱曼创造的，他建议学生在阅读的时候明确地问自己“我应该怎样思考？”教师应该让学生在阅读的时候这样问自己：“这些让我想起了什么，或者说有关这个主题我以前已经知道了什么？”“关于这个主题我还知道什么？”“这件事是什么引起的？”“有什么证据支持这些观点？”“这些假设可靠吗？”“这是对还是错，我该怎样评价？”“我相信这些话吗？作者的写作目的是什么？”……

教会学生问自己“我应该怎样思考？”有助于学生深入、有效地理解文章，而不是仅仅停留在大概意思上。

案例 3-2-1 是王超老师带领八年级学生使用元认知聚焦策略培养思维习惯的教学设计。

案例 3-2-1 Go for it！八年级上 Unit 5 Do you want to watch a game show? Section B 2a-2e 课例片段

教师借助一系列的问题链，引导学生对第二段进行阅读。学生在反复品读文章之时，能够试着理解文本传递的基本信息和深层含义：

T：Please read paragraph 2 word by word and try to answer the questions: What kind of character is Mickey Mouse? 请仔细阅读第二段，回答一下问题：米老鼠这个角色具有什么特点？

S1: Mickey is like a common man, but he always tries to face any danger. 米老鼠很普通，但他总是试着去面对任何危险。

T：What title does the writer give Mickey? Why? 作者是怎么称呼米老鼠的？为什么？

S2: Little man. Mickey looks short and small. 小个子。因为米老鼠看起来比较矮小。

S3: Although Mickey is little, he is brave and successful. 尽管米老鼠比较小，

但是他是勇敢和成功的。

S4: I think the writer wants to tell readers "little man" can also be a hero. 我认为作者想告诉读者们，小个子也可以成为大英雄。

T: Why do people want Mickey to win? What about you? 为什么人们希望米老鼠获得胜利？你怎么看？

S5: Because Mickey is just like me or a friend around us. 因为米老鼠就像人群中的你我一样平凡。

S6: I also want Mickey to win, because he is a good example of being brave for me. 我也希望米老鼠获胜，因为他是我心中勇敢的化身。

T: Why do people want to be Mickey? 为什么人们想成为米老鼠？

S7: Mickey is cute and kind, people like him very much. 因为米老鼠可爱又友善，获得了人们的青睐。

S8: He is brave and always ready to try his best. 他十分勇敢，并且随时准备着全力拼搏。

S9: Because he is as common as everybody in this classroom and people can always find something in common with Mickey. 因为他看起来就像教室中的你和我一样平凡。而且，人们总是能够在米老鼠身上看到自己的影子。

（王超　杭州市惠兴中学）

以上教学设计借助文章第二段主要对米老鼠进行了客观描述和主观介绍，挖掘了米老鼠个人经历和受欢迎的原因。王老师凭借四个主线问题构成的问题链，对学生进行了深度提问，促使学生批判性地理解和表达。第一个问题学生谈论米老鼠是一个什么样的角色。学生找出理由和线索，展开分析梳理，对米老鼠进行评价。学生抓住了各类线索，给予了米老鼠平凡、勇敢、善良等多元化的评价。第二个问题引导学生对米老鼠的"小人物"头衔谈谈自己的理解。学生在文本中查询证据、归纳推理，陈述和解释自己对"小人物"这一头衔的看法，发现米老鼠作为世界闻名的卡通形象被称为"小人物"，是一种反语的修辞手法，通过这个看似矛盾的头衔和米老鼠的所作所为更体现出他的勇敢和不平凡。接下来的两个问题都指向于米老鼠和学生自己的类比。学生通过分析和推理可以发现，人们希望米老鼠能够赢是因为在其身上看到了自己的影子，都希望能够像他一样具有勇敢、善良等优秀的品质，战胜现实中的困难，永不放弃。

在指向思维习惯培养的语言课堂中，学生带着不同理解目标开展主题阅读，对文章的语言知识、细节描写、结构框架等作了充分了解，思维习惯得到了充分培养。学生分析和推断作者的写作意图，解释自己对于人物的理解，将文本内容和自己的理解进行结合。在教师的引导下，学生在完成阅读任务的过程中充分使用了元认知聚焦策略，培养了灵活思维、提问和质疑的思维习惯。

数学的学习过程离不开思维的学习。学生只有具备了相应的数学思维习惯，才能提升其学习能力和应用水平，促进学科素养的不断形成和发展。数学学科中常见的思维习惯包括智慧好奇、理性评价、注重逻辑、寻求理解、反省认知、智慧挑战和积极策略等。智慧好奇是指学生能够做到持续地产生疑惑，并经过深入探查，发现目标的问题所在点；理性评价是指学生对数学的疑问及采取相应的解答方式进行分析、思考和评价；注重逻辑是指学生在思考数学问题时，力求精准、系统、全面，能够清楚连贯地表达自己的想法；寻求理解是指学生遇到自己不理解的数学问题时，能够从多个角度去寻找解决办法；反省认知是指学生热衷于监控自己的数学思维过程，甚至对自身的数学思维过程进行控制和指导；智慧挑战是指学生时刻保持开放性的思维，勇于挑战，提出自己不同的观点；积极策略是指面对数学问题时，学生能够使用多种方法去积极思考，并解决问题。虽然不同年龄层次的学生对于不同思维习惯的使用情况不同，学生之间也有差异，但是教师要为学生寻求数学理解创造机会，打造良好数学思维习惯的基础。案例 3-2-2 是万李芳老师培养三年级学生数学思维习惯的教学实录。

案例 3-2-2　建构“周长的概念”教学实录

师：我们身边的物体有没有周长？周长在哪里？请你用眼睛找一找，用手描一描，用语言说一说。（学生看以下图形判断，用手势反馈：图 1、图 2 有周长，图 3 没有周长）

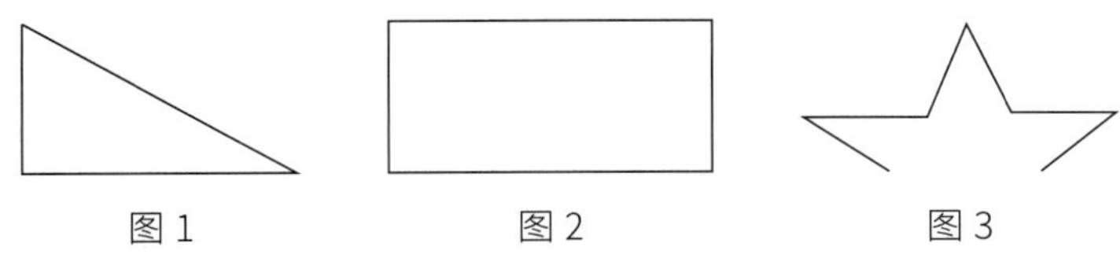

图 1　　图 2　　图 3

师：为什么没有周长？怎样才能有周长？

生 1: 在底下加一条横线。

生 2: 我要把它变成五角星。

生 3: 我要加很多条线，把两个端点连起来。

师：（继续质疑）我们大家有很多的办法，这些办法的相同点是什么？

生 4：只要变成封闭图形就有周长。

教师出示图 4，学生：有周长。提问 1: 周长在哪里？（学生描边线）

提问 2: 改变图形，在上面加一条线，图形有没有周长？

生 1: 有周长，因为他是封闭图形。

生 2: 没有周长，因为他有中间这条线。

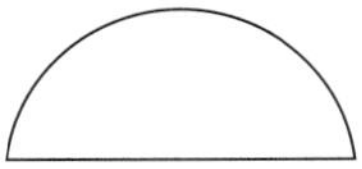

图 4

师：回到概念（封闭图形一周的长度），它是封闭图形，所以有周长。

生 1: 外面的一周加里面的一条。因为里面那条也是图形的一部分。

生 2: 我也同意，因为里面这条也有长度。

生 3: 我认为只是外面的一圈，里面这条不是周长。

生 4: 我也认为里面这条不是，因为它不是外面的一圈。

师：回到概念（封闭图形一周的长度），中间这条是图形的一部分，但它不是边线，所以不算周长的一部分，周长就是外面的一圈（边线）。

师：那如果里面再来一根呢？是不是周长？再加一根，再加……哪怕里面全部填满了，周长还是外面的一圈。

（万李芳　杭州市金都天长小学；邵虹　杭州市上城区教育学院）

周长的概念中理解“一周”的长度也就是边线的长度是重点，这也是区别一维周长概念和二维面积概念的核心。这一环节中，教师组织学生对图形的周长进行判断，学生非常感兴趣。图 1、图 2 是为后续学习图形周长计算等作铺垫，改变图 3 让它变得有周长，引导学生发散思维，提出不同策略，最终教师引导策略的共性是把图形变成封闭图形。观察变化后的图 4，判断圆里面的部分算不算周长的一部分则是本节课的高潮，学生开展智慧挑战，不断地阐述自己的观点，乐于表达、善于表达，驱动学生的思维不断发展。最后教师引导学生回归周长概念的本质进行判断，创设“图形内部的线属不属于周长的一部分”这一有意思的争辩话题，让学生选择标准对真相进行理性评价。

杜威说过：“真正思考的人，从自己的错误中吸取的知识比从自己的成就中吸取的知识更多。”面对约定俗成的数学概念，教师要创设开放的环境，不断引导学生暴露自己的元认知，大胆表达自己的看法，最后明晰数学概念。

再来看艺术教学中的思维习惯培养。音乐家要用声音来思考，当音乐家用声音思考的时候，他也要把这个声音表达出来，或者通过乐器，或者通过自己的声音。他必须意识到自己所想，从而控制自己发出的声音，同时要将看到的音乐符号转化成它所代表的音乐意义。思维习惯有利于让学生像音乐家一样来组织自己的思想。此外，在音乐学习过程中，学生可以更快地学习新的乐曲，追求效率；重新评价自己，并且明白自己在哪些方面需要帮助，培养元认知习惯；认识到自己的不足，集中精力来加以改正，力求准确、坚持不懈。

案例 3-2-3 是胡嘉懿老师在音乐课中培养二年级学生思维习惯的设计片段。

案例 3-2-3　《加伏特舞曲》教学设计（节选）

一、用动作与小球体验 a1 乐段。

1. 自主探究小球如何在音乐中使用，请个别学生作示范。（抛、抬、弹、敲……）

2. 教师根据音乐性与合理性原则进行指导，开展生生互学。

3. 全体学生结合跺脚动作借助小球体验 a1 乐段。

4. 邀请个别学生到中间展示动作，用小跑的动作代替跺脚。

二、用动作与小球体验 a2 乐段。

1. 聆听 a2 乐段，辨别与 a1 乐段的异同。

2. 请学生回答 a1、a2 乐段的异同，并用小球表现。

3. 全体学生借助小球原地体验 a2 乐段。

4. 完整聆听 A 乐段，用动作与小球表现。a1 乐段女生到中间表现，男生原地；a2 乐段男生到中间表现，女生原地。

（胡嘉懿　杭州市天长小学）

链接3-2-1
胡嘉懿思维习惯说课

从胡老师的说课（链接 3-2-1，扫描二维码即可观看）中可以发现，深度理解就是对音乐的解码过程，引导学生进入音乐的本质，把握音乐符号与抽象感知间的关系，理解音乐所表达的情感。在体验感知乐曲的环节，学生的深度学习体现在知识与经验的相互转换，最终希望学生能借助道具用动作自主表达音乐。对于二年级学生来说，用动作表现音的高低、辨别 a1 与 a2 的异同都是他们已有的音乐经验，学生知识与技能的发展有了根基，在教师的引导下转化为连贯的、有结构的、有思维的知识结构与技能层级的学习内容。学生从节奏模仿到动作表现再到演唱高低，最后用小球来表现，这一学习过程是被动到主动的转变，也是“机械模仿—感知内化—理性表达—自主演绎”的深度学习过程。这一过程着眼于由个体到群体的进阶，关注个性化的差异表达，伴随着学生间的互动启发，体验、理解音乐并使得思维外显。

学生以直觉思维聆听音乐，以逻辑思维演唱乐谱，以抽象思维转述理解，以创新思维表达音乐，以批判思维优化感知，思维外显将成为重要策略。通过自我分析、质疑辩论、教师追问等手段，可以实现思维外显，使教学目标更容易落到实处。在此过程中，学生也学会了灵活思维、力求准确，尤其是利用所有感官来收集信息、创造、想象和革新，他们的思维习惯得到了很好的培养。

三、激励和保持

思维习惯作为人的各类习惯中的一个重要组成部分，可以通过一定的训练和方法得以养成，但与此同时，良好的思维习惯更需要不断进行巩固和提升。学生需要改变或改进原有思维模式，从而自觉地应用某种思维方式应对学习。简而言之，学生能将指向思维的学习习惯变成一种自动化的思维倾向，将思维提升这种抽象的事物作为自己的学习和行动准则，因此，这就需要教师在教学中做好长期浸润式氛围创设，并在学生群体中构建学习共同体。

思维决定行为，行为养成习惯，习惯影响思维，这是一个普遍性的逻辑，也是一种自然存在的客观循环。人的行为来源于思维，不同的思维会产生不同的行为，而长期的重复性行为会养成习惯。在培养学生养成良好的思维习惯后，教师需要通过不断激励以保持学生的思维习惯。

1. 创设轻松能动的课堂氛围

美国心理学家罗杰斯说过："成功的教学依赖于一种真诚的理解和信任的师生关系，依赖于一种和谐安全的课堂气氛。"学生通过学习培养思维习惯、促进思维提升，尤其需要教师营造一种宽松和谐的课堂氛围，用激励性语言和行为鼓励和支持学生。这样的课堂氛围首先体现在学生敢说、会说、敢疑、善思，在这样的学习情境中，充分调动学生感悟、体验、理解、分析、判断、生成的能力；其次体现在师生对于课堂教学绝不仅仅满足于完成一系列课堂任务或者解答出某个问题，而是追求高质量的指向思维的课堂生成和互动对话。

2. 开展可视化的行动反思

教师对学生指向思维的学习习惯的影响不仅局限于浅层“表扬”，更在于提出可视化的有助于学生反思的反馈。约翰·哈蒂在《可见的学习在行动》一文中提到教师用视觉提示来协助自己和学生提出并接受反馈。学生运用量规来进行自我评价和同伴评价。比如在对文本的分析解读过程中，教师并不只是关注或满足于学生的正确率，而是需要将学生的思维过程以可视化的状态呈现出来。当学生需要分析和理解文本中有关“人物”和“事情经过”的内容、明确文本主旨以及文本如何衔接时，教师希望学生能借助关键词进行理解，学生在阅读过程中能根据理解需要对自己的阅读行为不断进行修正，会注意到文本中的衔接词以及它们之间的逻辑关系。同时，学生会边阅读、边思考文本的意义等。

针对以上思维过程，在指向思维的学习习惯养成中，教师可以这样设计量表供学生进行可视化的行动反思（见表 3-2-2）。

表 3-2-2　可视化的行动反思表

学习任务：分析和理解文本中关于“人物”和“事情经过”的内容，明确文本主旨以及文本是如何衔接的			
可视化标准	我这样做	大多数时候我这样做	我仍然需要帮助才能这样做
我会寻找关键词来进行理解			
如果对某句话不理解，我会重读段落中之前的句子，明确文本的人物和事情经过			
我会关注到文本的衔接词			

学生以这种自问式的方式显示自己的思维过程，将自己的思维过程呈现给自己和教师以及同伴，通过这样的可视化反省，为学生下一阶段的思维提升提

供了参考，也令教师的关注点从“思维结果”转向“思维过程”。与此同时，同伴间的探讨可以起到一个互相激励的作用。

3. 建立学习型组织

思维习惯会促使我们从不同的角度看待问题。不仅如此，成功地利用这些思维习惯还需要技巧和经验，因此实现这一目标也是具有挑战性的，建立学习型组织可以使这一目标得以实现。明确组员分工，定期角色互换，使得每一位小组成员不同维度的思维习惯都能得到训练和发展。

每个学习者都具有个性化的思维习惯，思维习惯抽象而又时刻处于变化之中。佐藤学教授在《学校的挑战——创建学习共同体》一书中提到，学习并不是从同一性中产生的，学习恰恰是在差异中形成的。佐藤学教授提到学习包括三个方面，即同客体（教材）的相遇与对话；同他人（伙伴与教师）的相遇与对话；同自己的相遇与对话。所以学习原本就是合作性的，就是同他人合作的“冲刺与挑战的学习”。作为集体学习中的一员，每个学生个体既受到集体的影响，也将自身的影响作用于集体。教师在日常教学中要善于组织和利用学习共同体，培养理解和共情地倾听、清晰而准确地思考和交流的思维习惯，互助思考，不断学习，营造指向思维提升的学习氛围。

学习共同体式的小组合作中，教师应鼓励学生开展真正的合作学习。说明任务的目的和要求，让学生明确合作成果将解决何种具体问题，以成果为导向组织合作学习过程。如语言学习中，可以采用阅读圈的学习方式，开展阅读组长、总结者、文化收集者、生活联系者和文段分析者的角色分工，学生根据不同角色组成阅读小组，从不同角度深入研读同一文本。完成各自任务后，在组内、组间进行交流、讨论、评价和分享，从不同维度培养学生的思维习惯，发展其思维能力。

教师也可以引导学生开展项目式或跨学科学习，学生通过合作、共学完成最终成果。在这个过程中，教师鼓励学生明晰思维习惯的提升任务，比如注重倾听，不随意打断他人的发言，同时和自己的想法进行比较，看彼此间的区别，为什么会有这样的区别，等等。通过有目的的、阶段性的训练，培养学习共同体成员养成某个或几个思维习惯。另外，对于同一个思维习惯，教师也可以尝试帮助学生打破学科壁垒，增强学科间的关联，使思维习惯得以更好地维持和提升。

评价对思维习惯的保持有很大的帮助，尤其在低年级课堂教学中，教师要采用激励性的评价，寻找学生的发光点，使得学生在心理上获得一定的认同感，从而积极参与课堂、勤于思考，在潜移默化中养成良好的思维习惯。此外，在学习型组织中开展学生互评，锻炼学生对思维习惯的准确判断，同时认真听取他人的评价，使学生能够站在一个更加客观的层面来看待自己的习惯，优化思维品质。

参考文献

[1] 崔允漷，等. 溯源与解读：学科实践即学习方式变革的新方向 [J]. 教育研究，2021，42 (12)：55–63.

[2] 胡卫平，郭习佩，季鑫，等. 思维型科学探究教学的理论建构 [J]. 课程·教材·教法，2021，41 (6)：123–129.

[3] 林众，冯瑞琴，罗良. 自主学习合作学习探究学习的实质及其关系 [J]. 北京师范大学学报（社会科学版），2011 (6)：30–36.

[4] 张亚星. 自主·合作·探究：学生学习方式的转变 [J]. 华东师范大学学报（教育科学版），2018，36 (1)：22–28.

[5] 庞维国. 自主学习：学与教的原理和策略 [M]. 上海：华东师范大学出版社，2003.

[6] 王坦. 合作学习导论 [M]. 北京：教育科学出版社，1994.

[7] 郭文娟，刘洁玲. 核心素养框架构建：自主学习能力的视角 [J]. 全球教育展望，2017，46 (3)：16–28.

[8] 核心素养研究课题组. 中国学生发展核心素养 [J]. 中国教育学刊，2016 (10)：1–3.

[9] 基础教育课程改革纲要（试行）[J]. 云南教育，2002 (07)：3–6.

[10] 刘康尧. 构建小组“自主合作”学习模式——彰显学生个性 焕发课堂生命的活力 [J]. 生物技术世界，2014 (04)：135–136.

[11] 朱智贤. 心理学大词典 [M]. 北京：北京师范大学出版社，1989.

[12] 陈瑶. 初中英语教学中的批判性思维：理解与实践 [M]. 杭州：浙江大学出版社，2022.

[13] ARTHUR L. COSTA, BENA KALLICK. 思维习惯 [M]. 李添，等译. 北京：中国轻工业出版社，2006.

[14] PAUL R W. Teaching Critical Thinking in the Strong Sense. A Focus on Self-Deception, World Views, and a Dialectical Mode of Analysis. [J]. Informal Logic Newsletter，1982 (4).

[15] 万李芳，邵虹. 在质疑提问中审辨概念本质——以《认识图形的周长》一课为例 [J]. 小学教学设计，2021 (12)：16-18.

[16] 约翰·哈蒂. 可见的学习在行动 [M]. 彭正梅，伍绍杨，邓莉，等译. 北京：教育科学出版社，2018.

[17] 佐藤学. 学校的挑战——创建学习共同体 [M]. 钟启泉，译. 上海：华东师范大学出版社，2020.

第四章
不只是活动：学习任务和学习情境

《义务教育课程方案和课程标准（2022 年版）》的发布引发了教师对“课程内容”和“学习情境”的关注。“加强课程内容的内在联系，突出课程内容结构化，探索主题、项目、任务等内容组织方式”反映了课程设计的结构化理念，学习者不应再局限于对个别知识的掌握，而要从内容的关联中把握其中的核心概念或基本观念，将其应用于学习实践中。这的确需要教师在具体的教学情景中“加强课程内容与学生经验、社会生活的联系，强化学科内知识整合，统筹设计综合课程和跨学科主题学习。加强综合课程建设，完善综合课程科目设置，注重培养学生在真实情境中综合运用知识解决问题的能力”。由此目的出发，本章从“内容重组带来的变化”“带着问题来学习”两个方面和读者探讨具体的操作路径。

第一节
内容重组带来的变化

⊙

一线教师在备课过程中，首先面临的就是“教什么”的问题。教学内容在传统课堂中往往是由单个知识点或者单项技能组合而成，学生为了学知识而学知识。这种停留在识记类的低阶思维学习，因缺乏对知识背后的价值观、方法论以及学科历史与文化的关注，很难实现在具体情境中迁移应用的深度学习。

信息高速运转的数字化时代，教育正经历着巨大变革。美国哈佛大学教育学博士格兰特·威金斯与教育专家杰伊·麦克泰格提出的“以关键概念组织指向理解”的单元教学模式，在我国被转化运用，形成本土化经验。这样的教育风向标，也指引着教学站在学生立场，将目标聚焦到知识、能力、素养的整体设计上来，重组教学内容，让学生在深度学习中培养高阶思维能力。

一、内容重组的原则

“思维课堂”实现了从教知识到教素养的课堂转型，通过教学内容的重组，

关注学生在现实场景中运用所学知识解决各类问题的表现，实现培养学生核心素养的目标。

1. 从知识本位转向素养本位

教学内容的重组需要教师改变“一个一个”教的惯常模式，需要教师从单一零散的知识本位备课观转向以学生核心素养发展为本位的备课观。通过大单元、大任务、大主题，对教材内容进行整合或者重构，让学生在新旧知识的联结和冲突中理解、运用、分析、评价，并将在此过程中所获得的知识与技能内化为学生应具备的、能够适应其终身发展和社会发展需要的必备品格和关键能力。

2. 从教师本位转向学生本位

重组教学内容的出发点和落脚点都应归结于学生发展的需求。教师不再只是教学内容的主导者与讲授者，而是根据学生的真实学情，优化、重组、设计富有真实性和思考力的学习内容以保证学生的学习热情。只有真正落实学生学习的主体地位，才能在教学过程中不断激发学生的学习潜能，提高学生的思维能力，实现“学为中心”的教学目标。

3. 从低阶思维转向高阶思维

安德森在《学习、教学和评估的分类学》一书中将“认知过程”维度分为记忆、理解、应用、分析、评价和创造。前三项定义为低阶思维，后三项定义为高阶思维。传统的课堂教学由于教学内容零散，使得课堂中大部分活动是低阶思维的活动，教学内容的重构拓展了高阶思维的教学空间，使课堂成为“有意义”的学习场域。因此，只有将低阶思维和高阶思维活动共同构成多样化的、由低到高的层进式教学，才能在兼顾学生低阶思维的同时，推动其高阶思维的发展。

二、内容重组的方式

随着教育改革的深入，教学中“单元”的内涵悄然发生了变化：单元不只是知识或内容单位，而是学习单位。由此，“单元整体教学”的新兴理念扑面而来。它依据教材的自然单元，以培养学生核心素养为目标进行教材前后、课程内外的整合与重组，形成具有学习意义的单位。这样，学生便可在结构化内容的学习中进行学科实践活动，形成可迁移运用的关键能力。这提示我们：教师需要打通文本、单元、学段甚至是学科之间的联系，整合课程内外的学习资源，引导学生进行关联式的学习，在真实的学习情境中，把零散的知识变为可迁移运用的能力和素养。

1. 横向关联，以主题性教学内容发展学生思维的广阔性

主题式学习的前身可追溯至 20 世纪 60 年代的医学院教育，但其理念则可追溯至杜威的进步主义学派。主题式学习强调“做中学”的学习方式，并以活动、专题及问题解决等方式作为学习的主轴。

上海师范大学教授王荣生认为：“语文教学内容既包括现成教材内容的沿用，也包括教师对教材内容的‘重构’，即处理、加工、改编；还包括对课程内容的执行，以及在课程实施中教师对课程内容的创生。”

案例 4-1-1 五年级上语文“自然之趣”的教学设计

统编版小学语文五年级上册第七单元的单元人文主题是“自然之趣”，从不同角度描写了不同时间、不同地点的景物。该单元的阅读要素为初步体会景物的静态美和动态美，习作要素为学习描写景物的变化，充分体现了读写结合的教材编写思路。景物描写一般都有动态描写和静态描写，静态描写一般涉及空间维度，动态描写一般涉及时间维度。结合以上认知和单元语文要素，可以提炼上位的核心概念（见图 4-1-1）。

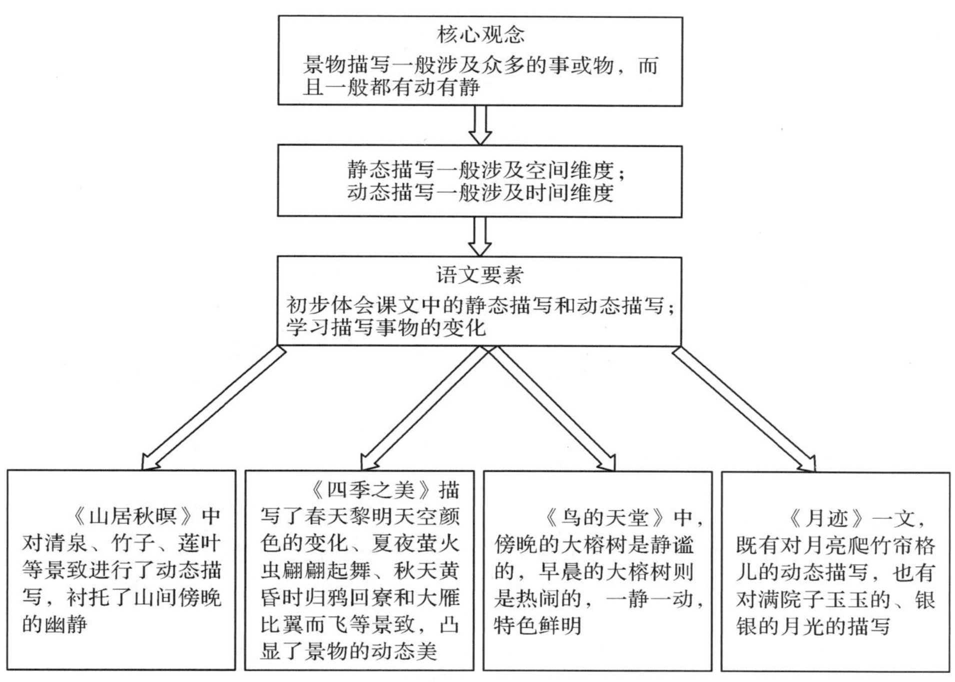

图 4-1-1　小学语文学科“单元整体教学”示例

明确单元主要概念为“抓住景物随时间变化的线索和特征，能写出景物的动态和静态，可以让描写变得具体可感”。由此，也明确了指导方向：从习作表达为出发点展开单元整体教学，引导学生在四篇课文的学习中关注“景物的变化”。

（汪玥、何慧玲　杭州市崇文实验学校）

在上述案例中，教师横向关联单元内的四篇课文，提取学科核心概念，再从核心概念出发，重新审视每一篇课文的教学价值，对教材内容进行整合和创生。通过比较和分析，学生发现“以动衬静”和“以静衬动”的写法，这种反向思维给学生提供了更宽阔的写作思路。在不断揣摩文本语言的过程中，学生进而发现，唯有仔细地、长时间地观察，才能发现景物的动态变化，因而理解细致入微的观察是“写出景物变化”的基础，从而加深本次阅读和习作的体验：

观察生活、观察自然，是写作素材的主要来源。在这一过程中，学生的思维不断在阅读、比较、鉴赏、评价中得以锻炼并获得新的写作经验的启迪。

横向关联有时还可以是学科间的关联。《义务教育课程方案和课程标准（2022 年版）》强调“跨学科学习”，指出教师应该充分发挥跨学科学习的整体育人优势。

案例 4-1-2 六年级下美术《美的规律》的教学设计

《美的规律》是浙美版六年级下册的第一单元，分别有《外国的创世名作》《中国青花瓷》《东阳木雕》以及《我国的非物质文化遗产》四课。通过融合美术和数学学科共通的核心概念——规律，设计单元整体教学：聚焦中国青花瓷连续纹样的排列美，外国传世名作的比例美，木雕中牛腿的营造结构的三角稳定美以及拱桥的弧度拱形美等，将“比例”放入到书法的字体结构使比例成为“重心”，放入建筑园林成为“营造法式”，放入中国山水画成为“经营位置”。

《比例与美》是单元内容重组后的第一课时，通过问题“美是不是必须符合比例”来统领教学。这一驱动性问题能引发思考、激发讨论，确保教与学始终聚焦核心概念，而不是孤立的事实与细节。同时，教师通过创设真实的任务情境推进教学：我们马上就要毕业了，大家可以给自己画像，把画像作为独一无二的礼物送给老师们作为留念。借助这样的学习任务，整堂课聚焦在达·芬奇和毕加索两位画家的创作观念的对比分析，通过说“美”、量“美”、画“美”、破“美”、创“美”、悟“美”，真正认识“美”。教师通过创新的材料工具（亚克力板、透明坐标纸），引导学生尝试独特的创作方法，将创作的过程性延长，课堂中的两个作品重叠后，再用马克笔直接在亚克力板作画，或是拼贴，形成第三个作品，体现实践性和创造性。由此，学生也体验到有创造力的美，就是有生命力的美这一概念。

（李方　杭州市基础教育研究室；金兢　杭州市天长小学）

上述案例联结了美术与数学学科共通的“规律”这一概念，通过教学内容的重组，创设了真实情境和任务，为每个学生提供了触发学习兴趣与体验的“学习场”，在这样的横向关联中拓展了学生学习的“宽度”和“深度”，实现了高通路迁移，发展了学生思维的广阔性和深刻性，最终让学生形成在面对真实世界时发现和解决问题的素养和能力。

2. 纵向联系，用结构化教学内容发展学生思维的灵活性

《我们如何学习》一书中写道：“你会从经验中学习。”这是一句古老的丹麦民间俗语。人们认为经验是比“普通学习”更好和更为丰富且具有个体意义和包含个体承诺的另一个维度。综观各个学科，我们会发现：教材总是以螺旋上升的方式编排学科的各项能力，逐渐丰富学生认知，发展学生综合素养。比如科学中的月相问题，从小学一直到初中都有不同程度的内容编排，这说明当学习某一个核心知识时，学生并不是零起点的。因此，唤起学生的已有经验，构建结构化的教学内容，能赋予教学内容更多的开放性和生命力。如著名数学特级教师俞正强开发的“种子课”，就意在围绕数学核心知识，以更加开放的视角重组教学内容。这启发我们要纵向联系，充分关注某一个核心知识或核心概念在整个义务教育阶段所处的位置，从而把握学生学习的逻辑起点，前后勾连，在已知和经验中发展和培养学生思维的敏捷性和灵活性。

比如在小学数学四年级下册第四单元《几何小天地》教学中，通过对教材的分析与学生实际情况的调查后，进行单元课时的结构化整合、板块化重组（见图 4-1-2）。

结构式研究

角相关（度量、分类）
⇩
三角形相关（三角形中的角、边）
⇩
平行四边形（边与角、底与高）
⇩
梯形（边与角、底与高）
⇩
图形运动（对称、旋转）

学习路径

课时	整合前
1	角的度量
2	角的分类
3	练习八
4	轴对称图形
5	图形的旋转
6	练习九
7	三角形的边[1]
8	三角形的边[2]
9	三角形的角
10	三角形内角和
11	练习十
12	平行四边形的边与角
13	梯形的边与角
14	图形的高与低
15	整理与应用[1][2]

课时	整合后	
1	角的度量	建构
2	整合课：角和三角形的分类	建构+关联
3	练习	提升
4	三角形的内角和	建构
5	拓展课：多边形的内角和	提升
6	实验课：搭三角形	建构
7	实验课：三角形的边	建构
8	练习	提升
9	平行四边形与梯形	建构+关联
10	练习	提升
11	图形的底与高	建构
12	对称	建构
13	旋转	建构
14	整理与应用	提升
15	整合课：图形名片	梳理+提升

图 4-1-2　小学数学单元学习路径和单元课时整体框架目录

案例 4-1-3　四年级下数学《几何小天地》的教学设计

《角的分类》和《三角形的分类》整合为《角与三角形的分类》，旨在以“角”的分类为出发点，迁移至三角形按角分类，为后续探究平行四边形、梯形的角埋下暗线。纵向梳理教材，由第 5 册《角的初步认识》深入到严谨定义的第 7 册《角的认识》，再通过学习《角的度量》和《三角形的角》，将其经验迁移至《平行四边形与梯形》的特征辨析中（见图 4-1-3）。

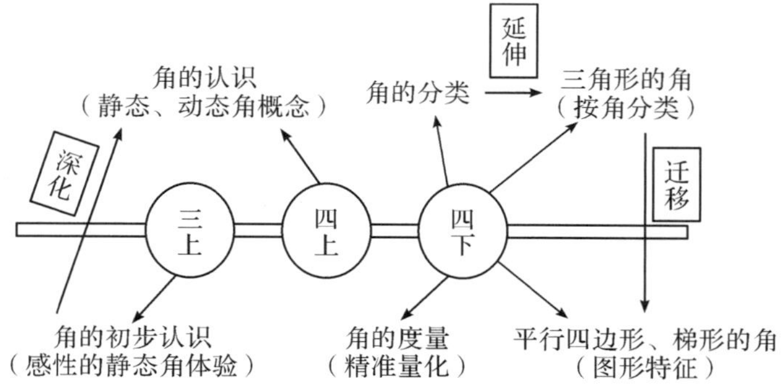

图 4-1-3　3 册教材中“角”的概念的知识结构关联

《平行四边形的认识》《梯形的认识》整合为《平行四边形与梯形》。平行四边形和梯形的探究迁移于三角形的探究方法，主线是“边的长度与位置”“角的大小”，牵引出这两种图形的本质属性。再将此内容放入教材体系中进行解读，为第9册即将学习平面图形的面积打下基础。整合后，不仅能凸显图形间的区别与联系，从形状上提出梯形与其他图形面积的转化关系，还能体现梯形面积公式的统领作用。

（田秋月　杭州市胜利实验学校）

整合的价值不仅仅在于节省课时，还在于能启发学生。案例4-1-3通过增设练习课，在跟进巩固和变式练习中搭建思维梯度。例如在《三角形的内角和》之后，纵向拓展《多边形的内角和》；在教材中常规的《整理与应用》之后，横向增设综合实践课《图形名片》。学生根据自己的思维方式和偏好，自行选择思维导图、结构图、使用说明书等形式对本单元的内容进行系统的梳理，以此丰富本单元所学内容的资源，启发学生主动建构具有个体经验的单元知识体系。这一教学案例通过抓住知识主线、梳理逻辑结构、贯通知识网络，巧妙地帮助学生发现单元学习支点，将自己的认知逻辑匹配于学科逻辑，从而由单纯知识技能的学习转化为数学思想、学习方法的领悟。

当然，“单元”不仅仅指向“内容”，更指向“素养”。我们所做的便是在厘清课程的学习目标、分析学生的学习起点基础上，依据某个核心素养的要求，结合具体的教材，按某种大任务（或观念、项目、问题）的逻辑，将相关知识或内容结构化，形成学习内容。

3. 选择资源，通过聚焦深度对话发展学生思维的深刻性

《理解为先模式》一书中，有这样一段描述：“全面覆盖教学内容是设计、教学和评估中一个长期存在的误区。电影《翘课天才》对此进行了嘲讽：电影中的经济学老师絮絮叨叨、自问自答，学生则百无聊赖。”这里的“覆盖”是贬义的，意味着事无巨细、一章一节按部就班，学生缺乏与教材深度互动的机会，主动学习更是一句空话。这给予我们的启发是教师要有所侧重地找到能

促进学生理解的匹配性学习资源，以便让学生在关联性很强的学习资源的使用与辨析中使思维逐渐变得深刻。

表 4-1-1 呈现的是杭州市小学地方课程教材 English for KIDS 二年级上册“Unit 3 Animals at the zoo”的教学设计。教师通过解读文本，挖掘内涵，基于学生的学情，延展学生思维，进行了文本再构。教师将课本中的对话文本进行了再构改编，用两个课时进行教学，并展开对比评析。

表 4-1-1 “Unit 3 Animals at the zoo”文本内容再构

第一课时教学内容	
第一稿	第二稿
Hanghang: There is an elephant over there. It is drinking water.（那儿有只大象。它正在喝水。） Lee: There are two pandas over there. They are sleeping.（那儿有两只熊猫。它们正在睡觉。）	Hanghang and Lee are at Hangzhou zoo. Hanghang is the little tour guide today. He is showing Lee around.（杭杭和 Lee 在杭州动物园。今天，杭杭是小导游。他正带着 Lee 在参观。） H: I'm your tour guide today. Follow me please. Let me show you around.（今天我是你的导游。请跟着我一起参观动物园吧。） L: Great!（太棒了。） H: Look at this panda. It is black and white.（看那只熊猫。它黑白相间。） L: What's this? It is pink and cute! Is this a cat?（这是什么？它是粉红色的，可爱的！这是一只猫吗？） H: No! It is a baby panda.（不！它是一只熊猫宝宝。） L: I see. How interesting!（ 哇塞！ 太有趣了！ ）
第二课时教学内容	
第一稿	第二稿
Zhouzhou: I think the panda is the most beautiful animal at the zoo. It is so cute.（我觉得熊猫是动物园里最漂亮的动物。 它太可爱了。） May: I think the elephant is the most beautiful animal at the zoo. It is tall and fat. It's lovely.（我觉得大象是动物园里最漂亮的动物。它又高又胖。它很可爱。）	Zhouzhou and May are at Hangzhou zoo. Zhouzhou is the little tour guide today.（州州和 May 在杭州动物园。 州州是今天的小导游。） Z: I'm your tour guide today. Follow me please. Let me show you around.（今天我是你的导游。 请跟我来。让我带你四处看看。） M: Sounds cool!（太好啦！） Z: Look at these elephants. They are tall and big.（看这群大象。 它们又高又大。） M: Yes, they like to live with their family. The elephant has a big nose. Do you know what's this for?（是的，他们喜欢和自己的家人住在一起。大象有一个大鼻子。 你知道有什么用吗？） Z: It is for drinking water, washing body and picking up food. We call it “trunk” .（它是用来喝水、洗澡、捡食物的。 我们叫它“象鼻”。） M: I see! Do they like to eat grass? Where do they live?（哦，我知道了！它们喜欢吃草吗？它们住在哪里？） Z: Yes. They live on the grassland and forests.（它们喜欢吃草。它们生活在草原和森林里。）

（杜洁　上城区教育学院）

对话材料是教师、学生、文本三者之间的相互对话与交互的基础。经过教师分析、解读而重新建构的对话文本，是实现三者对话的重要载体。修改后的文本内容具有话轮转换性、话题延续性和思维发散性的特点。杜老师第一稿中的文本再构设计只呈现了叙述性的语言，学习资源匮乏，没有引发学生深入思考问题，不能构成一个具有几个话轮的对话。就对话的句式而言，第一稿设计的句式都是固定的“There be”句型，缺乏问题链的设计。第二稿的对话文本更为自然，表达更为流畅，在对话的交流和问题的回答中，促发学生的思维。在主题语境的设定上，由于第一稿中两节课的情境不同，使得话题没有延续性。第二稿在单元整体设计的理念下，拓宽了学习资源，延展了单元主题的语境，通过谈论动物的外形特点拓展到动物的生活习性、生活区域、饮食习惯等，使得对话的内容更具思维性。

同样，在语文学科中，教师经常尝试“1+*X*”的拓展类阅读。但在学习资源的选择中，教师往往存在较大的随意性，缺乏与教学核心问题的关联度，同时也存在“走过场”的味道，感觉是为了拓展而拓展的“虚晃一枪”。怎样才能让学生在拓展阅读中有真实的深度思考呢？

可以肯定的是，单元整体教学视域下，诸如此类“1+*X*”的群文阅读，确实拓宽了学生的阅读边界。在案例 4-1-4 中，学生借助流程图、韦恩图、泡泡图、树形图等思维导图的形式，发现三篇文言文写法和内容的相同点：写法上，列子喜欢采用有趣的人物对话推进故事的发展；内容上，讲述事物与自然界息息相关，主人公阐述观点有依有据，通过寓言故事讲明道理。由此夯实了本单元语文要素：体会用具体事例说明观点的方法。同时，也初步感受了列子的观点主张和思维方式，从文言语句中体会文字背后的文化意蕴。

案例 4-1-4　六年级下语文《两小儿辩日》的教学设计

在进行统编版小学语文六年级下册第五单元《两小儿辩日》教学时，可以将《列子》中《愚公移山》《杞人忧天》的故事作为学习资源引入教学中。在学生大致读懂的基础上，教师抛出问题：三篇文言文都来自列子的著作，在文本内容和文本形式上，你发现有什么相同和不同之处呢？这个问题的设计，是希望把学生的思维引向比较、分析、综合，引导学生站在作者的立场，重读《两小儿辩日》。

从图 4-1-4 的对比可以看到，教师通过与先贤对话的设计，引导学生大胆发表见解，达到提高学生分析能力的目的，并且取得了实际效果。

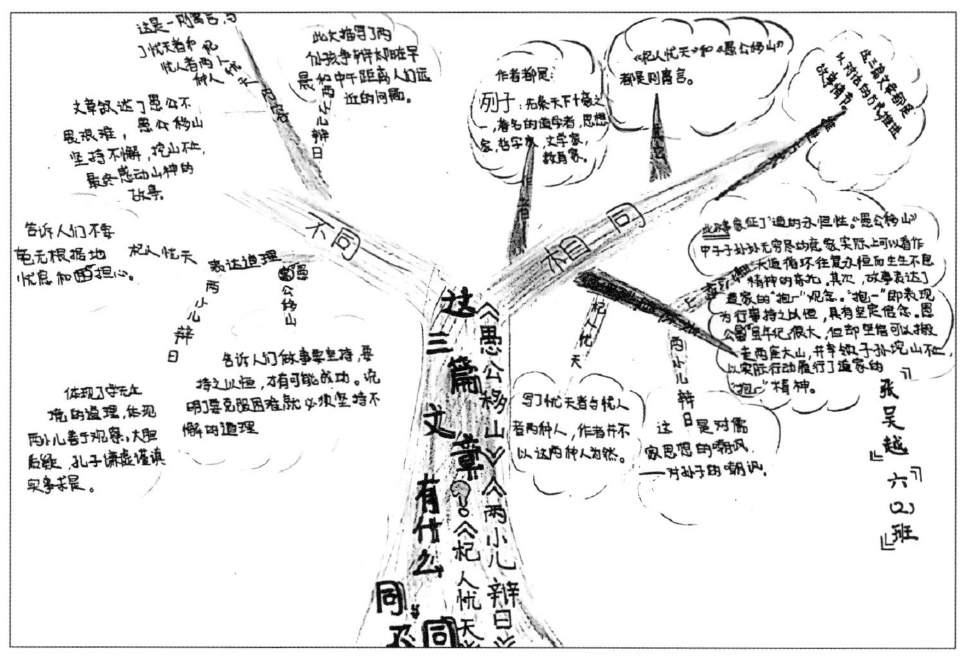

图 4-1-4　学生经历学习过程的思考与发现

（陈俞静　杭州市天长小学）

4. 评价前置，调整教学内容顺序发展学生思维的批判性

《理解为先模式》一书认为：“教学是达到最终目标的一种手段，规划先于教学。因此，成效最高的教学在开始时就明确预期学习结果并且还要有学习真实发生的证据。”由预期结果逆向规划教学内容的教学案例也屡有尝试。比如

在传统的习作教学中，一般流程是这样的：审清题意—明确要求—学生习作—教师评改。这种相对固化的教学流程其实暴露了教师对学生差异的忽视：对于基础薄弱学生而言，如何搭起一篇作文的框架，知道自己想要表达什么、用怎样的思路来表达并非易事。教师大胆尝试将习作评改要求前置到习作前，即先从教材习作建议出发，与学生交流和明确本次习作的要求，师生共同设计习作评价单，将习作要求通过讨论形成共识后融入评价单中，然后以评价量表为手段，开展如何写的策略指导。此时的习作指导不再只是以往教师为主导的教学活动，还是学生根据自主参与开发的评价单进行的写作任务活动。学习的主体发生了变化，习作更主动，也充分促进了同伴之间相互评改的积极性，发展了学生的习作思维。以六年级上册习作《多彩的活动》为例，习作要素是“尝试运用点面结合的写法记一次活动”，活动的整个场景是“面”，同学的具体表现为“点”，相互结合，写出活动时的场面。课始，教师引导学生围绕习作要求，采取小组讨论的方式，请学生自行设计并完善了一份“习作评价量表”（见表 4-1-2）。接着，学生对照评价量表，开展习作的自我审视，进行交流和互相启发。在此过程中，发现自己的习作和预期目标上的差距，并作出针对性的修改。

表 4-1-2　六年级上册《多彩的活动》评价量表

评价内容	自评	他评
写清楚活动过程，把印象深刻的部分作为重点来写	☆☆☆	☆☆☆
既写了整个场景，又写了同学的表现 同学的表现有（神态　动作　语言）描写（打“√”），共（　）处	☆☆☆	☆☆☆
写出了活动中的体会	☆☆☆	☆☆☆
文章的独特之处为：	☆☆☆	☆☆☆

评价前置的作文评改课，指导过程的展开以学生为主体，重点评估表 4-1-2 中的指标是否有效达成，在交流片段的修改中，进行判断、证明或者作出修正。这样的习作评改课，以终为始，以学业表现水平的预估为起点，进行逆向设计，以求更有效地达成学习目标。这样的理念，一直贯穿于“思维课堂”的研究中。

案例 4-1-5 小学科学《物质的变化》的教学设计

在小学科学中，《物质的变化》单元是教科版小学科学的最后一个单元，与来自物质科学领域的一年级《我们周围的物体》、三年级《水》《空气》，五年级《热》和六年级《能量》和来自生命科学领域的四年级《植物的生长变化》《呼吸与消化》，地球科学领域的四年级《岩石与土壤》、五年级《地球表面的变化》这 9 个单元，均从不同角度认识物质世界，形成学习进阶，共同指向“稳定与变化”“物质与能量”两大跨学科核心概念及“物质的变化与化学反应”“能的转化与能量守恒”的学科核心概念，意在提升学生对物质世界的全面性理解。借助单元教学的核心概念，依据学生已有的知识经验，运用逆向设计的思路，从学生要达成的学习结果出发，确定教学目标，引领教学内容的整合与拓展，使教学评价伴随整个教学过程（见表 4-1-3）。

表 4-1-3 “探索铁生锈的原因”评价量表

“探索铁生锈的原因”评价量表 班级：______ 学号：______					
指标				同伴互评	教师评价
实验设计	□能控制变量，合理设计实验验证自己的猜想。且有完整的实验计划	□能控制变量，设计实验验证自己的猜想，实验计划较完整	□实验中未能控制变量，或缺少实验计划	☆☆☆	☆☆☆
观察记录	□能在一周内坚持观察 5 天及以上，并细致地记录现象	□能在一周内坚持观察 2—4 天，并记录现象	□在一周内观察少于 2 天	☆☆☆	☆☆☆
解释发现	□能根据现象作出合理的判断，并能合理解释铁生锈的过程中发生的物质变化	□能根据现象作出较合理的判断，并尝试解释铁生锈的过程中发生的物质变化	□不能根据现象作出较合理的判断与解释	☆☆☆	☆☆☆
备注：将☆涂红表示每项得分。					

（沈凤娜、李一凡、洪梦菲 杭州市采荷第二小学）

在案例 4-1-5 中，学生将通过“寻找生物中的铁锈”和“探索铁生锈的原因”两个活动发现铁锈的秘密，了解生活中常见的物质变化及其对我们生活的影响，还会像工程师一样思考如何解决海底沉管隧道的防锈问题。此外，还将运用物质变化的相关知识，制作一份隐形贺卡在母亲节时送给妈妈，探讨物质世界的美妙。由此，该单元利用评价前置，突破以往的知识结构模式，在学段范围内实现跨领域认知，衔接初中科学思维和认知方法，力求在知识与观念上，与学生的后续学习建立联系。通过观察实验等方法认识物质变化的本质特征，经历资料阅读、信息交流、推理论证等学习过程，体验变化的无处不在，探究物质变化的无穷乐趣。

三、内容重组后的课堂学习

内容重组的“思维课堂”正在改变课堂教学形态，真正焕发出课堂的生命活力。“思维课堂”不仅让学生的思维得以提升，从某种角度上说，更改变了教师的教学思维，改变了传统课堂教师主导的线性模式和评价方式。

1. 聚焦核心问题

“思维课堂”希望能让学生保有强烈的问题研究动机，在丰富的学习实践活动中，主动学习认识、解决问题，并获得自主探索的学习能力和互相协作的合作能力。课堂内容的重组，促使教师必须在备课时由果及因，设计能引发学生深入探究的核心问题展开教学，或者围绕核心问题设计问题链展开教学。

杭州市胜利实验学校黄建老师执教的《趣连圆心》一课，在上城区“思维课堂观察分析实验室”平台的诊断支持下，改变了过去课堂中大量存在的低认知问题，逐渐转向培养高阶思维的问题探讨。链接 4-1-1 为完整的课例报告（扫描二维码即可查看）。图 4-1-5 以雷达图的方式，对比呈现了平台记录的两次磨课时，黄老师课堂提问的数据分析。

链接 4-1-1
《趣连圆心》课例报告

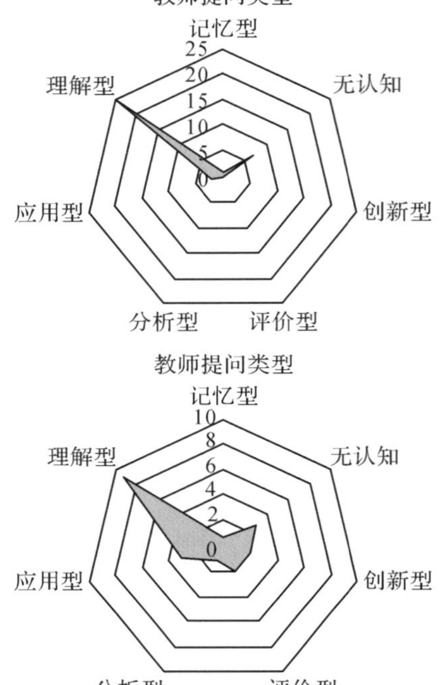

本节课一共提问38次，其中低级认知问题共28次，占73.7%；高级认知问题共2次，占5.3%；无认知水平问题共8次，占21.1%。

数据分布显示本节课理解型问题出现频率最高（占比65.8%），其次为应用型问题（占比5.3%）。

从数据中可以看出本节课提问时比较侧重理解型问题，分析型、创新型的问题类型的提问数是0。

教师提问类型
记忆型
10
8
6
4
2
0
无认知
创新型
评价型
分析型
应用型
理解型

本节课一共提问21次，其中低级认知问题共13次，占62%；高级认知问题共5次，占23.8%；无认知水平问题共3次，占14.3%。

数据分布显示本节课理解型问题出现频率最高（占比42.9%），其次为应用型问题（占比14.3%）。

从数据中可以看出本节课提问时比较侧重理解型问题，分析型的问题较少。课堂问题设计梯度合理，逐步引导学生进入较高的思维层次。

图 4-1-5　四年级数学“趣连圆心”两次磨课的课堂提问分析对比

由上例可见，教学内容重组的原点，是从学情出发，根据水平层次划分进行目标细化。而内容重组的关键则是问题的优化。

2. 突破线性逻辑

传统教学更注重学生对知识与技能的掌握，凸显的是教师本位思想，这样的模式显然已不适应现代社会对人才的需求。内容重组使得教师必须建立以学生为本的备课观，设计学习情境，帮助学生尝试在真实情境下完成学习任务。教学过程以学习任务为单位，完成一个学习任务，是为下一个任务打好基础，是一种螺旋上升的教学过程（见图 4-1-6）。

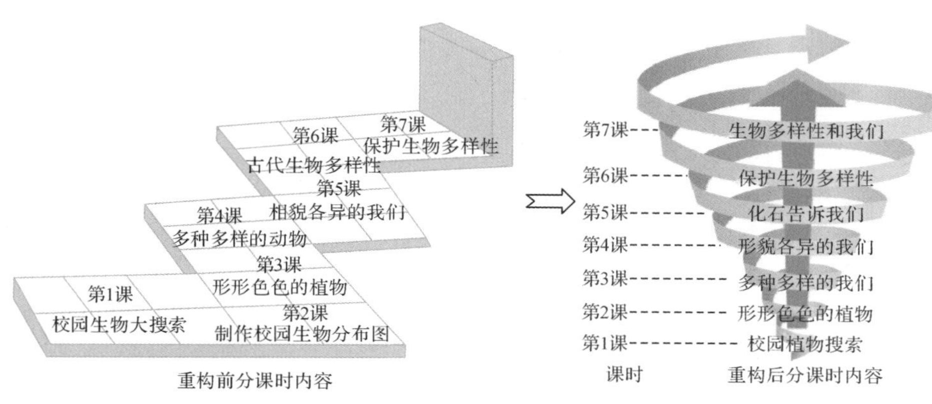

图 4-1-6　以科学课为例的内容结构：从线性逻辑变为迭代逻辑

3. 优化教学评价

内容重组的课堂要求学生不再对知识浅尝辄止，而是要通过一定的思维过程去自主发现知识表象下蕴含着的“情”或“理”。这样的课堂使学习的空间更大，思维更具挑战性，也使深度学习、高效课堂成为实实在在的可能。学习评价的主体从原来单一的教师，转变为教师与学生或学生与学生间的多向互动。每一个学习者都是评价者，在这样的学习过程中，学生所获得的学习体验是截然不同的。通过评价，学生会发现学习的过程充满了探究的乐趣，真正体会到学习本身的价值。

内容重组对教师传统的备课模式提出了极大的挑战，但这一挑战又是深化课程改革、践行《义务教育课程方案和课程标准（2022 年版）》的必由之路，是“思维课堂”研究的重点。

第二节 带着问题来学习

⦿

人类探索世界、改造世界是在一定的情境之中发生的。但是教学却经常存在去情境化倾向，把知识变成了冷冰冰的概念体系。由此造成的后果是，学生可能对某一项知识或技能的掌握很熟练，但运用、迁移的能力却很弱，遇到综合问题、真实问题就束手无策。事实上，新课标提出发展学生核心素养，也是为了解决这一问题。

一、发挥情境教育的优势

古今中外，和学习情境相关的教育研究一直在继续。

杜威认为，好的教学必须能唤起儿童的思维。如果没有思维，那就不可能产生有意义的经验。因此，学校必须要提供可以引起思维经验的情境。他所提出的五步教学法，就是指情境、问题、假设、推论、验证，即创设疑难情境、确定疑难所在、提出解决问题的种种假设、推断哪个假设能解决这个困难、验证这个假设。

江苏情境教育研究所所长、著名儿童教育家、情境教育创始人李吉林老师通过 30 余年不懈地实践与探索，使得中国的情境教育达到了足以回应世界的理论高度。她认为情境教学的独特优势在于：

讲究“真”——给儿童一个真实的世界，使符号学习与多彩生活相“链接”。情境的观察，不仅能为儿童提供思维和想象的材料，而且对处于生命早期的儿童敏锐的感受能力的培养，满足他们对周围世界认识的强烈欲望都是十分有意义的。

追求“美”——给儿童带来审美愉悦，在熏陶感染中产生主动学习的“力”。情境教育就是把学科知识镶嵌在浸润了文化艺术的美的情境中，从而摆脱各科教学单纯作为工具的枯燥感。美感的浸润，使各科教学的文化内涵得以顺乎自然地展现。

注重“情”——与儿童真情交融，让情感伴随认知活动。在优化的情境中，儿童的思维、想象、记忆等系列的智力活动浸润着情感的因素，感受学习活动带给他们的快乐与满足，达到知、情、意、行的统一。在优化的情境中，在教师语言的调节支配下，儿童自己的情感还会不由自主地移入到教学情境的相关对象上。以情动情，让学生受到熏陶感染，从而培养、发展了儿童的审美情感及道德情感。

突出“思”——每一个大脑健全的儿童都潜藏着智慧。情境教育激发了儿童的潜在智慧，无论是在课堂上还是在各项综合活动中，他们的思维都非常活跃。因为“乐思”，儿童渐渐地学会“善思”。

原中国教育学会顾问、国家教育咨询委员会委员、国家总督学顾问陶西平老师认为：人格的形成是人的内在潜质与自然环境和社会环境等外在条件相互作用的结果。如果脱离了环境，先天的潜质是难以开发和显现的，后天的素养也是难以真正形成的。情境教学辩证地结合了以上两者。

江苏省特级教师陈林认为，在课堂上创设情境，能让学生自觉自动地产生探究和学习的行为，作用于教师，使“乐教”水到渠成。

“思维课堂”强调情境，正是因为关注到面向未来之“学习”以及“知识”

的宽度，关注到学生学习的真实性。

二、核心素养的情境属性与项目化学习

《义务教育课程方案和课程标准（2022 年版）》的核心理念是“素养导向、综合育人、实践育人”。核心素养是一种情境性知识运用的能力及其学习结果，情境属性是其重要特征。在 2003 年经济合作与发展组织 (OECD) 发布的“素养的界定与遴选：理论与概念的基础”的总报告《为了成功人生和健全社会的核心素养》(*Key Competencies for a Successful Life and a Well-functioning Society*) 中，就将核心素养定义为：“特定情境中，通过调动认知与非认知的心理社会资源，成功满足复杂需要的能力。”因此，情境不仅是这一能力发生的环境外在条件，更是素养本身，而且，对情境的学习力和应变力更是素养的核心。

传统的分科教学注重学科知识技术的分项训练，难以培养学生在特定情境中解决复杂问题的能力，已不能满足核心素养培养的要求。项目化学习强调对真实问题的解决，强调创建真实的驱动性问题，追求知识与能力在新情境下的迁移运用，培养学习者沟通合作、批判创新的高级认知能力和工作方式，已成为传统课堂教学的重要补充。一般而言，项目化学习的情境创设具有以下功能：联结真实世界，使学习更具现实意义；复杂的情境有利于知识建构，促进综合能力发展；凸显学生的主体地位，发展自律行动能力。而合理情境的创设是落实项目学习理念的关键，离开真实的情境，探究、互动、迁移和反思都失去了行动的土壤。显然，项目化学习的情境应该具有贯穿性、统领性，而非情境教学中的辅助性、阶段性。也就是说，情境教学中的情境是为教学而设，本质上它是一种教学辅助手段，而项目化学习中的情境是为学习而设，是通过现实世界的学科化促成学科知识的现实化。

开展项目化学习的前提，通常是由于学生在真实的学习与生活中遇到了困惑或亟待解决的问题，因此真实的情境是项目化学习与传统学习存在的巨大

差别，在项目化学习中学生学习的终极目标不再只是学会知识，而是要学会知识迁移，在解决真实问题的过程中取得新的知识，或用所学知识解决与生活息息相关的问题。在此情况下，学生觉得所学的内容是看得见、摸得着的，是与真实的生活挂钩的，而不是学完之后即束之高阁，自然而然学生学习的热情由此被点燃。

三、以问题推动项目化学习

项目化学习作为一种基于建构主义理论的情境化学习方式，是“学生在一段时间内通过研究并应对一个真实的、有吸引力的和复杂的问题、课题或挑战，从而掌握重点知识和技能”。项目化学习以问题为线索驱动教学，教师应该立足主题定位、学情差异，创设并优化问题情境，激发学生探究的兴趣，构建问题思路；实践过程能聚焦问题，关注细节，进行有效的方法指导；基于问题导向的评价设计，保障问题的提出、解决等贯穿活动始终，同时引导学生的思考走向深入。

1. 创设与优化，问题情境中启程

在项目开始阶段，教师应揭示主题，通过视频等创设出探究情境，在情境中，引发学生现有知识储备和未知领域的思维冲突，从而引导学生提出问题。以思维导图作为支架，引导学生发散思维，扩大未知领域的探询面。在此基础上，通过归纳、梳理、筛选等过程，形成一个个探究主题。

首先，教师要引导学生精准把握主题，建立问题思路。在浙江省编写的《综合实践活动》教材中，每个年级都有以考察探究类的项目化学习作为主题的建议。以六年级下册的“游学小达人”单元为例，就有：《跟着节气去探究》《探寻家乡古建筑》《跟着蚕宝宝走世界》。教师就需要把握三个主题不同的指导背景和意义，创设有针对性的问题情境，激发学生提出问题和解决问题的兴趣。杭州市大学路小学孙琴娟老师在指导《跟着蚕宝宝走世界》这个主题时，

期望学生了解丝绸之路的演变过程，通过实地参观、考察探究等方式，获得积极有意义的价值体验，提升了学生的问题解决和创意物化能力；通过实地走访、探究丝绸之路相关的博物馆、城市等，来增进对丝绸之路的了解，提升了学生的民族认同、家国情怀。实际的指导过程以“普普通通的蚕宝宝为什么能走向世界”为主问题情境，引发学生好奇心。在好奇心的作用下，激发进一步提出问题和探究解决问题的兴趣，从而推动整个实践活动的开展。而《跟着节气去探究》是指向通过节气探究，激发学生对节气与我们生活的思考。孙老师紧扣“节气与我们的生活有哪些关系？”为主问题情境；《探寻家乡古建筑》的主问题情境则是“家乡古建筑为什么能流传百世”。

把握主题，创设主问题情境，将学生置身于问题思考的氛围，激发学生通过不停地发问，形成独立思考、合作解决的意识。问题情境创设下的思考实践路径可以为（见图 4-2-1）：基于不同主题内涵，创设主问题情境，能促进学生问题思路的建立，有了基于问题思路的指导路径，教师在指导过程中不容易偏离核心，以“课内指导 + 校外实践”相结合的形式，能较好地保障考察探究活动的顺利开展。

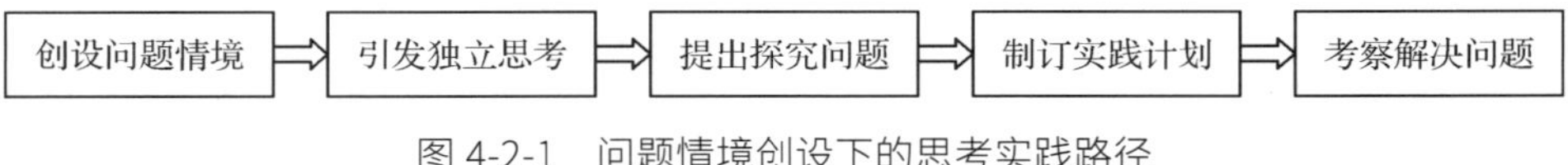

图 4-2-1　问题情境创设下的思考实践路径

其次，教师要区分学情原点，加强问题指导。项目化学习重视学生运用已有的知识，基于已有的能力，去发现和解决问题，并在此过程中得到综合能力的进一步发展。这个能力不是一蹴而就的，因此针对不同年级，教师的问题指导要有侧重，不能格式化。

例如三年级的《带着问题去春游》在主题确定指导课上教师应该侧重于对问题的提出是否符合具体情境进行指导，即情境筛选形成主题的方法指导。因为三年级的学生对春游并不陌生，但其抽象思维还处在起步阶段，他们更需要老师给予提出有效问题的方法指导。教师在课前对学生想带着什么问题去春游进行征集并作了梳理，如表 4-2-1 所示。

表 4-2-1　学生关于带着问题去春游的问题汇总

问题指向	问题呈现	提问人数
关于动物的提问	小鸟喜欢吃什么？怎么做窝的	2
	蚂蚁怎么吃东西？蚂蚁洞是什么样的	4
	有哪些候鸟？哪些不南飞的鸟	2
	那里有没有鸳鸯？鸳鸯长什么样？鸳鸯一定成双成对吗	3
关于植物的提问	樱花有多少种颜色？为什么那么快就没了？樱花有几片花瓣？叶片长什么样	3
	桃花有哪几种颜色？一朵桃花有几片花瓣	2
	一朵迎春花的花瓣有几片？迎春花有哪些种类	1
	柳树有多高？柳树有多少种类	3

在课上，请同学们思考哪些问题是可以在春游中去解决？很快同学们筛去了植物类第 1 个和第 2 个问题。接着，老师请同学们想一想“柳树有多高？柳树有多少种类？”这个问题怎么改，能体现与春天这个季节的关联。很快同学们改成了“柳树发芽时的叶片的形状变化是什么？”最后，在把春游地点确定为“柳浪闻莺”后，同学们根据地点资源，开始思考“哪些问题在柳浪闻莺这个地方开展的考察探究活动中能找到答案？”于是又引发了新一轮的关于问题可行性的思考。正是这样一步步推进的指导，让三年级的学生逐步明确了如何根据情境提出可探究的问题，为习得情境筛选等从问题到主题形成的方法奠定基础，也为后续带着有效问题去春游做好准备（具体的课堂实录片段见链接 4-2-1，扫描二维码即可观看）。

链接 4-2-1
带着问题去春游片段

和一年级不同，六年级的指导则应该侧重于问题选择的科学性思考，如组织学生对问题展开价值梳理，可以从是否符合实际能力，是否符合考察目标，是否符合年龄特征等几个维度进行辨析和归类。通过头脑风暴等形式，展开充分的论证，确保问题情境的现实意义。

例如《家乡的母亲河》这一探究主题学生并不完全陌生，绝大多数的六年级学生都对家乡的水资源比较了解，且学习过地方课程、科学、道德与法治课中关于保护水资源的相关知识。因此，开展本主题活动，六年级学生已经具备了一些基础知识，掌握了一些基本方法。但聚焦“家乡的母亲河”策划并开展相应的现状调查以及公益活动，对于六年级的学生来说有一定的难度。教师在引导学生提出问题时要清楚学生学习的起点以及困惑，找到最近发展区域，提出适合的问题，这样才能充分调动学生的内驱力，激发他们通过实践解决问题的兴趣。

再次，教师还要关注思维支架与问题的创设。在准备阶段，教师用问题情境创设的方式推进小组思维的发散，从而提出探究问题，最后产生小组探究主题。但在具体实施时，这一指导过程，要处理好发散、梳理和聚焦的关系，要根据生情使用好思维导图等支架，从而优化问题情境的创设。选用好资料，不能牵引过渡，看上去发散了，实际上每个小组发散的思维纬度相似，提出的问题也趋同。这样容易造成探究主题比较集中，从而导致后期实践和形成的成果形式不够丰富，学生的考察探究活动内容单一、不够发散。

例如在起始阶段围绕“家乡的古建筑为什么能流芳百世”这个主问题，教师的指导明线是探究家乡古建筑，暗线则是制订探究研学计划，用思维导图等创设情境冲突，强化成果运用，从而优化问题创设，最终指导学生完整经历从提出问题到形成课题的全过程，并综合思考项目实施的流程，最终以思维导图的方式呈现（见图 4-2-2）。

课堂中，教师引导学生通过搜集、梳理、辨析、对比，提炼关于家乡古建筑的问题，之后指导的重点就指向围绕对应的主题制订详细、可行的博物馆实地探究计划，鼓励学生辨析计划可行性，通过辩论等形式，反思制订过程，在不断修订、对比、反思、再修订的过程中，发展思维。在学生提出问题时，教师通过平等的对话引导学生及时发现其中存在的问题，比如问题的角度较为单一、问题太简单等，挖掘提问的深度，引领学生走向深度学习。无论是哪个年级的学

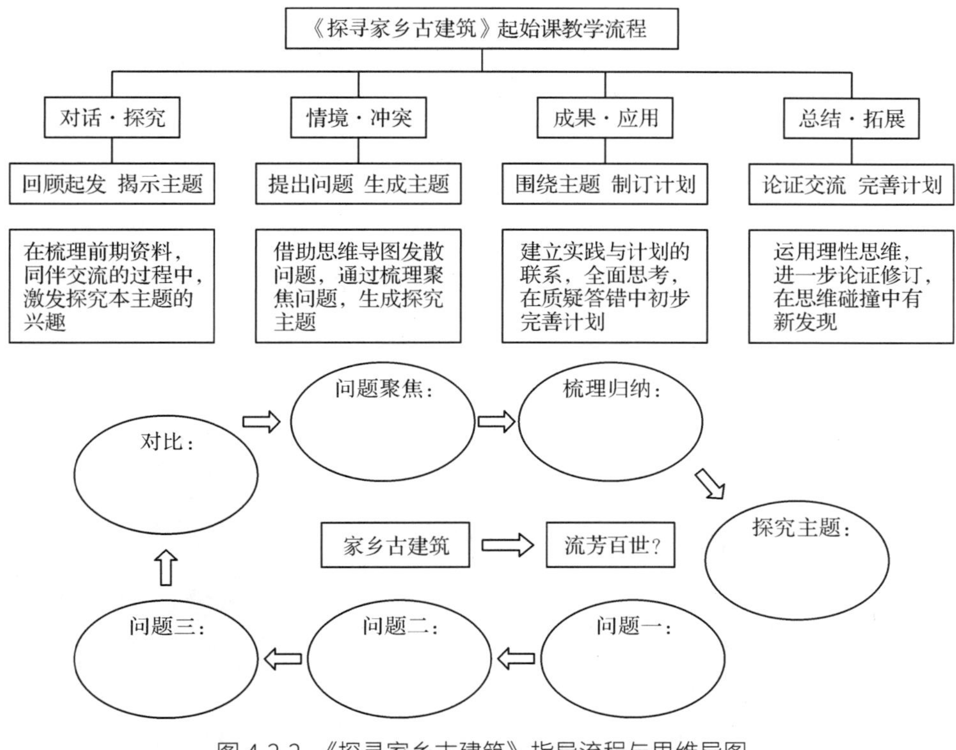

图 4-2-2 《探寻家乡古建筑》指导流程与思维导图

生，其问题思维都在构建的路上，因此教师给予学生支架，助力思维的有效发散和聚焦，能较好优化问题情境创设，让学生考察探究有良好的开端。

2. 实践与细化，问题解决中习得

项目化学习重点培养学生制订项目计划、锻炼执行能力、促进计划性、时间管理、社会性等学习品质的发展，所以在实践过程中，教师要能聚焦问题，关注细节，进行有效的方法指导。

其一，建立方法联系，形成整体思路。项目化学习的重点是学生将已经获得的知识和能力在解决问题的过程中加以运用，因此在准备阶段教师应该适时地加以引导，使学生形成整体解决问题的思路，而不局限于某一节课的问题思路，从而在准备阶段就能较好地预设涉及的方法，以免因为方法选择不恰当而走很多弯路。

例如杭州市大学路小学黄哲琪教师在指导《带着课题去旅行：探访红色教育基地》的项目活动时，起始阶段除了引导学生提出问题，初步制订方案外，将指导的一部分重点侧重于解决问题方法的选择。并根据学生集中出现的问题：采访，进行了针对性的前期指导（见图 4-2-3 左侧）。最可贵的是，在项目实施的总结阶段，将方法与活动整个过程相联系，以“探访思维树”的形式梳理了活动开展的基本思维路径（见图 4-2-3 右侧）。如此，一棵思维树打通了问题解决的“任督二脉”。

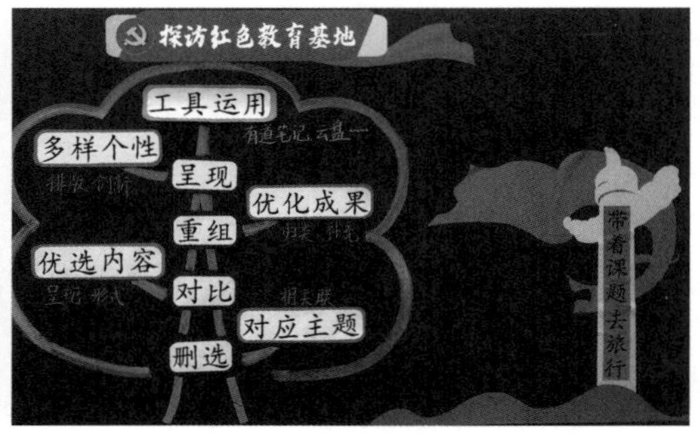

图 4-2-3 《带着课题去旅行：探访红色教育基地》活动“探访思维树”

以问题为导向，使学生逐渐明晰“带着课题去旅行”的思考及实践路径。这样的指导，将方法与整个主题活动相结合，促进学生学会对整体问题的思考，非常值得借鉴。

项目化学习是一个持续性的实践过程，问题路径的创设和指导，与习得方法一起，也应该贯穿于教师整个指导过程。

其二，坚持问题始终，关注实施细节。有了基于问题提出与解决的整体思维，关键还是要在实施过程中，依据方案中选择的方法开展实地考察探究活动，而不是“走马观花”“到此一游”，只有着眼于问题解决才能真正保障校外部分的活动质量。因此教师要对学生进行实时指导，引导学生用好资料检索、观察记录、考察探究、调查访问等方法，要提醒学生进行过程性问题解决的阶段性记录，如图 4-2-4 中两张图表，分别是三年级和六年级在开展探究指导过程中的记录整理表。

通过观察记录表或过程记录表，让学生即时地进行登记，梳理实施过程中遇到的问题或新产生的疑问等，再利用微信群或 QQ 群进行线上的指导，便于教师关注实施细节，并对学生的活动做出较为全面的分析。在中期指导课上，当学生讨论新问题时，也做到心中有数，指导更有针对性。

三年级下册《带着问题去春游》实践记录表

问题			新的困难或问题
解决问题过程的记录	1.	选择的方法： 观察（　　　）； 采访（　　　）； 资料搜集（　　　）； 其他（　　　）	小组讨论一下，我们的问题得到解决了吗？有没有什么新的问题产生
	2.		
	3.		
	4.		

资料搜集与整理导图

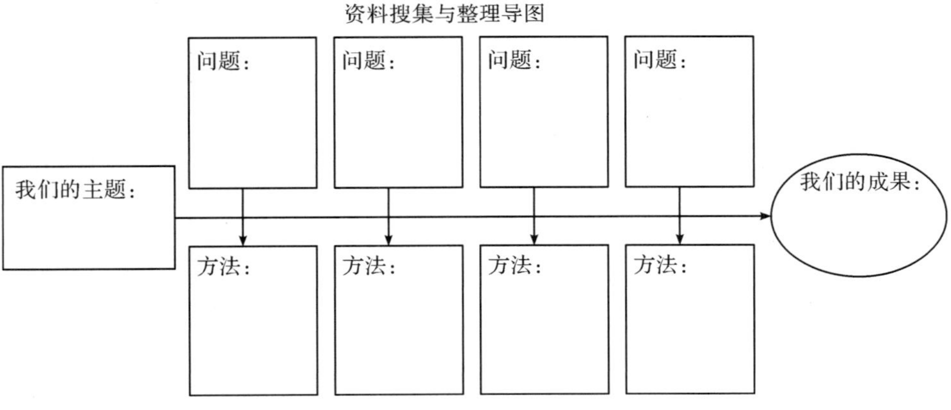

图 4-2-4　开展指导过程中的记录整理表

其三，鼓励二次实践，形成真实能力。考虑到学生在此阶段还没有开展实地考察，因此，前期的指导往往容易陷入纸上谈兵的尴尬。而第一次实践过后，学生有了真实体验的基础，带回来的问题更加真实，是学生实际碰到的、切实需要解决的。

项目化学习强调学生亲身经历各项活动，并在“探究”“设计”“创作”“反思”的过程中形成价值体悟，从而提升发现、分析和解决问题的能力。因此活动过程中，鼓励学生在第一次进行实践后，梳理问题，讨论策略，进一步完善研学计划，并进行第二次实践活动。通过两次实践，在实践中取证，论证设想，进一步在对比、反复中丰富实践体验，获得更好的成功体验，促进真实能力的形成。

例如某班级在开展《探寻家乡古建筑》活动时，发现家乡古建筑中的很多特色结构的专有名词无法准确表述，或者探究过程中共性特色比较多，且房屋构建独特，因为学生知识储备有限，所以提前准备的检索资料在实际运用时较难对应。再比如“跟着蚕宝宝走世界”这个主题同时承载着通过考察探究感受丝绸发展及历史价值，以及家国文化传承等。因此，在各个阶段教师指导的过程中要注意把握学科本位，处理好发展能力与价值情感提升之间的关系。每个小组在考察实践过程中，能力储备不一，遇到的困难各异，教师指导时要注意分层推进：实践阶段因组时时指导，避免轻实践体验过程，一味重情感价值，鼓励每个小组个性化的成果展示，从而保证交流环节互学效能。

带着新的问题，回到课堂中，通过讨论交流形成新的问题解决的办法，这些办法都能很好地运用于二次实践中，让学生在解决问题的过程中收获不一样的体验。

3. 评价与共享，问题导向中深化

所有的项目化学习都需要一个配套的评价方案。为达成项目化学习目标，教师要活用各类工具和资源，为项目实践中的教师支持、评价反馈增效。要关注的重点如下。

一是研制评价表格，贯穿活动整体。项目化学习因为在真实情境中解决

真实的问题，因此其育人价值的发挥，就取决于实施过程的效度。坚持活动育人，保障实施过程的效度，研制一份贯穿活动整体的评价量表显得尤为重要。表 4-2-2 是杭州市崇文实验学校庄峰迪老师在指导《跟着节气去探究》这一项目化学习时设计的过程评价表。

表 4-2-2 《跟着节气去探究》项目实施过程的小组评价表

活动环节	4分	3分	2分	1分	0分
提出问题	能梳理归纳提出自己的问题	能从思维导图中选择产生问题	能对别人的问题进行提炼	直接研究别人提供的问题	没有参加或未完成
自评					
互评					
制定研究方案	合作制订方案并能在辨析中完善	能合作制订方案并能进行一定的修改	能合作制订方案，但同伴提出的问题不能解决	能在师长指导之下制订和修改方案	没有参加或未完成
自评					
互评					
合作情况	人人参与商讨、分工，合作很愉快	合作过程中出现了小矛盾，但能自我协调解决	合作过程中出现矛盾，需要第三方协助解决	合作过程中因矛盾影响了活动的开展	……
自评					
互评					
成果交流与论证	成果形式多样有创意，能充分展示	能形成成果，并能做出展示	能形成成果，但存在较多质疑	成果没有全部完成，展示存在较多质疑	没有参加或未完成
自评					
互评					

以上评估量表贯穿整个主题探究过程，聚焦各个环节关键能力的发展，通过小组自评和互评，多纬度对每个小组的思考与实践过程做出评价。评价表可以在开始阶段呈现，使学生明确本主题实践活动过程哪些方面将进行重点评价，明确要求，从而能更好地发挥评价的指导功能。在活动的不同阶段，可以使用此评价表，对小组开展阶段性评价，促进其开展自我反思，调整状态更好地

开展下一阶段的活动。在评价表的促进下，小组活动就扣各个环节“问题”，让实践更有准绳。

二是引进评价媒介，反馈全面提速。项目化学习是开放灵动的，因此评价也应该是更为开放的。评价主体和过程均应该以开放的形式来展开，家长、教师、学生以及考察探究过程中遇到的讲解员等都可以成为活动评价的参与者，网络投票等自媒体的运用能丰富传统的评价模式。评价媒介的多元，更能关照学生考察探究的整体过程。

例如孙琴娟老师在成果展示阶段，课内发布成果时使用了二维码循环互评的模式，同学们评价和学习的热情高涨。当然，循环互评需要充分的时间保证，互评互学展示环节需要给予学生充分表达的时间和空间。这样成果展示两个课时比较紧张，因此，如果在循环互评时有更好的实时呈现的方式，就会提升互评成果展示的效率。例如除了二维码之外，教师可以设定互评特定程序，大屏幕时时呈现各个小组互学互评情况等，使课堂反馈全面提速，提升课堂评价反馈效率。评价的提速，能较好地梳理整个过程包括评价环节的问题，在碰撞频次增加的过程中，进一步触发新的思考，将问题引向深入。

三是夯实成果共享，升华价值体认。成果共享形式的多样，不仅能增加评价频率，也能共享价值体认，使活动育人价值得到升华。教师可以通过常规小组 ppt 活动过程展示与区域物化成果展示相结合，丰富每个小组发布的形式，提高发布频率，并且通过循环互评的方式变被动的听为主动的参与。在多次、多形式的成果发布中，从不同角度再次回顾研学实践收获，回顾体验所得。在互相评价和学习的过程中，真正实现成果共享。

例如《带着问题去春游》主题活动的评价环节分三步进行。第一步，区域发布，循环交流。每个小组安排人员在固定区域，进行成果发布。小组间进行自由的循环交流，并在评价区域进行星级评价。第二步，星级评价，阶段小结。循环评价后，整体交流每个小组星级评价的情况，并请每个小组回顾实践过程，说一说收获和反思。第三步，交流后，请向评价对象，提出一个问题。

循环评价的形式能很好增加小组交流的面，使每个学生都能参与其中，使课堂更为灵动。通过星级评价，使每个小组成果发布质量可视化，有助于推动各个小组进一步反思。最后提出新的问题，能加强小组间的思维碰撞，从问题开始，也用问题结束，成果发布不是句号，而是问题的延续，促进学生不断将问题引向深入，培养思辨思维。

让学生带着问题展开项目化学习，把问题情境贯穿到项目化学习的整个过程，能使项目化学习活动的指导紧扣素养发展、综合育人、实践育人的理念，帮助学生逐步构建问题解决的方法、经验，并学会迁移、运用，树立其实践信心，提高其综合能力和核心素养。

打造“思维课堂”，不能止步于认识“情境”“问题”“项目”等概念，了解它们的实施理念和具体特征，还要认识到它们共同的指向：让学生所学具有参与性、真实性和创造性，让学生能在探究、实践的过程中发现知识，建构知识。“思维课堂”的研究，就是希望让学生应用多种方式展开真实学习，并从中得到全面的发展。

参考文献

[1] 尤小平．学历案与深度学习［M］．上海：华东师范大学出版社，2017.

[2] 丰际萍，赵晓蕾，聂淑香．基于标准的小学语文单元整体教学［M］．济南：济南出版社，2020.

[3] 崔允漷．如何开展指向学科核心素养的大单元设计［J］．北京教育（普教版），2019（2）：11-15.

[4] 王荣生．语文教学内容重构［M］．上海：上海教育出版社，2007:1.

[5] 杰伊·麦克泰，哈维·F. 西尔维．为深度学习而教：促进学生参与意义建构的思维工具［M］．丁旭，译，盛群力，审订．北京：教育科学出版社，2021.

[6] 钟启泉．深度学习［M］．上海：华东师范大学出版社，2021:76.

[7] 克努兹·伊列雷斯．我们如何学习［M］．孙玫璐，译．北京：教育科学出版社，2014.

[8] 谢琰翡，田秋月．举网以纲 千目皆张——浙教版四年级下册第四单元整合实践与反思［J］．小学教学设计（数学），2021（11）：11-13.

[9] 崔允漷．学科核心素养呼唤大单元教学设计［J］．上海教育科研，2019

（04）：1.

［10］格兰特·威金斯，杰伊·麦克泰．理解为先模式［M］．盛群力，等译．福州：福建教育出版社，2018.

［11］汤亚梅．发掘导学支架 助力习作教学［J］．教学月刊小学版（语文），2022（06）：45–47.

［12］刘徽．大概念教学：素养导向的单元整体设计［M］．北京：教育科学出版社，2022.

［13］郭元祥，沈旎．教育部义务教育新课程远程研修丛书：小学综合实践活动［M］．上海：华东师范大学出版社，2008.

［14］戴振锵．综合实践活动“五步法”考察探究的导学设计与策略［J］．综合实践活动研究，2018（12）：27–30.

［15］李秋霞．瞄准靶心：“考察探究式”研学旅行指导的策略［J］．教学月刊小学版（综合），2020（7）：86–88.

［16］林冲．“考察探究”活动案例的有效指导策略［J］．广西教育，2020（21）：41–42.

第五章
不只是结果：学习成果与学习评价

学习是否真实发生，既要看结果，也要看过程。学到了什么？学得怎么样？哪些素养得到了发展？发展得怎么样？指向核心素养发展的课堂在关注过程的同时，还要关注学习成果。学习成果是结果和过程的复合体。作业是学习结果的一种重要呈现方式，更是学习成果的重要表现样态。一方面，作业研究在朝向"改变思维"的"思维课堂"的引领下，呈现出丰富又多元的新样态；另一方面，作业与作品之间也呈现出全新的关联与互动。同时，如何契合新时代的要求展开学习评价，特别是作为学习过程核心的思维过程的诊断与评价，以及思维发展与必备品格养成、关键能力发展、正确价值观树立之间的关系与互动机制，更是任重道远的研究主题。

第一节
是作业，也是成果

⊙

学生如何评判自己的学习？通常，低年级的学生关注的是老师的表扬次数，高年级的学生以“作业有没有很多错误”作为标准。但是，老师和家长又以什么样的标准来衡量学生的学习呢？是试卷上的分数，还是成绩报告单上的“优秀”“良好”和“合格”？加涅认为，学习结果就是各种习得的能力或性情倾向，可以分为“言语信息”“智力技能”“认知策略”“态度”“动作技能”五种类型，并根据学习结果对学习做了分类，如言语信息的学习；和智慧技能相关的辨别学习、概念学习、规则学习和解决问题的学习；认知策略的学习、态度的学习和动作技能的学习。依据这一理论，大家不难发现，试卷也好，老师的观察也好，许多内容的学习和成果是无法用分数、等级来呈现的。“思维课堂”的特征之一，是在学生的学习成果样态上更强调以多种样式呈现所学所得。这里的“所学所得”包括但不止于作业、作品，应该具有更丰富的内涵和形式。由此，本节和大家一起来讨论作业、作品之间的关系，以及学习成果的意义。

一、作业样态的创新生成

2021 年，中共中央办公厅、国务院办公厅颁布了《关于进一步减轻义务教育阶段学生作业负担和校外培训负担的意见》，文件指出，“提高作业设计质量。发挥作业诊断、巩固、学情分析等功能，将作业设计纳入教研体系，系统设计符合年龄特点和学习规律、体现素质教育导向的基础性作业。鼓励布置分层、弹性和个性化作业，坚决克服机械、无效作业，杜绝重复性、惩罚性作业”。此项文件的颁布，促使作业研究在原有基础上进一步走向深入。随着我国基础教育改革从知识立意向能力立意和素养立意的转变，作业研究在朝向“改变思维”的思维课堂的引领下，呈现出丰富又多元的新样态。

作业是课程改革中不可或缺的关键，和教学实施、教学评价有着重要的关系。如何响应“双减”文件精神，设计符合学生年龄特征和学习规律，体现素质教育导向的作业？如何以作业为载体引导学生开展自主学习和合作学习，开发作业的过程价值和结果价值？这就需要不断地创新作业样态，激发学生的思考力、探究力和创造力。

1. 从单一走向多元

2019 年 9 月，面向杭州市上城区小学教师团队的作业设计调研发现，教师在作业设计中还是存在不少问题，如重结果轻过程，思维能力不够凸显，形式比较单一等。几年来，随着“思维课堂”研究在区域的推进，对课堂教学和作业设计的探讨不断深入，老师们在建构“思维课堂”的同时，各个学科的作业实践也呈现出百花齐放、精彩纷呈的可喜变化。

杭州市澎雅小学的吴诗琼、王珏茹、朱佳燕三位老师在教人教版小学英语五年级下册“Unit 3 My school calendar”时，将作业主题设置成“为学校活动制订计划（make a plan for school activities）”。在完成作业的过程中，学生首先需要调查本学期学校开展了哪些活动（do a survey）；然后制作专属校历（make a school calendar）；根据老师提供的阅读素材，展开对传统节日的拓展学习（research on traditional festivals）；以小组的形式选择喜欢的节日并制订计划，拍摄视频（make a video），说一说将为这个活动做些什么……；最后制定邀请函（make an invitation card），邀请全校的师生一起来参与投票（见图 5-1-1，图 5-1-2），进行评价（have a vote）。

图 5-1-1　学生作业：六一儿童节邀请函

图 5-1-2　学生作业：音乐会邀请函

学生在做这份英语作业时，更像是接手了一个有趣的多角色任务，有时是导演，有时是演员，有时是观众。他们要设计，要宣传，要表演，要评价，在过程中不仅巩固了知识技能，锻炼才干，还感受了独特的文化传统。学生在链接了真实的情境后，12 个月份的单词和重点表达句型的掌握不再是只靠背诵默写，而是通过多次运用，螺旋递进地复习巩固。结合了听说读写演各种语言实践形式，学生在“策划学校活动”的作业项目中，亲身经历调查、研究、分析、归纳、总结、汇报等过程，不断挑战自己的能力。在团队合作和交流中，他们用英语做事的能力得到提升；在自评、他评等评价活动中，他们学会调控、管理自己的学习。历时近半个月完成的这项作业，帮助学生全程参与学校丰富有趣的活动，在实践过程中让学生了解我国传统节日知识，“爱学校、爱家乡、爱祖国”成为学生真实的情感体验。

多样态的作业，可以是一张小报，一首小诗；可以是一张照片，一个方案设计；可以是一个音频，一个视频；可以是一个成长档案袋，一本研学手册；可以是一项小研究，一个小发明，甚至是一台戏，一个作品发布会……如

图 5-1-3 以小报的形式呈现了杭州市时代小学的一份科学探究作业，学生用时间轴的方式记录、整理人类探索太空的历史，在感受与体验科学发现中，尝试用艺术手段与科技知识相结合，进行创造性的表现。图 5-1-4 是杭州市崇文实验学校的学生以“‘保俶塔’到底有多高”为主题进行创新研究室成果发布，从他们身上解锁了创新研究的密码——发现问题、坚持不懈、学以致用。适当地改变原有的作业形式，唤起学生内驱力和积极性，不仅是形式的拓展，更是观念的更新和技术的迭代。

图 5-1-3　杭州市时代小学的科学探究作业

图 5-1-4　杭州市崇文实验学校创新研究室成果发布现场

2. 从结果走向过程

“思维课堂”的研究强调“学为中心”的思维发展，要让更多教师看见思维、诊断思维、矫正思维。传统的作业更多地呈现了学生知识和技能的掌握情况，发挥作业的巩固功能，但是要真正发挥诊断和学情分析的功能，为学生提供个性化教学与辅导，仅仅利用作业巩固知识、形成技能是远远不够的。作业设计中也要体现对学生发展水平的整体规划和对学生发展状态的清晰把握，让作业成为学生展现个人思考的平台，从而让教师利用作业了解学生的学习过程，实施学情诊断，改进后续教学。

以五年级数学课“三角形的面积”这一内容为例，以往的课后作业往往给出不同的三角形，让学生根据公式求面积。但即便学生能正确求出三角形的面积，看上去能够应用三角形面积公式解决实际问题，也不代表学生已经真正理解了面积公式的意义。在作业中，经常会出现学生求三角形面积忘记除以 2 的现象，原因在于学生对面积公式的学习仅仅停留在记忆水平。当老师调整作业设计，变成“三角形的面积 = 底 × 高 ÷2，你能解释为什么要 ÷2 吗？请你用画图、列式、文字解释等办法来说明理由”，学生会有怎样的变化呢？

这份作业提供了充分而又开放的解题空间：方法多样，学生可以在画图、列式、文字解释等方法中选择自己最擅长的表达方式；策略多元，三角形面积的探究方法和转化方法不一样， ÷2 的原因也就不一样。这些都给学生个性化的理解和表达提供了可能。图 5-1-5 是四位学生的作业：

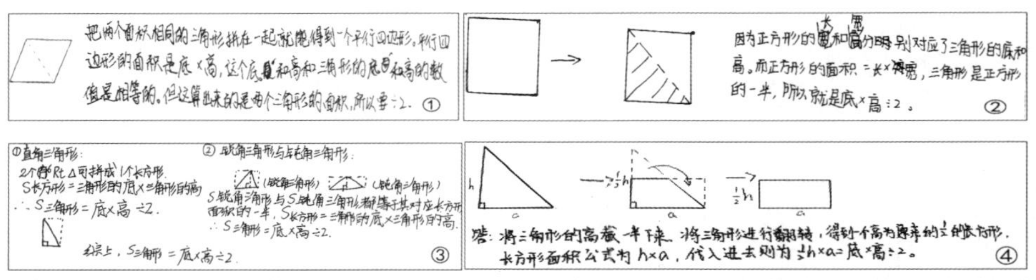

图 5-1-5　四位学生的作业

从图中可以看到，作业①把两个全等的三角形拼成了一个平行四边形，在文字解释的过程中，将三角形的底和高与平行四边形的底和高建立了联系，因为两者面积存在着 2 倍关系，所以求三角形面积要 ÷2。不过，语言表述中有不妥的地方，比如“把两个面积相同的三角形拼在一起”，我们知道“面积相同”并不等同于“完全一样”，不能确保拼成一个平行四边形，把“面积相同”改成“完全一样”更恰当。

作业②尽管没有提及等腰直角三角形，但是从图和文中都可以看出是以等腰直角三角形为例进行说理，但由于等腰直角三角形的特殊性，这样的说理有以偏概全之嫌。

作业③将三角形分类，分别从直角三角形、锐角三角形和钝角三角形三个角度来说理，比作业①和②更严谨。在说明直角三角形的面积公式时，采用“倍拼法”进行说理；锐角三角形和钝角三角形则从建立三角形与其所在长方形的面积之间关系的角度进行说理，说理的方法更多样。

作业④则采用了和作业①、②、③不同的说理方法，将三角形沿中位线剪开，转化成长方形。但是作业④存在的问题和作业②一样，用特殊的直角三角形代替了一般的三角形来说理。

通过对以上四份作业的分析，可以看到学生解题过程中的一些共性思路，也启发教师反思教学过程。在使用不完全归纳法时，需要渗透分类研究的思想，避免以偏概全。在小学中，由于受到学生知识体系和年龄特征的局限，教师往往采用不完全归纳法，这是一种从部分到整体、从特殊到一般的推理。一般认为，考查对象足够多，命题在不同特例中得到证实，那么它就可信了。因此，运用不完全归纳法进行推理时，应当引导学生思考怎样举例，所举的例子是不是具有代表性，会不会以偏概全。同时，平时教学也要更多地关注科学严谨的数学语言表达。

这样的作业不仅关注学习结论，更关注知识形成过程中学生对知识本质的理解。在作业设计中，教师要给学生提供思维表达的机会，也要学会利用作业进行教学诊断，为后续教学服务。

3. 从作业走向作品

所谓作品，是作者致力追求的一种目标，是智慧劳动的结晶，是自身价值的体现。从某种意义上说，作品更具有思考性、独创性和情感性。从作业到作品，不仅要提升作业品质，发展学生的核心素养，实现学生与作业的情感亲近，还要提振学生的学习自信。

比如综合实践活动课程中，杭州市凤凰小学周晓明老师布置了这样的作业："通过产品考察、资料查阅、材料收集、修改完善计划进行 LED 产品的设计和制作"。五年级的学生自行组建团队，融入秋天的元素，完成了 LED 灯系列产品的设计和制作，并在学校童创节上进行售卖。在完成作品的过程中，学生不仅学习了相关知识和技能，更懂得了劳动创造美好生活的道理。案例 5-1-1 是五年级学生形成的一份团队作业报告。

案例 5-1-1 “秋日物语”LED 灯创意设计与制作的成果报告（节选）

【实践过程】

第一步，设计构思。明确“用秋天的植物如松塔、芦花、狗尾巴草、银杏叶等做成 LED 灯，来留住秋天的美”的主题。

第二步，材料准备。灯具主体材料需要 LED 灯串、旧饮料瓶、奶瓶、硬纸盒、松塔、银杏叶、木棍等，装饰材料如芦花、梧桐叶、南天竹果实、栾树果实、狗尾巴草、野麦穗、麻绳、超轻黏土、铁丝等，使用的工具有剪刀、裁纸刀、老虎钳、胶枪等。

第三步，功能设计。以装饰为主，采用 LED 灯串进行制作，LED 灯串能发出比较柔和的暖光，适合营造温暖的氛围，刚好对应秋天的感觉。

第四步，造型设计（见图 5-1-6）。

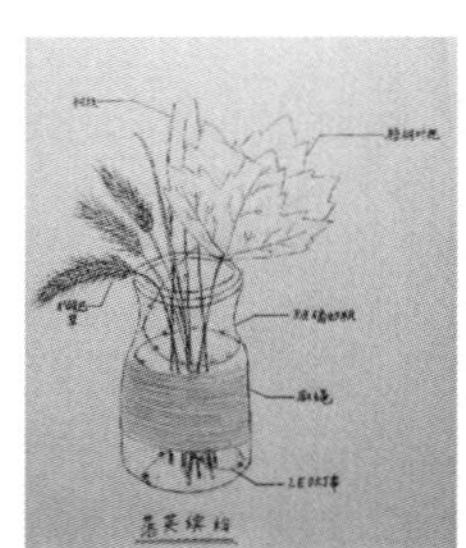

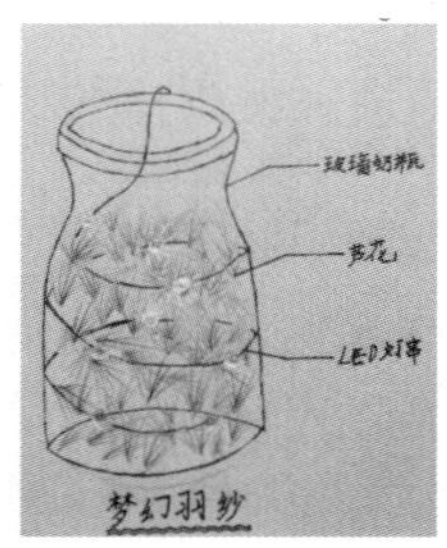

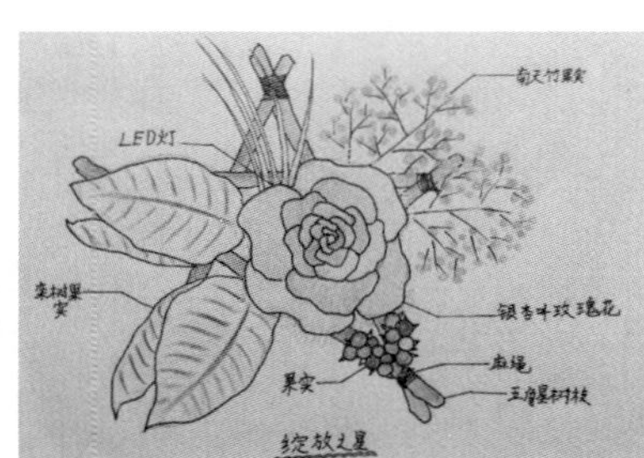

图 5-1-6　LED 灯的三种造型设计

【制作方法】

“落英缤纷”造型的制作：玻璃奶瓶中放入 LED 灯串，插入梧桐叶做的花，狗尾巴草做装饰，玻璃瓶外缠绕麻绳。

“梦幻羽纱”造型的制作：玻璃奶瓶中放入 LED 灯串，插入芦花做装饰。

“绽放之星”造型的制作：用银杏叶一层层粘成玫瑰花形状，木棍搭成五角星形状缠绕 LED 灯串，用胶枪把玫瑰花粘在五角星上，点缀以南天竹果实。

【问题改进】

我们为这些作品制作了海报，并进行宣讲。老师和同学们给予了许多好评和建议。但是，梳理反馈意见时，我们发现了一个很大的问题：因为牢固度不高、成本太高、制作时间长等原因这些作品无法批量生产，不适合在童创节上销售。经过讨论，我们又设计了另一款“秋日物语”系列花灯——银杏花束，设计图和产品如图 5-1-7 所示。

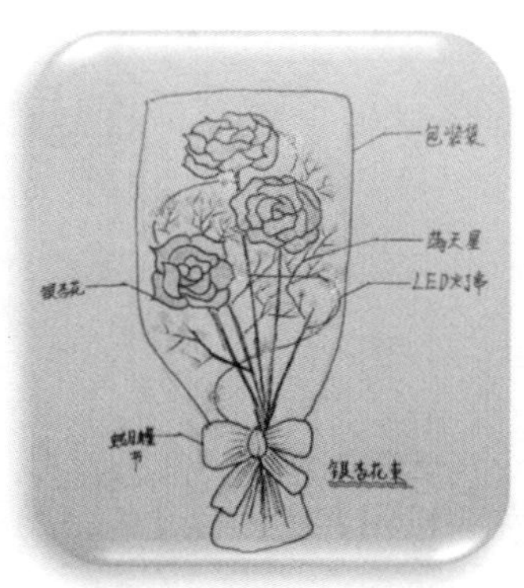

图 5-1-7 LED 灯银杏花束的设计图和产品

最终，“银杏花束”在学校童创节上被全校师生抢购一空，连校长都买了我们的花灯呢！

（作者：杭州市凤凰小学 501 班 黄小容；指导老师：周晓明）

链接 5-1-1 展示的视频就是杭州市凤凰小学学生介绍他们用秋天的植物做成的各种各样的 LED 灯。综合实践活动课程的作业设计有助于学生经历方案的设计、实施与反思的过程，综合运用所学知识和能力解决实际问题，并在这个过程中发现问题、分析问题、解决问题。从学生的作业报告和视频中可以看到团队对学习过程的规划与思考，对思维过程的探究和记录，对团队作品的实践和完善，对研究成果的呈现与反思，具有思考性、独创性和情感性。这项作业充分调用了学生原有的生活经验和学科知识，其思考探究与实践运用的内在逻辑清

链接 5-1-1
“秋日物语”小夜灯

晰，把知识应用在有趣的问题解决过程和发明创造中，真正体现了课程价值和实施导向。

二、作业设计的基本策略

“双减”文件明确要求“发挥作业诊断、巩固、学情分析等功能”。只有正确认识作业的功能，基于“思维课堂”前期的研究成果设计指向学生思维发展和能力培养的作业，才能使作业在课程改革的关键领域中发挥重要作用，成为培养学生核心素养的重要手段。核心素养导向下的作业改革势在必行，教师更应关心的是设计作业的具体操作。

1. 任务驱动，促进问题解决

一份好的作业，能充分调动学生的学习积极性，通过任务驱动，促使学生主动调用知识经验，从实际背景中提出问题、构建模型，从而解决问题。在完成作业的过程中，学生经历思考、探索、发现，思维得到了提升，能力得到了锻炼，也能充分体验到成功的快乐。设计具有挑战性，能引发学生思考的学习任务是作业设计的关键。学习任务所具有的情境真实性、任务挑战性、成果独创性能更好地驱动学生通过自身努力或团队合作，运用已有的知识和能力解决问题。

比如浙教版科学三年级下册要学习“蚕的一生”这一内容，科学老师通常会指导三年级学生开展养蚕研究。杭州天地实验小学的谢鸿锴老师想带领学生在学校建立一间蚕房，这个任务对于三年级学生来说有比较大的困难，此时恰好六年级学生在学习《工程与技术》单元。针对学生的真实需求，谢老师设计了六年级的项目化作业“设计建造蚕宝宝的‘宫殿’”（见案例 5-1-2）。

案例 5-1-2 设计建造蚕宝宝的“宫殿”

同学们，六年的学习生活转眼即逝，该到了留下自己毕业作品的时候了。三年级的学弟学妹们正在学习《蚕的一生》，他们想在学校建造一间蚕房用来开展养蚕研究。这间蚕房究竟如何设计与建造，对于他们来说有一定的难度，你们能以此为主题来设计制作自己的毕业作品吗?

这可是一项富有挑战性的任务，你们可以独立完成，也可以组队一起完成，希望你们尽可能地去尝试以下挑战：

1. 认真查阅相关资料，了解农村里养蚕的蚕房是什么样子的？需要具备哪些条件才会满足蚕宝宝的生长所需?

2. 学校蚕房计划建造在 A 楼三楼的走廊，如图 5-1-8 所示，蚕房长度不超过 6 米，宽度不超过 3.7 米，高度不限。请按比例缩小绘制设计图。

图 5-1-8　蚕房建造区

3. 利用身边的材料（如瓦楞纸、木条、扑克牌等），按照设计图制作一个蚕房模型。

4. 可将研究过程记录在记录单（见表 5-1-1）中：

表 5-1-1 设计建造蚕房学习记录单

设计建造蚕房	
查阅资料	蚕房是什么样子的？需要具备养蚕的条件？……
设计图纸	请标出具体尺寸
需要的材料	……

（谢鸿锴 杭州天地实验小学）

谢老师在设计学习任务的过程中充分关注到了情境的真实性、任务的挑战性和成果的独创性。

如何体现情境的真实性？让六年级同学为学弟学妹们设计建造蚕房作为自己的毕业作品。考虑到双方真实的需求，巧妙地将问题转化成了驱动性问题，更好地激发了学生的学习兴趣和内在动力，促使学生主动思考和探索，调用已有知识和经验并迁移运用到解决实际问题的过程中。

对于任务的挑战性，日本著名学者佐藤学曾提出："学校和教师的责任并不在于上好课，而在于实现每一个学生的学习权，给学生挑战高水准学习的机会。"教师设置的任务需要和学生的能力相匹配，同时又要有挑战性，学生能"跳一跳摘桃子"。通常这样的任务是非常规问题，学生之前没有解决过类似的问题，且不能立即解决。叶老师设置了分层任务引导学生借助团队力量进行探究性学习。通过查阅收集资料、绘制设计图、建造模型等活动，学生们在团队合作中经历了完成任务的整个过程，在思考和实践中运用学科知识和思维方式解决真实的生活问题。

怎样才能让成果具有独创性？完成任务的策略是多元的，结论是开放的，这就为学生创造性地解决问题提供了非常大的空间。学生采用不同的问题解决方案，让学习成果具有独创性。

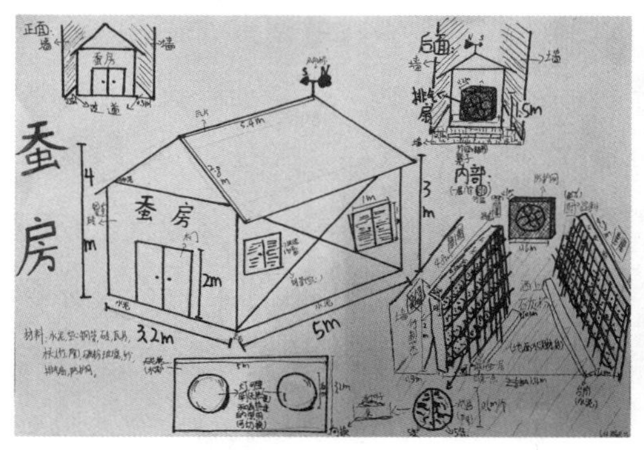

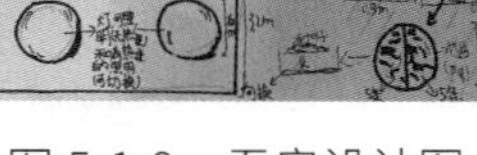

图 5-1-9　蚕房设计图　　图 5-1-10　蚕房模型

图 5-1-9 和图 5-1-10 呈现的是学生完成的蚕房设计图和制作的蚕房模型。学生不仅能展现想象的力量与思考的深度，在完成作业的过程中，高阶思维能力也得到了提升，解决实际问题的能力得到了锻炼，更为重要的是，他们体验到了学习能够服务于生活的成就感，感受到了学习的意义和价值。

2. 儿童立场，创设探索空间

如果作业在内容和形式上都能关注到儿童的心理特征和认知规律，变作业为乐趣，变任务为挑战，就能让学生更积极主动地参与其中，运用所学知识和能力去解决问题。

杭州市天长小学的鲍赛红老师在数学作业的设计过程中，经常思考：“面对同一个数学问题，儿童能否想出多种多样，甚至具有独创性的解决问题的方法和途径？”她结合学校研学活动给二年级学生布置了这样的作业：“杭州苏堤上有六座桥，哪两座桥之间的距离最近，哪两座桥之间的距离最远？”在鲍老师的指导下，学生们组队先讨论方案，再展开实践。学生创造性解决问题的方法让老师们也为之点赞。案例 5-1-3 呈现了学生们的部分探究成果。

案例 5-1-3　丈量苏堤（节选）

方案①：用时间测量距离。用相同的速度走苏堤。映波桥到锁澜桥用时6分22秒，锁澜桥到望山桥6分34秒，望山桥到压堤桥6分54秒，压堤桥到东浦桥6分20秒，东浦桥到跨虹桥2分57秒。望山桥到压堤桥的距离最远，东浦桥到跨虹桥的距离最近。

方案②：用杨树测量距离。苏堤边上种有杨树，每两棵杨树之间的距离差不多。映波桥和锁澜桥之间有85棵杨树，锁澜桥和望山桥之间有83棵杨树，望山桥和压堤桥之间有100棵杨树，压堤桥和东浦桥之间有81棵杨树，东浦桥和跨虹桥之间有31棵杨树。我们可以发现东浦桥和跨虹桥之间距离最短，望山桥和压堤桥之间距离最远！

方案③：用石条测量距离。堤边的石条基本一样长，石条越多距离越远。从映波桥到跨虹桥之间石条数量依次是465条、498条、539条、457条、215条，得出望山桥和压堤桥之间距离最远，东浦桥和跨虹桥之间距离最近。

方案④：用器物测量距离。借助器物的滚动就能测量走过的路程是多少，发现测量出的数据和用石条测量的数据惊人地相似。

方案⑤：用计步器测量距离。六座桥之间一共有5段，每走完一段记录步数，最后大家发现望山桥和压堤桥之间的距离最长，而东浦桥和跨虹桥之间的距离是最短的。

方案⑥：在地图上测量距离。利用百度地图上的相对距离的远近来确定实际距离的远近，这也是极为便利的。

（鲍赛红　杭州市天长小学）

鲍老师的实践至少提供给大家两个作业设计的思路。

首先是为学生提供了充分的探索空间。比较相邻两座桥之间的距离这一作业，为学生创设了自主探索的空间。作业目的并非为了得出两座桥之间的距离是多少，而是指向于建立比较的标准，选择合理的工具，将方案付诸实践以获得探究的结果。有的小组就地取材，石条、杨树都成了测量的标准；有的小组将路程的远近转化成了时间的长短，用一个量来度量另一个量；有的小组有了比例思想的雏形，借助地图解决实际问题。学生在寻求解决问题的方法中，构建自己的探究体系，解决问题，体验成功。

其次是给予学生丰富的实践体验。实践并不等同于操作，实践包括前期的规划和设计，操作的策略与方法，后期的评价与反思。思维课堂的作业设计倡导学生参与到多样化的实践活动中，在经历与体验中加深对知识的理解，在探究过程中发展学生的高阶思维。学生在完成作业的过程中经历了一个测量长度的实践过程。数学中测量是指用数据来描述观察到的现象，即对事物作出量化描述，从本质上说测量是对非量化实物的量化过程。学生们探究得到了 6 个方案，非常好地呈现出了学生对于测量工具精准度的体验和对测量本质的理解，这些都是基于学生丰富的实践体验获得的。最为关键的是，学生在实践过程中学会了用数学的眼光观察现实世界，用数学的思维思考现实世界，用数学的语言表达现实世界，这就是数学课程中要培养的核心素养。

“思维课堂”强调从学生的生活经验出发，创设自主探索的空间，让学生在已有的认知基础上理解知识，积极主动地运用学科知识解决问题，培养高阶思维能力。基于这一思考，“思维课堂”视域下的作业设计，要基于儿童立场，尽可能地丰富作业的探究性和过程的实践性。

3. 素养导向，聚焦关键能力

作业设计是一种有目的、有计划的行为。同一个内容，不同的教师进行作业设计，选择的素材会有区别，指向的能力目标可能不一样。因此作业设计的目标需要很清晰，教师应当坚持能力导向原则，聚焦学生的必备品格和关键能力。

素养导向的作业设计意在通过作业发展学生的核心素养，培养关键能力，但是并不意味着知识不重要了，相反需要在知识的巩固和运用过程中，更多地思考如何分阶段、有层次地聚焦关键能力的培养。知识学习和能力发展是一个相辅相成的过程，比如一份数学作业的设计，可以凸显阅读理解、探索发现、数学抽象、建模应用、推理论证、交流表达等关键能力中的一种或者几种，作业设计的目的清晰了，作业才有可能有的放矢。同样语文作业的设计，也需要围绕

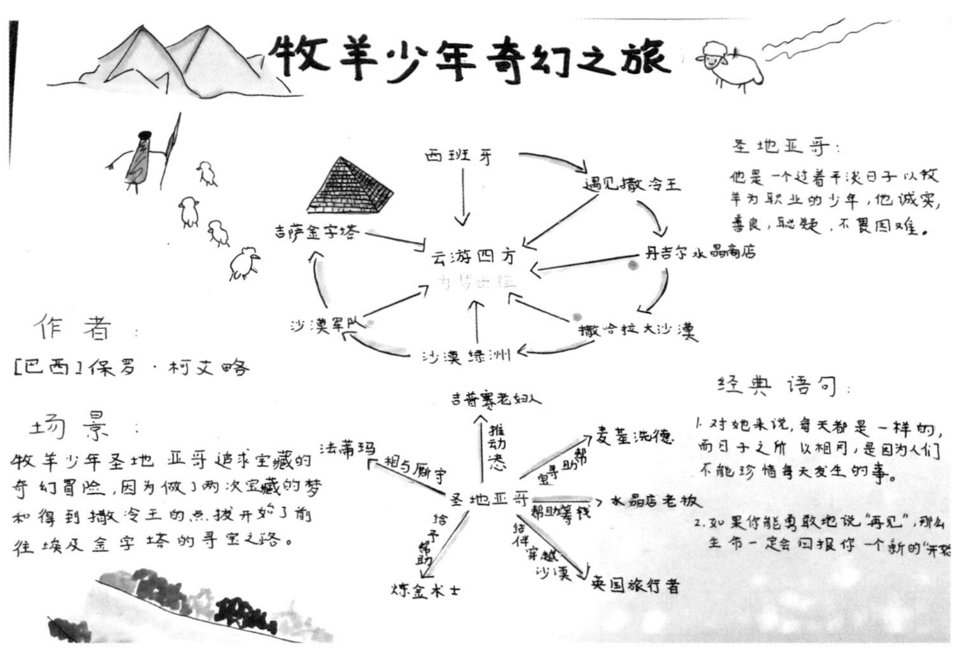

图 5-1-11 《牧羊少年奇幻之旅》思维导图

语文要素，准确把握作业目标，关注学生的高阶思维。

比如《写读后感》是部编版小学语文五年级下册第二单元的习作内容，也是该单元要着力达成的语文要素。写好读后感，不仅要概括阅读的内容、过程，还要清楚地表达自己在阅读过程中产生的感想；不仅要求学生的阅读能力，还有思考与表达能力，如此才能实现阅读能力和表达能力的双重提升。基于这样的理解，杭州市天长小学的陈佳妃老师设计了这样的作业：自主阅读一本书，通过思维导图梳理人物关系；或者摘录、梳理对读懂这本书有用的写作背景。

陈老师设计的作业着眼于每一个学生的发展，以运用为主线，关注每个学生个体的有效学习。学习任务富有挑战性，学生并不是简单地进行资料的搜集和摘抄，还要根据自己的阅读体验，运用选择、梳理、联结（联系背景读懂文章）、概括、整合等阅读策略来完成作业。

图 5-1-11 中，学生将牧羊少年圣地亚哥的“寻宝之路”以及“遇到的各

类人物”制作成两个简洁的思维导图，既根据主题梳理了书本内容，又概括出每个人物的出现对于推动情节发展和促进主人公性格养成的作用，如此一来，整本书的线索和作者写作目的都变得相当清晰。图 5-1-12 中，学生通过了解时代背景、作者背景，整理出一段文字来帮助自己读懂文章。这样的作业设计选择有意义的学习任务，蕴藏积极的学习机制，能使学生开展有效的学习活动，帮助落实语文要素，很好地发展了学生分析、鉴别、评价的能力。

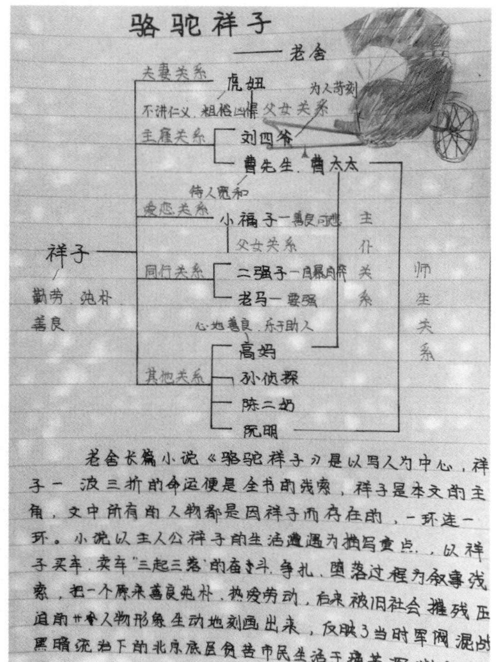

图 5-1-12 《骆驼祥子》思维导图

只有作业设计质量提高了，更好地指向于学生的关键能力和核心素养，去除机械的、重复的作业，强化“思维”的介入和转化，才可能使“减负”和“提质”双轨并进。

三、学习成果的意义建构

在教育学领域中，学习成果也被称作“学习结果”，是指人们通过学习所获得的可以实现人的各种行为的能力。素养导向下的学习关注学习过程，学习成果是结果和过程的复合体，作业是学习结果的一种重要呈现方式，更是学习成果的重要表现样态。但是，“思维课堂”的研究，让大家看到，学习成果不仅指学生所了解的知识内容，还包括学生能将知识内容应用于实际的能力以及可能涉及的价值观；不仅是学生学习成效的外化表现，还包括内化到心灵深处的历程；成果与学生真实学习经验联结性越强，离校后越可能继续存在，尤其是经过长期实践的成果，存续的可能性越高。学习成果导向下，教师有意识地进行多样态作业的尝试与研究，让学生多感官地参与学习，在完成作业的过程中实现思维与表达同步，形成富有个性化思考的学习成果。

为了解候鸟迁徙的规律，杭州市采荷中学八（22）班学生马宸柠同学请教了浙江省森林资源监测中心的鸟类专家，并参与了2021年度秋季的鸟类环志调查。在阮晨蒙、任康平两位老师的指导下，她完成了《环志队员的职业体验报告》，介绍了鸟类环志工作的概况和环志队员鲜为人知的工作细节。在这份报告里，体验计划，环志工作地点生态和环志工作体验的前期准备、过程以及体验结果的表述清晰、明了。难能可贵的是，小马同学特地在报告中增加了“结论与讨论”部分，袒露其心声：“候鸟的全球迁徙，由春到冬，由南到北，跨越几千公里，不惧艰难险阻，让人肃然起敬。环志队员们坚守理想，长期以鸟为伴，艰苦却不以为苦的精神，令人动容。这份弥足珍贵的坚守，不仅需要环志者的通力合作，也需要公众的广泛参与。我呼吁：如果大家发现了鸟环，请及时记录环上的全部信息，并将上述信息及时上报当地林业局或全国鸟类环志中心。”很多同学都觉得，这不仅是记录，也是启蒙，让大家如亲身经历一般地了解到候鸟迁徙志愿工作以及其他生物研究工作的酸甜苦辣。

这份学习成果给予老师的启发也是多维度的。首先，对学习成果的理解决定了学习的宽度和厚度，但是，它应该具有一定的向心性。其次，对于学习成果有效性的判断，要和思维的方式、方法、习惯、品质进行关联，要和必要的记录进行关联。此外，学习成果的意义建构不仅是丰富对成果形式的理解，要把认知策略、动作技能、价值态度都包含其中。如此，“思维课堂”对学校的教学管理提出了更高的要求。

杭州市凤凰小学在校园里专门设立了“作业博物馆”，博物馆分永久性收藏的馆藏收藏区和定期更新的年限收藏区，展出学科融合作业、阅读延展作业、“五行五育”创生作业、实践探究作业、学生个人成长作业等。设计巧妙的餐后智能测重系统、脑洞大开的陶瓷摆件、剪纸印花T恤、印有好玩slogan的陶瓷杯、十多万字的悬疑小说……这些都成了作业博物馆的馆藏。

“作业博物馆”的创办，不仅为学生展示学习成果提供了平台，还强化了学生通过日积月累的努力成为作家、画家、朗诵家、设计师的信心。

如今，项目化学习、实践性作业、跨学科融合的探究性作业等不同形式作业的实施，更好地激发了学生的内驱力和探究力，为学生提供了有意义、有价值的成长路径。素养导向的学习过程中，教师有意识地帮助学生进行学习成果的建构，让成果展示成为学习经历和成长历程的一部分。

“思维课堂”的学习成果，不仅是学生成长的“记录仪”，更是学生成长的“助推器”。“思维课堂”的研究，要让学习成果转化为对学生学习的激励和指导。正如华东师范大学杨向东教授所说：“当学生能够综合在不同学科或领域中形成的结构化知识和技能、学科思维方式和探究模式，以及价值观念，去解决现实生活中复杂的、开放的、陌生的、没有固定答案的问题和任务时，我们就看到了高水平的素养表现。”

第二节
学习中的思维诊断

⦿

学习诊断的常用方法是借助学生学习中的行为表现，如课堂参与、作业情况、考试成绩等，来评估学生学得怎么样，进而诊断学习中存在的问题。学习诊断不仅要关注结果，还要关注过程。学习过程的核心是思维过程，思维过程是内隐的，难以直接观察分析。并且，在多数情况下，思维过程的表现与学习行为的表现具有不一致性。例如，解一道数学题，学生写出来的解题过程都是从已知条件出发，一步步地得出结果，实际的思维过程可能是在理解题意的基础上，从问题出发，通过不断穿梭于问题与条件之间比较和分析，逐步形成解题思路，学生"写"出来的解题过程和实际"想"的思维过程有较大的不同。

思维诊断要更多地基于"想"的过程。对此，杭州天地实验小学的任敏龙老师曾以小学数学思维课堂为例，基于表现量规提出思维诊断与学教改进的思考（链接 5-2-1，扫描二维码即可观看）。但是，解决同样一个问题，学生的思维过程可能是多种多样的，成功与出错的原因也多种多样，要了

链接 5-2-1
基于表现量规的思维诊断与学教改进（以小学数学思维课堂为例）

解每一个学生“想”的过程，费时费力，还可能影响教学效率。而基于行为表现的学习诊断虽然不够准确，却胜在效率较高，更容易满足日常教学的需要。这就导致了学习诊断中对思维诊断的关注不足，研究不够，缺乏手段与方法，更缺乏量规。能否在“行为表现”的基础上，发现需要关注的问题，通过思维显化技术，形成“行为表现 + 思维表现”的量规，进而诊断思维，促进思维发展，这具有极大的意义。

一、思维诊断的工具开发

学校教育要促进学生核心素养的发展，促进学生必备品格、关键能力和正确价值观的形成。学科教育要发展学生学科关键能力，能力的核心是思维。不同的学科具有不同的学科特质，决定学科特质的除了学科内容，还有学科标志性的思维方式。如科学学科的实证思维方式、数学学科的抽象演绎思维。以实证思维方式为例，除了科学学科，其他学科也有涉及，但以科学学科最为突出，科学学科在这一思维方式的习得与养成上具有巨大的优势。由此可知，不同的学科其关键的思维方式方法是有所不同的，演化出的思维方式方法组合系统就具有明显的学科特质。

能力具有情境性，即学生在一个问题情境中表现出高能力，并不意味着其在另外的问题情境中也一定能表现出高能力，这取决于能力的迁移程度。同样，在不同的思维场景中，即使运用同样的思维方式方法，学生的具体表现及所能达到的思维水平层次也不尽相同。从方便教学的需求出发，教师需要两个系列的思维诊断工具，分别指向学教过程中的思维诊断与引导和发展评估的思维诊断与改进。工具开发主要包括任务设计和量规制定，特别重视让学生经历量规的制订或形成过程。

1. 指向学教引导的思维诊断工具开发

指向学教过程中的思维诊断与引导的工具，以新课教学的内容为载体，诊断在学科关键的思维方式方法的习得与养成中存在的问题。工具开发按下面的基本思路展开（见图 5-2-1）。

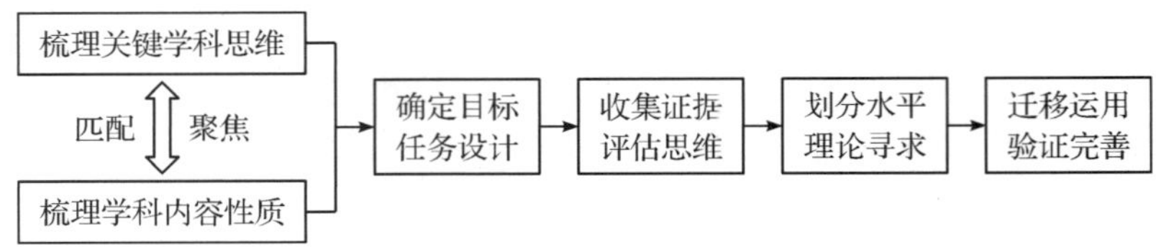

图 5-2-1　指向学教引导的工具开发流程

首先要梳理本学科涉及的关键思维方式方法，比如数学学科的抽象、推理、模型等思维方式以及转化、直观等思维方法，同时对学科的教学内容按其特质进行分类，如概念、原理、方法、应用问题等，进而把学科关键思维方式方法与学科特质教学内容进行匹配，如给以概念学习为主的课匹配数学抽象、给以方法学习为主的课匹配数学推理，等等，形成“思维 + 教学内容”组合，便于在课堂教学中形成聚焦，凸显某种思维方式方法的学习、诊断与养成。

第二步是根据思维能力培养与诊断目标，从与之匹配的学科特质教学内容中择取典型课例，设计学习任务，展开学习活动。

第三步是通过“行为表现 + 思维表现”收集证据，评估学生的思维发展水平。评估主要从两个维度展开：一是根据思维任务的完成进程，包括正确与否，完成到哪一步，等等。二是根据思维任务的完成效率，评估所采用的途径、策略与方法的好坏。

第四步是根据收集到的证据，通过适当的聚类，划分思维的水平层次，层次划分通常由低到高按“错误→部分正确→正确”排列，按方法的好坏、成果的优劣从低到高排列。同时对每一种水平的各种“行为表现 + 思维表现”进行清晰的描述。在此基础上，寻求适当的理论支持，以说明层次划分的合理性。

第五步是把基于典型案例研究得到的表现层次迁移到这一类“思维 + 教学内容”组合的诊断中，通过在新的学习情境中重新解释、验证表现层次，基于实践研究进一步修订和丰富、完善层次的内容表述，使之具有更好的普适性。

比如，研究得到“数学抽象 + 扇形定义”的思维表现量规具体内容如下：

层次一：用生活语言描述或图示。如：像打开的折扇一样的图形。画一个图，说这就是扇形。

层次二：要素不完备的数学定义。用数学的语言、不完备的定义要素来定义对象，但存在反例，即满足扇形定义的条件，但图形不是现阶段教学要定义的扇形。如：圆的一部分（反例，如沿弦剪下的部分圆等）→圆的两条半径和一段弧围成的封闭图形（要先定义弧，反例，如半径在弧上的两个端点不在弧两端，等等）。

层次三：要素完备的数学定义。通过不断地举反例，完善定义，排除反例的过程形成完备的定义要素。

层次四：语言组织良好的数学定义。经过整理使表达符合语意清晰、文义通畅、语句简洁、语言规范、逻辑严密、用词准确、形式丰富等要求。特别是语言的简洁，要求用最少的条件来定义对象，如“围成的封闭图形”中“围成”和“封闭”出现了语意重复。较好的表达，如：弧的两个端点和联结它们的两条半径所围成的图形。

层次五：概念的多样化理解与表达。如：以线段一个端点为圆心，旋转一定的角度（小于 360°），所形成的图形是扇形。虽然我们通常不采用这样的方式定义平面图形的形状，但这对于概念理解是非常有益的。又如：圆心角的两条半径和它所对的弧围成的图形叫扇形。这个定义简洁明了，但还需要先定义圆心角。

量规的建立基于“什么叫作扇形？”的课堂作业分析，采用“田野研究”的方法。首先根据教学内容“认识扇形”，聚焦“数学抽象”，确定“数学抽象 + 扇形定义”组合。进而设计学习任务：先给出一些扇形的实物图片，从中提取扇形的几何图形，提出“什么叫作扇形？”的问题。第三步，课堂教学中分三次让学生独立写扇形定义：第一次反映的是学生的原始认知，主要表现为层次一和层次二（个别学生采用旋转定义）；第二次是在第一次反馈的基础上，明确了反例的概念和有了下定义要排除反例的认知，经过交流研讨达到层次三和层次四；第三次是在给出圆心角概念后进行的，达到层次五。第四步根据收集到的证据划分表现层次，描述各层次表现，寻求理论解释，使它符合认知的一般规律，从不准确到准确（通过“给出准则—验证准则”的循环达到准确定义），从不够简洁到简洁，从单一到多样。进而，把这样的表现性量规迁移到“圆柱的认识”等教学内容，用同样的层次结构描述“数学抽象＋圆柱定义”的表现量规，展开思维引导与诊断，得到了基本相同的结果，验证了此工具具有较好的普适性。量规的使用促进学生习得和运用“下定义”的思维方式。

2. 指向发展评估的思维诊断工具开发

指向发展评估的思维诊断与改进的工具，主要以学后作业、阶段监测的内容为载体，诊断学科关键的思维方式方法的迁移与运用中存在的问题。工具开发按下面的基本思路展开（见图 5-2-2）。

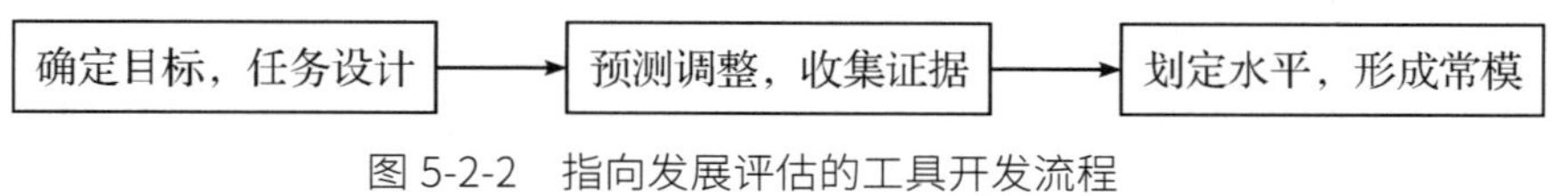

图 5-2-2　指向发展评估的工具开发流程

第一步，基于教学评一致的考虑，这一工具开发以前一工具为基础，必须包含前一工具中学生所能达到的全部水平层次。根据目标的不同，任务设计包括三个基本层面：平行性任务、变式性任务和拓展性任务。平行性任务是与新课学习内容相似度很高的学习任务，可以直接模仿。变式性任务是需要迁移运用已有的学习思维经验才能解决的学习任务。拓展性任务是指需要综合运用相关的学习思维经验完成的一个系统性学习任务。从设计技术来看，可以设计成不同的学习任务，也可以设计成一个整体任务下的若干个小任务。前者主要针对课堂思维任务完成情况的评估与诊断，后两者主要针对运用课堂中习得的知识、经验完成新的思维任务的情况。

第二步是进行小范围的预测试，根据测试结果，对照目标对任务进行修改调整，通过进一步测试确定学习任务，进而通过大样本测试，以“行为表现＋思维表现”的方式收集证据。

第三步是基于证据划定水平，根据统计数据给出常模。例如下面“数学抽象 + 计数问题”题的任务设计：

引导学生完成填空，并回答以下问题：

问题 1：图 5-2-3 中一共有______条线段。

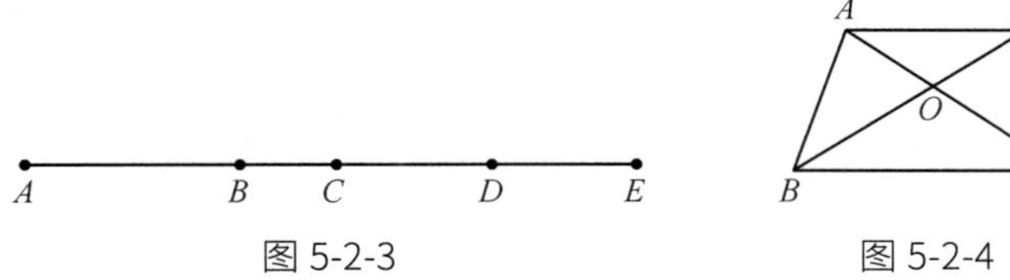

图 5-2-3　　图 5-2-4

问题 2：5 位朋友见面，每两人握一次手，他们总共握了______次手。

问题 3：图 5-2-4 中一共有______条线段。

问题 4：从前面 3 个小题的解答中你发现了什么？然后，请解释为什么会这样，并把想法详细地写出来。

问题 5：还有哪些问题是跟这些题相似的？你能举例吗？请写出来。

上例中，问题 1 和问题 2 是解决课本基本题，是平行性任务。问题 3 是解决变式题。问题 4 是基于具体问题进行抽象，抽取一类问题的共性和特点，问题 5 则是迁移，把抽象得到的模型用于其他的情境。

以上述任务作为诊断工具，面向全区，搜集到 2017 学年四年级下学期 3147 名学生的测试数据作为研究样本，得到表现量规（见表 5-2-1）。

表 5-2-1　“数学抽象 + 计数问题”思维表现量规

水平	水平描述	得分率
层次一	解决熟悉问题，即能正确解答问题 1、2	91.3%
层次二	解决不熟悉问题，即能正确解答问题 3	70.2%
层次三	抽取熟悉相近对象的共性。问题 1、2 是学生熟悉的题，问题 2 通常也会采用一个点表示一位朋友，用连线计数的办法来解决问题，学生容易抽取这两者之间的共性，如都是 4+3+2+1=10	26.1%

续表

水平	水平描述	得分率
层次四	抽取陌生相异对象共性。问题 3 是学生不熟悉的，学生需在解决问题的过程中认识到这三个问题本质上都是五个点，在每两个点之间连线，可以连得多少条线；或者 5 个字母，挑两个字母作组合，有多少种，等等	7.8%
层次五	将成果运用于其他共性对象。如“路上有 5 个车站，每两个站之间有不同票价，总共有几种不同票价？”等	5.5%

3. 让学生经历量规的形成过程

诊断要提高学生的自我评估与诊断能力，为发展学生的自我发展素养奠基。只有学生自己建构的东西才能真正为学生理解和灵活运用。因此，让学生参与量规的制订，亲身经历表现层次的形成和提取过程，是提高学生评估能力和参与积极性的好办法。让学生参与量规的制订，有利于在学习过程中实现有效的自我评估、自我反馈；基于对自己已有水平的准确评估，确立学习与思维进阶的目标；通过自我监控、自我调整的学习，不断取得进步，充分发挥评价的诊断、激励与发展功能。

让学生经历量规的形成过程，主要有两种形式：一是让学生直接参与量规的制订，二是让学生经历量规的“再发现”过程。

例如初中语文中名著《简·爱》阅读量规的形成就是第一种情形。首先由教师提供评分细则的框架：“成员参与度”“内容质量”“汇报创意”，然后向学生解释评分细则的内容。通过结合实际的阅读思维表现案例，进一步讨论、完善，形成评分细则（见表 5-2-2）。

表 5-2-2　学生讨论后细化的《简·爱》阅读思维表现量规

第____小组	评分细则	得分
成员参与度	1. 全员参与，分工明确（5 分） 2. 大部分参与，有分工（4 分） 3. 个别参与，无分工（3 分）	

续表

第____小组	评分细则	得分
内容质量	1. 阅读有深度，主题 / 情节 / 人物分析精彩，引人思考（5 分） 2. 阅读比较有深度，主题 / 情节 / 人物分析到位（4 分） 3. 阅读有一定深度，主题 / 情节 / 人物分析基本准确（3 分）	
汇报创意	1. 汇报时间 20 分钟左右，形式有创意（5 分） 2. 汇报时间短，形式部分有亮点（4 分） 3. 汇报时间短，形式很少有亮点（3 分）	
评价组		汇总

（任敏霞　杭州市清泰实验学校）

“数学推理＋探索规律”表现量规的形成则属于第二种情形（见案例 5-2-1）。

案例 5-2-1　“数学推理＋探索规律”表现量规的“再发现”形成过程

环节一：经历过程，感悟量规。

教师呈现教材，让学生操作、感悟。用计算器计算“1×1=1”“11×11=”“111×111=”“1111×1111=”“11111×11111=”，并寻找规律。提醒学生，可以借助文字、数字、算式、字母等来说明你发现的规律。

随后要求学生交流发现，把握关键。学生们发现的情形主要有 3 种：“从上到下，因数增加 1 个 1，积中间的数字也增加 1。”“第 1 个算式因数有 1 个 1，积是 1；第 2 个算式因数有 2 个 1，积中间的数字是 2……”“左边一个因数有几个 1，右边积中间的数字就是几。”

随后，教师引导学生认识到积是由因数决定的，而不是由它排在第几个算式决定的，算式的排列是可以变的，要用关键变量来描述规律。

接着进入“解释规律，厘清适用范围”的环节。学生在老师的指导下，先用发现的规律写出结果，并用计算器验证规律。

1111111×1111111=__________

__________×__________=12345678987654321

再想一想：为什么有这样的规律？师生通过列竖式解释为什么有这样的规律。课堂用小明写的式子“1111111111×1111111111=12345678910987654321（不用计算器）”引入，启发学生思考：他写对了吗？（不能用计算器验证）为什么？

接下来，学生需要准确表述，拓展探索：“你还有什么发现？”

环节二：提取量规，为迁移奠基。

想一想，在探索规律中遇到了什么问题？应该如何探索规律？引导学生提炼“数学推理＋探索规律”的表现量规：层次一，借助非关键变量表述规律，以第几个算式或排序为变量描述规律。层次二，抓住关键变量表述规律，意识到积的变化与因数的变化有关，用因数中1的个数描述规律。层次三，借助关键变量解释规律，抓住关键变量，能通过文字说明、结合字母表示、举例列竖式求积等办法解释为什么有这样的规律。层次四，厘清适用范围拓展探索，通过解释规律，意识到规律的适用范围——因数中1的个数要小于9，进一步规范规律的表达，进而探索范围之外的积的数字规律，如11111111111×11111111111……

（杨灿云　杭州市胜利小学）

以上案例中，杨老师根据已经研制好的量规引导学生学习，让学生经历量规引导的学习与思维进阶。在此过程中，教师引导学生反思学习思考过程，发现学习与思维的进阶，进而发现量规，掌握量规，为在今后的学习中用量规自我引导学习奠定基础。

二、思维诊断的操作实施

就像医生看病需要一定的技术支持，思维诊断也需要掌握一定的技术，在

此基础上，思维诊断要利用表现性量规进行分析诊断。另外，思维诊断还需要注意诊断主体的多样化，逐步提高学生的自我诊断能力。

1. 思维诊断的技术支持

思维诊断是一个发现问题、澄清问题、提出问题的过程。对照表 5-2-3 可见，发现问题通常始于观察到学生学习的外显行为，包括课堂观察技术和作业分析技术，进而通过思维可视技术和深度对话技术把学生内隐的思维过程外显化，以此澄清学生思维中存在的问题。最后，通过基于表现性量规的归因技术明确问题产生的原因，提出要解决的问题。

表 5-2-3　思维诊断的过程与技术

思维诊断的过程	思维诊断的技术	
发现问题	课堂观察技术	作业分析技术
澄清问题	深度对话技术	思维可视技术
提出问题	归因技术	

课堂观察主要包括面向全体的扫描式观察和面向个体、小组的定点观察。前者通过扫视全体学生的表情、神态来获取反馈信息，还要借助举手情况调查等办法来获取统计信息。后者通常采用取样法，如以困难学生为样本的底线估计法，以异质四人组为观察对象的层次估计法，都是经过实践检验的有效方法。通过课堂观察和课堂作业分析，需要确定哪些是需要分享的成功经验，哪些是存在的问题，对于存在的问题还要进一步分清哪些是个别问题、哪些问题具有一定的普遍性，个别问题需要进一步评估其复杂性，决定是当堂解决还是通过课后个别辅导来解决，具有一定普遍性的问题要当堂解决。课后作业也是如此，通过作业分析确定哪些问题可以由个别辅导来解决，哪些问题需要集体辅导。

确定了需要当堂解决或集体辅导的问题，就要通过深度对话，辅以思维显化技术来了解学生不同的思维过程，共享好的思路与想法，诊断存在问题，为形成准确的归因奠定基础。

深度对话的重要技巧是追问，包括回溯追问、因果追问、跟踪追问、发散追问、逆向追问等具体技巧。回溯追问常用问题是“你是怎么想出来的？”，以此挖掘学生真实的思维过程，包括如何发现问题中的隐含条件，如何分析条件与问题之间的关系、确定思考的方向、形成解题计划，如何在走上歧路时进行评价和调整，等等。教学要设法把这些隐藏着的因素挖掘出来进行充分的交流共享，从中受到思维策略的启发，积累活动经验，进而学会学习、学会思考。因果追问是最为常见也是最重要的技巧，如“为什么？”“错误的原因是什么？”“你怎么想的？”，它有利于洞察学生的思维方法和过程。跟踪追问就是顺着学生思路继续往下问，可以看到学生的思维能深入什么程度。发散追问的问题通常有“还有吗？”“有不同的想法吗？”等，可以看到学生思维的广度。逆向追问即是反问，“反之则如何？”，可以看到学生的批判思维和问题意识。追问还要善于选择合适的切入点，要特别关注学生回答中“亮点”“错点”和“疑点”，通过追问使真实的思维过程展示出来。追问还要注意主体的多样化，除了教师追问，还要注意让学生自己来追问，教师可以选择在追问难以深入时出手。

思维可视技术包括操作展演、思维导图等具体方法。操作展演包括角色扮演、作品展示、操作展示等，这在具体、形象、直观占优的学科领域或思维发展阶段尤为突出。角色扮演通常见于语文、英语等学科，包括课本剧、分角色朗读、配音等，侧重理解力、想象力和表现力。作品展示常见于音乐、美术、综合实践等学科，包括音舞表演、音美创作、展览与解说等，侧重想象力、创造力和实践力。操作展示常见于科学、数学、体育等学科，可以分成两种情形：一是通过具体操作来展示思维过程，二是通过操作活动的图示或符号化来展示思维过程。思维导图通常分成两个大类：一是通过发散性思考形成逻辑结构，这在写作、解题中较为常见；二是通过聚合性思考形成逻辑结构，常见于知识的系统整理。

深度对话的另一种形式是主题访谈，课堂中的深度对话是面向全体的，主题访谈更多是面向个体的，是为了更深入地研究某个问题，更深入地了解学生的思维过程和特质而进行的，包括了解性访谈和探索性访谈两种情形。了解性访谈是为了了解学生的实际情况，探索性访谈是为了探索更好地解决学教问题的方法。聚焦课堂的访谈设计和实施需要较强的问题意识、较高的专业敏感和一定的访谈技巧，通常包括四个步骤：第一步，聚焦问题，确定目的，准备访谈预案。第二步，课堂观察，调整方案，选择访谈对象。第三步，展开访谈，不断生成、发现（或验证）问题，解决问题。第四步，反思研讨，改进教学，促进共同发展。

归因技术包括自我归因和团体归因。自我归因主要是对自己成功或错误的原因进行分析，以错误归因为例，需达到两点基本要求。一是分析并写出错误原因，二是写出正确或较优秀的方法、思路。团体归因主要是借助团体的力量帮助学生进行归因分析，特别是某些具有一定共性的问题，包括三个基本步骤：步骤一是提供做法，表述相应的思考过程。步骤二是多角度分析原因，进行关联比较分析。步骤三是结合自身进行分析，确定主因。

2. 思维诊断的策略运用

分析诊断首先要发现问题或短板之所在，进而作归因分析。发现问题或短板的策略主要包括常模参照策略和经验预期策略。归因分析策略主要表现为学理分析与实践分析相结合。以“数学推理——除数是两位数除法”的思维表现量规为例，可见思维诊断的具体方法。把小明列竖式计算 845÷42 的过程（见图 5-2-5）作为量规内容，向学生提问：你认为他的计算方法正确吗？请说明理由。本题测试指向于“除数是两位数除法”的算理理解。聚焦数学推理（从算理到算法的推理过程），也可以作为新授课的课后作业。表 5-2-4 的样本来自全区参与 2018 学年四年级上学期质量检测的学生，样本总数为 3498 人。

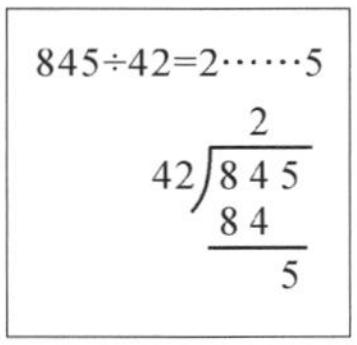

845÷42=2……5

$$\begin{array}{r} 2 \\ 42\overline{)845} \\ \underline{84} \\ 5 \end{array}$$

图 5-2-5

表 5-2-4 “数学推理——除数是两位数除法”的思维表现量规

水平	水平描述	百分率
层次〇	程序说理。计算法则属程序性知识，本水平表现为学生用除法竖式的计算法则来说明计算方法是否正确	22.4%
	结果说理。用验算的办法如 42×2+5=89 ≠ 845 说明小明的计算方法是错误的	11.8%
层次一	部分说理。十位上商 2 和个位上商 0 只解释了一个。如 84÷42，就是 84 个十÷42=2 个十，所以 2 写在商的十位上，与被除数的十位对齐	10.5%
层次二	完整说理。完整说明为什么十位上商 2 和个位上商 0	60.3%

常模参照的基本假设是：个体、班级、年级成绩与常模之间的局部差异与整体差异具有一致性，也就是说，如果班级的总得分低于常模，那么，从理论上来说该班各题的得分应一致低于各题常模，假如具有显著的不一致性（说明该题对班级总得分有正贡献或负贡献），如果是正贡献，可从中总结成功经验；如果是负贡献，需要认真分析、找出原因，加以改进。常模参照可以使用的统计分析方法包括标准分、总体比例检验等。

经验预期的基本出发点是：许多老师做出同样的经验判断具有统计意义。比如，老师们普遍认为学生的学习表现还有较大的提升空间，通过改进教学，层次〇中的程序说理和结果说理就可以有效避免。如果学生清楚什么是有效的说理，那么现在层次〇的这些学生中也有部分是能够说理的，只要他们正确理解什么是有效的说理。

学理分析包括基于数学理论和学习理论分析原因。从数学的角度看，程序说理犯了循环论证的逻辑错误——不能用算法本身来说明算法正确，说理要从算法遵循的原理出发，要完整、严密。结果说理是明显答非所问，这样只能说明结果是错的，计算的方法存在问题，但并没有指出小明的计算方法错在哪里，更没有说明为什么会错，因为错误的结果可以由不同的原因导致。

实践分析要从已有的教学实践出发进行归因。测试反映出教学中存在的重要问题：思维是一个过程，发展思维需要过程。在课堂教学中，教师想方设法让学生经历过程，但这到底要在学生身上落下什么，有没有落下，教师往往并不清楚，特别是后者，通过测试才知道说理的思维方式方法并没有很好落地。教学中存在两个大的问题：一是要让学生明确何为有效说理，要引导学生认真审题，要回答的不是计算结果是否正确，而是方法是否正确，说理要针对小明的方法，才是有效的。二是要让学生明确如何有效说理，要从运算原理出发说明算法为何是合理的，不能用算法来说明算法本身是合理的。

3. 提高学生的自诊能力

在诊断的操作实施中要注意学生自我诊断能力的培养，要做两方面的工作：一是让学生展开自我诊断，能基于量规更好。二是要引导学生借助师评、同伴评来评估自评的适切性，提高自诊能力。

例如，图 5-2-6 呈现的是关于小学语文阅读“提问”策略的评价结果，包含学生自评、教师评价两个层面的数据。

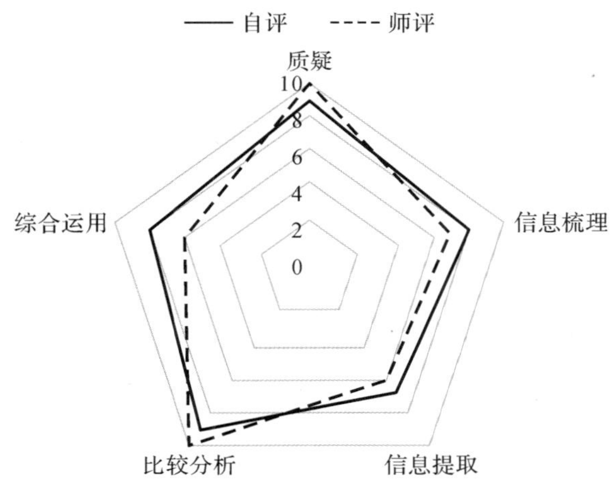

图 5-2-6　小学语文阅读“提问”策略的评价结果

学生发现，在某些方面，自评与教师评价的结果存在较大的差距，通过师生交流评估的依据和缘由，有利于学生更好地认知自己，提高自我评估和诊断能力。

提高自诊能力还要善于从同伴互评中学习他人的长处、发现自身的长处与不足。加强审辩式思维的培养有助于实现这一目的。“审”即“审问之”，是审慎，“辩”即辩证，辩证地看待问题。在“思维课堂”中，不同的思维水平表现为学生提供了辨析正误、好坏的机会，借鉴吸收同伴、老师的优良做法和思考方法。培养学生“审辩”的思维和相应的行为习惯，可以通过前后相继的五个步骤进行（见表 5-2-5）。

表 5-2-5　审辩策略的运用指南

步骤	内容	教师引导语举例	学生陈述语举例
1	有理有据地陈述自己的观点或解释自己的行为	“你的观点（做法）是什么？依据（理由）是什么？”	“我的观点（做法）是……，我的依据（理由）是……”
2	审辩地分析评价他人的观点和行为	“你怎么看？他的优点是……，问题是……，原因是……”	“我认为你的优点是……，问题在于……，原因是……”
3	审辩地分析并改进自己的观点和行为	“你认为你的优点是……，问题在于……，大家的观点对你的启发是……，你打算……”	“我的优点是……，问题在于……，大家的观点对我的启发是……，我打算……”
4	帮助他人审辩地分析、改进他们的观点和行为	“你对他有什么建议？”	“我建议你这样看待这个问题……，这样做可能会更好……”
5	对活动的过程和结果作反思与总结	“谁来小结一下，小结要注意……”	“综合各方意见，我们有下面的共识……”

三、思维诊断的结果运用

运用思维诊断的结果，可以对学生进行反馈激励，基于表现量规，便于搭建思维支架，促进自我引导的思维进阶，针对存在问题，展开思维的专项训练。

1. 基于结果反馈，发挥激励导向功能

思维诊断包括两个方面的内容：一是成功归因，二是失败归因。通过向学生反馈诊断结果，可以让学生明晰何以取得成功，期待下一次成功，因何失败，吸取经验教训，激励学生通过改进取得成功。图 5-2-7 是杭州采荷第二小学教育集团李潘迪老师班上的两位学生在《探索包装袋上的秘密》项目学习中的思维诊断结果反馈。

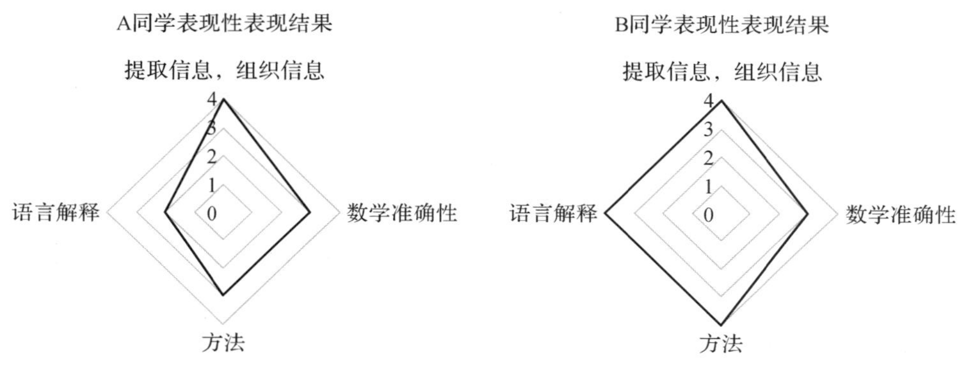

图 5-2-7 《探索包装袋上的秘密》诊断结果的个例比对

对照思维评估诊断的量规、各自作品和诊断结果反馈，学生就能准确、直观地把握自身的优点与不足，改有方向，干有目标。

2. 基于表现量规，搭建思维进阶支架

思维诊断的结果是要判明思维发展所达到的水平、存在的问题以及问题所在的思维水平，其根本目的是要根据诊断结果，促进思维进阶。思维进阶需要适当的支架，表现量规为教师搭建脚手架提供了基本的思考框架。主要有两种搭建支架的方法：

一是在课堂教学中，教师借助量规判明学生思维发展水平，把差异当成学习资源，收集不同水平的典型行为表现，按思维发展水平从低到高有序组织反馈，通过深度对话生成脚手架，使较高水平的思考为较低水平的学生所理解和接受，从而实现思维进阶，这种方法通常适用于单一学习任务。

二是教师通过预设或现场生成的脚手架促进思维进阶，相对适用于系列学习任务，从某种意义上来说，系列任务本身就是思维进阶的脚手架，是基于对思维诊断结果的预估做的预设。问题往往在于相邻两个水平之间缺乏有效的联结，需要通过适当的子任务序列或问题链来衔接。“Unit 10 If you go to the party, you'll have a great time! 2b”的教学中，紧紧围绕亲子沟通这一话题，设计问题链，为思维进阶提供支架（见表 5-2-6 ）。

表 5-2-6　Unit 10 2b 为思维进阶提供支架的问题链

思维类型	问题设计
观察与比较	1. According to the picture, what's the possible relationship between them? 根据这幅图，他们之间存在怎样可能的联系 2. Does the girl look happy? What happened to her? 女孩子看起来开心吗？她发生了什么事情
分析与推断	1. What do Laura Mills and Robert Hunt think of teenagers' problems and worries? Do they think the same or different? 对于青少年的问题和担忧，劳拉和罗伯特是怎么想的？他们想得一样还是不一样 2. Why does Laura tell us her story of losing a wallet? 劳拉为什么告诉我们她丢失钱包的故事 3. What does the word "understanding" mean in the passage? How do you know? "理解"这个词在文中表示什么意思？你是怎么知道的
归纳与建构	1. Can you give a title to this passage? 你能给这一段取一个标题吗 2. Which statement expresses the main idea of the passage? 哪一部分说明了这一段的主题思想

（李蓉　杭州市杭州中学）

3. 运用表现量规，自我引导思维进阶

学生掌握了思维的水平进阶量规，就能利用量规进行自我评估和激励，实现思维的自主进阶。案例 5-2-2 反映了如何引导学生利用量规展开自主学习，促进思维进阶。

案例 5-2-2　"阅读理解——圆锥体积"思维表现量规引导的自主学习

学生经过以前的自学，已经知道自学课本的四个水平：

水平一：复述信息。关注文本各部分内容，能简单概括并复述文本主要信息或模仿例题的解题方法解题。

水平二：关联信息。关注整个文本和文本各部分之间的关系，能用自己的方式解释部分之间、部分和整体之间的关系，形成总体理解。

水平三：揣摩思想。根据文本内容揣摩、推测解决问题的思想方法，感悟蕴含其中的智慧。

水平四：质疑创新。反思评价文本内容，形成自己的观点，探索形成创见。

教师借助预习单呈现学习要求：阅读课本，划一划关键信息；想一想，课本上的圆锥体积计算公式是怎么得来的；如果你会了，请你完成课后的习题；你还有什么问题？

课堂教学从学生评估自己达到的预学水平开始，按层次梳理自学成果。分别是复述信息，整理课本中的主要知识点；关联信息，解释文本之间的逻辑关系。

随后的环节指向思想揣摩。师生共同研讨以下问题：

怎么想到借助圆柱来研究圆锥体积？学生认为：我们学过计算体积的立体图形有长方体、立方体、圆柱体三种，从外观上看，圆柱与圆锥有更多的共同点，借助圆柱研究圆锥看起来更可靠一些。从图形的形成方式上看，圆柱和圆锥都是面的旋转形成的，长方体是面的平移形成的。

怎么想到要借助等底等高的圆柱来研究？什么决定了圆锥体积的大小？讨论认为：圆锥的体积由它的底面积和高决定。借助等底等高的圆柱来研究圆锥，就对底、高这两个变量实现了控制，只要关注体积这一个变量就可以了。

最后，师生研讨指向质疑创新的问题：除了用实验的方法研究圆锥的体积，还有其他的方法吗？实验有误差，没误差的方法有吗？圆锥的体积公式还有哪些应用和推广？

（任敏龙　杭州天地实验小学）

上例中学生经过以前的自学，已经知道自学课本的四个水平。教学从唤起学生已知的数学“阅读理解”表现量规开始，到学生按量规自我评估学习，通过自我激励建立学习目标，通过交流研讨促进自身水平进阶，教师作为组织者、合作者成为课堂的平等参与者。

4. 聚焦发现问题，展开专项思维指导

思维是可以训练的，认为外在行为的变化可以影响心理结构，这是具身认知的观点。各个学科都有一套自己的思维训练方法，基于诊断发现的问题，在查漏补缺的基础上进一步提高学生的思维能力。专项指导通常涉及两个维度：一是关于思维方式方法的习得、养成与运用，二是培养良好的思维品质。

表 5-2-7 的实例针对阅读中诊断发现的问题，借助下面评价表的训练，促进了阅读策略习得与运用。

表 5-2-7　阅读策略习得与运用评价表

活动	评价问题	自评	组评
策略应用	· 略读策略 Q: 你在阅读时是否应用了略读策略来了解文章大意		
	· 精读策略 Q: 你在阅读时是否应用了精读策略来获取细节性信息		
	· 词义理解策略 Q： 你在阅读时是否采用结合上下文理解、寻找同义词、根据构词法等方式来猜测生词词意		
	· 中心提取策略 Q： 你在提取文章大意时有无运用首位句、高频词法等策略		

（吴婷婷　浙江师范大学附属杭州笕桥实验中学）

借助上面的评价表，可以帮助学生保持阅读过程中的策略“觉醒”状态，通过评价，促进不间断的反思改进，取得持续的进步。

学习中的思维诊断是个技术活，从工具研发到操作实施、结果使用，均非易事，尤为欠缺的是方便好用的思维诊断工具。用量规导教、导学，借助量规，教师可以在教学中搭建支架，学生可以自主生成支架，促进思维进阶。进而基

于量规，教师可以来评教、评学，从而促进教师的专业成长和学生的素养提升。

参考文献

［1］中共中央办公厅、国务院办公厅．关于进一步减轻义务教育阶段学生作业负担和校外培训负担的意见［Z］.2021.

［2］胡晓敏．教学中应用“不完全归纳法”的问题与对策［J］．数学学习与研究，2011（10）：53–54.

［3］刘恩樵．从“作业”到“作品”——优化作业设计提升学生语文素养的实践探索［J］．江苏教育（中学版），2013（10）：41–42.

［4］中华人民共和国教育部．义务教育数学课程标准（2022 年版）［S］．北京：北京师范大学出版社，2022.

［5］申天恩，张思量．成果导向教育理念中的学生学习成果表达与评量［J］．黑龙江高教研究，2021（8）：31–37.

［6］杨向东．以科学探究为例看素养与知识的关系［J］．基础教育课程，2018（3）：19–23.

［7］任敏龙．例说能力导向的纸笔测试命题与学生发展水平评鉴［J］．小学教学（数学版），2020（02）：8–14.

［8］任敏龙．引导深度数学阅读　促进学生智慧成长［J］．小学数学教师，2020（07）：92–96.

第六章
不只是流程：学习场域与教研转型

课堂中，学生的学习收获和思维成果，是来自预设流程的实施，还是源自目标的驱动？抑或是学生、教师以及他们的对话所产生的作用？还有哪些因素在影响学习和思维？这些因素如何关联，如何交互？从场域的视角审视课堂，教师需要更全面地了解课堂中与学生思维发展息息相关的众多要素，并且去驾驭、运用这些因素来影响学习。“思维课堂”的研究，倡导教师的自我革新、教学思维方式的不断优化。本章第一节介绍了“思维课堂”教学范式的架构、应用，以及从范式创新而来的四种课型。第二节则阐述了教师应当具备的四种教学思维，以及助推教师教学思维转型的教研新方案。

第一节
环节是可以改变的

⊙

大多数学生认为提升写作水平需要长时间的积累和实践，但是孔晓玲老师曾经做过这样的尝试，在中考前 9 天的课堂上告诉学生：提升中考作文只需要一堂课。这引起了学生们的疑惑，也激发了他们极大的兴趣。

“看视频就能提高你们的习作水平。”孔老师播放了短片《灯塔》，再引导好奇的学生梳理视频中用到了哪些材料。很快，学生们在讨论中发现：“升格材料格局是提高习作质量的最佳途径。”

学生在与视频、教师和自我习作的对话中逐步探究出优秀习作的结构特征以及结构升格的技巧、语言提升的技巧。如此，借助视频展开的对话与探究逐步深入。学生在课堂的动态生成中完善了自己的习作成果。更重要的是，他们尝试运用“升格技巧”回看了自己以往最成功的习作，还发现了可以修改和提升的空间。

面对这样的一堂课，学生始终兴趣盎然。他们运用概括、对比、迁移等思维，提炼出优化习作的方法，如习作材料的选取要有格局，习作的结构要避免平铺

直叙，语言表达要结合多种修辞，还要紧扣观点……

在这样的课堂上，视频、习作、学生、教师以及对话的过程、思考的结果，都是推动课堂教学、推动学习必不可少的因素，如此，指向思维品质发展的学习场域就此形成，并且产生了积极的影响。“思维课堂”研究期待的就是这样的课堂：不一定完美，但学习就在多种因素的互动中，真实、有效、持续地发生。“思维课堂”研究的目的，就是要解码课堂学习与思维发展之间的关联和规律。

“思维课堂”的研究从找到“思维课堂”的特征开始，希望改变传统的课堂样态，研发可推广的思维指导教学案例和工具，探寻可借鉴的课堂变革典型经验，在提升学生思维品质的同时发展学生核心素养，转变教师教学思维，建构理想的课堂样本。

一、提炼一个范式

分析了大量课例，经历了从观察分析到特征提炼，从范式建模再到应用验证的研究，基于“转化逻辑”和“教育理论与实践如何交互生成”等核心概念，借助“思路转换”，“思维课堂”的教学范式得以提炼（见图 6-1-1）。范式的推广，帮助教师明晰课堂场域中与学生思维发展相关的众多要素并构成更整体、更有效的循环。

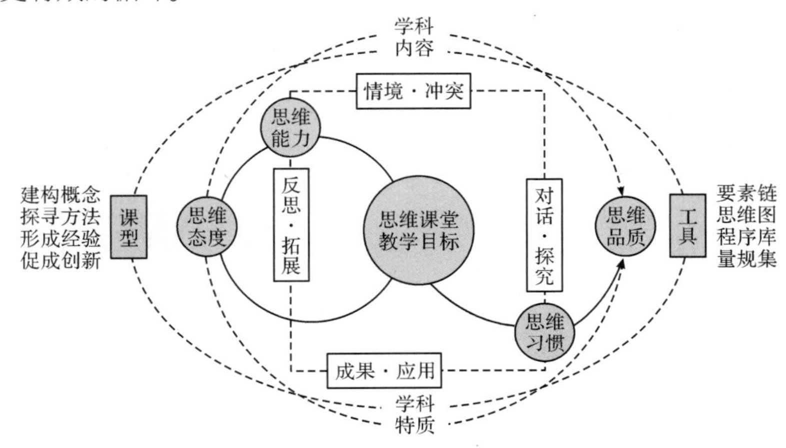

图 6-1-1 “思维课堂”教学范式

链接 6-1-1
三年级地方课程
《让杭州更清洁》
线上学习微课

《让杭州更清洁》是杭州地方课程《最忆杭州》三年级的一个内容，指向杭州的环境治理，希望学生了解杭州在“垃圾分类”等方面采取的具体措施、取得的成就及存在的问题，学会有方法地做好垃圾分类，积极参与到杭州为推进可持续发展所做出的努力中来。链接 6-1-1（扫描二维码即可观看）呈现的是杭州市教育科学研究所附属小学朱萍萍老师录制的地方课程线上学习微课。从中，也可以看到范式的牵引作用。

首先，课堂从“小俊该怎么处理生日聚会留下的垃圾”这一情境引入，让学生先了解浙江省垃圾分类标准，再想办法分类处理垃圾，师生在对话中共同总结出类比、推测、分析成分、排除等方法。课堂有机融入支付宝中“垃圾分类指南”的小程序，针对“零垃圾生活”挑战任务，建立了挑战平台，鼓励学生联系生活，自主探究，在生活中探究、总结、分享垃圾分类和垃圾减量的小妙招。

从朱老师的线上课程中可以看到，从要素多元且立体循环的“思维课堂”教学范式出发，可以创生出多种课型和工具，推动课堂成为提升思维品质的学习场域，实现了义务教育全学段全学科的课堂重构，找到了学科学习与思维发展并举共生的突破口。

要说明的是，“思维课堂”教学范式对“课”的界定是针对学习进程而言的，不以时间为唯一标准。因此，课型的实施可能是通常意义的一堂 40 分钟的课，也可能是一个项目学习过程中的某个环节。

1. 把思维嵌入目标中

处于范式核心位置的是“思维课堂”教学目标，包含学段目标和课时目标，它们既要推动学科知识的学习过程，又要促成学生的思维发展。

调研发现教师对这样的目标设计有一定压力。但是，如果了解义务教育阶段学生在各学科学习中常用的 28 种思维活动（见表 6-1-1），从教学指导的预期视角提取与之相关的学生行为表现，形成思维发展的要素序列，目标设计就变得有迹可循了。

表 6-1-1　思维要素与表现

思维要素	通过指导可预期的思维表现
理解	认识事物本质，能用自己的话表达出来
分析	把复杂事物分解为简单要素，把整体分解为部分，把过程分解为片段，化动态为静态，找到事物特性或实质
概括	综合并提炼事物的共同点、本质及特征
表征	用语言、符号、公式等反映事物
抽象	能抽取同类事物的本质特征，并合理舍弃非本质特征
再现	依靠已学的知识或以往的记忆解决问题或完成任务
逆向	从事件的结果或反面进行思考
侧向	借助相关领域或旁支信息得到启示
递进	确定目标步步深入的思维方法
分解	从一个问题的各个部分及其相互关系中寻找答案
归纳	从多个具体事件或实例中，找到结论或发现共同规律
演绎	把已知规律用于理解具体个案或解决问题
聚焦	凝聚核心的思维，省略或跳过次要的，直抵终点或重点
综合	把多种思维方式结合起来运用
关联	发现中间环节或桥梁的思考
类比	把事物分门别类进行对比，寻找其异同及本质特性
迁移	主动、准确地应用原有知识、经验或技能
辩证	以变化发展的视角认识事物，洞察事物发展规律
推理	在分析、判断的基础上推导出结论
假设	提出未经证明但又合理的构想
求证	用掌握的知识和经验去验证某一个结论
想象	把原有形象进行加工形成新形象，是由此及彼的思维
转化	转换形式，使问题变得更简单、更清晰
统整	把握事物的全貌，统摄推论各个环节
求异	探求多种答案、多种途径或者更多方法
质疑	能发现并提出问题

续表

思维要素	通过指导可预期的思维表现
反思	通过复盘、自省发现遗漏、失误及经验，寻求更佳方案
创造	重组已有经验和知识，再造新事物或新观点

要素链为教师提供了制定“思维课堂”教学目标的重要依据，可以有效帮助教师基于范式和课型，贴合内容和学情，更精准地设定目标、设计教学。下例是杭州娃哈哈双语学校王璇老师执教八年级上语文《中国石拱桥》时，两次设计的教学目标。

案例 6-1-1 八年级上语文《中国石拱桥》的教学目标对比

初次设计的教学目标	嵌入思维要素的“思维课堂”教学目标
1. 把握中国石拱桥的特点 2. 能说出各种说明方法的作用 3. 体会本文平实严谨的语言特征	1. 提取不同石拱桥的关键信息，概括并表征其特点，综合成有价值的观点 2. 找出并说明文中运用说明方法的实例，能迁移到作业中 3. 对比两个课外语段，分析写法与语言风格的异同

通过以上目标的对比，可以发现嵌入思维要素的“思维课堂”教学目标，体现了至少四个方面的学习指导：一是学科融入，以学科教学内容为载体，以学科教学方法为途径，在实现学科教学目标的同时完成思维能力培养和思维品质提升。将“把握中国石拱桥的特点”的笼统表述，转化为借助“提取”“概括”“综合”三种思维形成观点的学习路径。二是层级递进，把握各个年龄段孩子的思维发展特点，遵循儿童的思维特征，避免“拔高难度”“强化操练”。例如，从“能说出各种说明方法的作用”递进为“找出并说明文中运用说明方法的实例，能迁移到作业中”。三是具化操作，即目标可以操作，且能指导操作。对学生来说，“体会本文平实严谨的语言特征”是一个大要求，如何体会，体会到何种程度都比较模糊。而“对比两个课外语段，分析写法与语言风格的异同”的教学目标，明确了“体会”的方式、内容和过程。四是预设评估，体现

思维的可视化和教学的成果化，指导教学推进的同时也作为评估教学的依据。以上“思维课堂”教学目标中所提出的“观点”“作业”“分析异同”即学生思维的成果，且为个性化的成果形成留足了空间。

如此，“思维课堂”的要素链，帮助教师整体把握学生思维发展的层级性和全面性，保证范式在不同学科、学段的实际应用中灵活应变，灵动生成。

2. 优化学习进程和结果

和目标相连形成曲线的是学生在课堂学习中的思维态度、思维能力和思维习惯。同时，学科内容和学科特质决定的学习进程与这条曲线相融并进。二者相合，整体提升个体思维品质，这也是“思维课堂”的育人方向：优化学科学习进程和结果，提升学生思维品质，发展学生核心素养。

对教师来说，如何让思维真正发生于每一堂课，还需要提出具体可操作的实施路径。“思维课堂”教学范式提出了四个可以变序实施的基本环节，分别是“情境 · 冲突”“对话 · 探究”“成果 · 应用”“反思 · 拓展”。

“情境 · 冲突”是依据教学目标和内容，抓住思维发展的核心点，联系学生已有经验，创设能够使学生产生认知冲突的“两难情境”或者看似与现实生活和已有知识、经验相矛盾的情境，促成学生的认知冲突，激发思维动机。对学生而言，这是触发灵感的前提；对课堂而言，这是真实学习的启动。

对教师而言，必须认识到这一环节是否有效，关键看学习是否发生作用，学习者能否对知识主动加工。

以生活应用为策略创设情境，可以将学习内容嵌入生活事件，引导学生运用思维、主动学习并应用知识。如综合实践活动课程中的《旅行攻略的设计》，需要学生具备多学科知识和能力。又如，小学数学比较两个不同形状的花坛大小，引出的平行四边形面积计算公式的学习。以问题解决为导向设计情境，可以引导学生提出问题、预设方案来灵活解决问题，并呈现解决结果。例如小学语文解析同一内容不同作者的写法有何深意，小学数学超市购物场景中的钱币计算和消费预算方案制定等都为能解决问题提出了新的思路。

通过成果逆推的思路同样能创设情境。让学生大胆预设学习成果，并从结果逆推，自主设计学习内容和进度。例如小学艺术《贝多芬作品年鉴》以策展项目为结果，规划一个主题的学习；初中历史与社会《公民的权利和义务》的学习，从预设成果《杭州市 48 小时常态核酸检测的优化策略》来重组学习材料，也是很好的例子。

“对话 · 探究”的环节是以促成探究为导向，组合能够激活思维的材料，以问答、讨论、辩论、例证、演讲、表演等多样化的方式，实现有思维进阶的对话，对知识进行有意义的建构。这一环节强调学生与同伴、与老师、与文本的思维互动。因此，教师不能僵化使用教材，要把课本、生活转化为探究内容，在课堂中推动合作探究，讨论质疑，鼓励学生把所学知识应用到解决实际问题的过程中。其关键策略为建构平等的对话氛围，包括合理的候答时间、发展导向的理答方式等，同时倡导教师个性化的操作，例如在教材解读基础上重构对话材料，以多样方式组织探究等。

“成果 · 应用”的环节，不单纯是为了形成成果，而是希望学生在这个过程中能生发解决问题的思路、方案或作品。这就需要教师引导学生对已有知识进行回顾、整理、再建构，从而形成有框架的结构性体系。此外，教师要充分认识到，“成果”，并不一定是实物、文字等可见的东西，迁移原来掌握的方法找到新的方法，沿用以往的经验生成新的思考，优化已有的作品创造出新的物化成果，都是难能可贵的。为了促成学生在课堂中的创造性思维，教师可以帮助学生设想基于学习内容的成果，并从发布的角度进行预设和逆推，以审视的视角去发现问题的归因，找到问题解决的方案，从而有系统地规划自己的学习进程。这一环节的实施策略重在引导、启发，尽可能利用有利因素改变学生被动接受、死记硬背或机械训练的消极状态。

“反思 · 拓展”环节的实施，旨在引导学生复盘学习过程，展示并检验思维收获，在举一反三中促成思维的持久发展。从思维发展的角度来说，反思不是怀疑一切，否定一切，而是自觉展开思考，寻找更佳的解决方案，其关键表现为主动、求真、独立、创新、多元。“拓展”在这一环节更多指向学生，希望他们在与同伴充分交流和互相评价的基础上，发现有价值的选题，实现自主规划并完成任务。其关键表现是乐于创新，关键策略是拓宽学生视野，创造条件，让学生尝试跨学科、综合化的思考。

3. 教学流程的变与不变

提出“思维课堂”教学范式，不是要让所有课堂变成一个模样，而是提出一种课堂变革的探寻路径，让教师在理解、应用的过程中发现课堂变革的方向、方法，优化、升级为更理想的课堂场域，促成学生更深度、更有思维含量的学习。可以说，范式提出的是一种操作思路：遵循学习规律，变序实施环节。“情境 · 冲突”“对话 · 探究”“成果 · 应用”“反思 · 拓展”四个环节，可以依序实施，也可以因需调整先后。如此，范式为不同学科预留了应变空间。

例如，“情境 · 冲突”环节，数学、科学等学科更注重与学习内容匹配的情境创设，而语文、英语学科的设计比较强调冲突；再如“总结 · 拓展”环节，根据学习进程和思维发展的需要，可以作为一堂课的最后阶段，也可以是新课的起始。

本节开始所讲述的案例《中考作文升格》中，孔晓玲老师立足中考前 9 天这一时间点，按照基本顺序实施教学流程（见图 6-1-2），有效改变传统教学过程中学生被动接受的消极状态，让学生更加主动地参与思维交流，更加乐于探究实践。

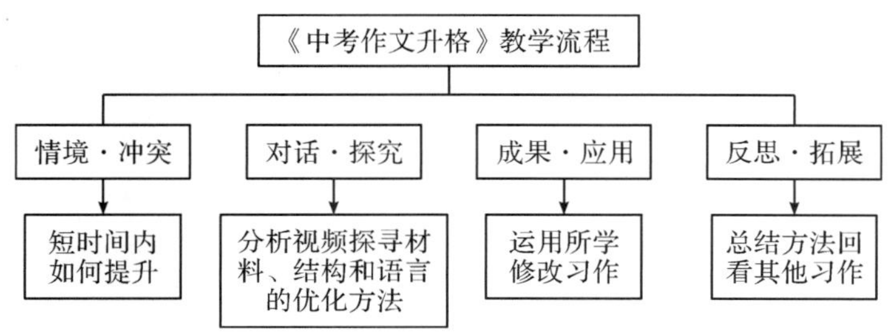

图 6-1-2 《中考作文升格》的教学流程

同样是九年级的语文课，王璇老师在教学《范进中举》的时候，在课的初始环节，让学生分组展示自选画面的定格表演。随后引导学生从“辱骂”中胡屠户的嚣张、范进的麻木，“巴掌”中胡屠户的紧张、范进的疯癫，“平襟”中胡屠户的讨好、范进的神气，感知人物的性格特征。随后引导学生用一句话说明人物内心独白，深度体会人物性格缺陷。这时，教师提出问题“范进会是一个好官吗？”，让学生推理分析，最终引导学生反思作品主旨，检索并应用“漫画式夸张”的写法。以定格表演、揣摩独白展开“成果 · 应用”到“对话 · 探究”的过程，再以问题“范进会是一个好官吗？”引发“情境 · 冲突”，二次实施“对话 · 探究”环节，引导学生探讨作品主旨，发现讽刺小说“漫画式夸张”的写作特点，以检索和应用这一写法落实“反思 · 拓展”环节，这样的变序是贴近学生、重组学教方式的再创（见图 6-1-3）。

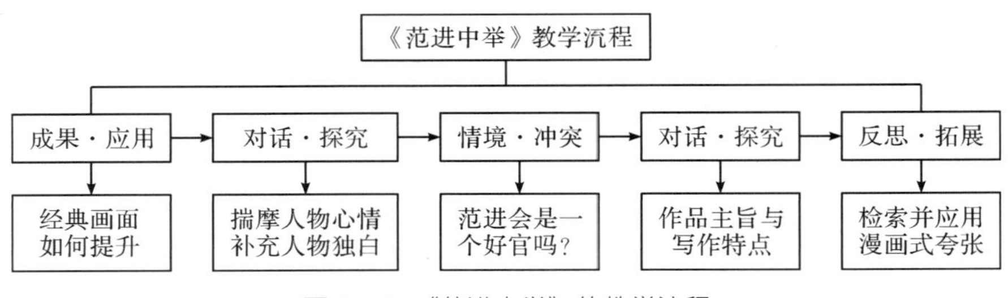

图 6-1-3 《范进中举》的教学流程

如何掌握变序的密码呢？前提是教师要意识到，范式是为促成学生的思维发展而设计的，必须建立“全面中促个性”的发展意识，强调学生思维品质的发展，但不以此为唯一目的，更希望引导学生全面又个性地成长，通过二者相融互促，以塑造理性精神、激发求真意识、培育健全人格。

同时，教师要整体认识范式各要素之间的关联，建立“融通中重建构”的应用意识。要善于结合学科内容、特点和进程来培养学生主动获取知识，解决问题的能力，从而整体提升其思维品质。如此，重组教学内容的意义和价值也得以体现。

再者，教师要具有“多变中促创造”的变革意识，以多样课型淡化程序化的教学结构，充分尊重学生和教师的自主性，鼓励教师发挥个人教学智慧，并为举一反三的灵活实施提供多维支持。

此外，教师在范式实施过程中，要具有“交互中有递进”的自省意识。杜绝拔高难度、强化操练或僵化应用，遵循儿童思维特征和发展规律，促成他们与学习材料、现实生活、教师、同伴、自我的有效交流，不断成长。

二、让思维找到翅膀

思维发展与知识学习是相辅相成的。思维在课堂中的发生是由具体课堂定义的。范式在对教学目标设计、学生发展导向以及课堂实施流程提出建议的基础上，还呈现了“要素链”“思维图”“程序库”“量规集”等四类工具，“建构概念”“探寻方法”“形成经验”“促成创新”四种课型，指导教师系统理解“学”与“教”的关系，重构指向思维发展的课堂。教师希望学生借助这样的学习，实现课堂育人价值从“记住”走向“发展”的进阶，让学生自己找到思维的翅膀。

1. 一起建构概念

概念，能帮助学生掌握事物的核心特质，并从特质出发，更好地认识事物、改造事物。从学习的角度来看，要尽可能让学生准确地掌握一个或一连串概念，能准确应用这类事物的共同特征进行辨析和应用。具体实施时，通过大量实例给予学生丰富的感性认识，通过多样方法指导学生明确概念意义并运用概念解决问题，让学生充分体验概念建立的思维过程并掌握思维方法。关联此课型的思维要素分三个层级递进，首先是辨别例证（理解、比较、分析），其次是逐渐发现概念属性（概括、抽象），得出一类事物的本质特点，或者有效同化概念（用恰当方式准确表征定义），最终实现概念应用即再现的应用。

某老师在教学五年级上数学《平行四边形的面积》的时候，分成四步来展开。首先，准备两个大小相同的平行四边形纸片。然后选择其中一张纸片进行分割，平移后，变成已学过的图形——长方形。第三步，对比长方形的面积计算，推演平行四边形的面积公式。第四步，用 S、a 和 h 分别表示平行四边形的面积、底和高，表征公式。连起来看这一堂课，可以发现概念的理解与构建是多角度思维加工的结果。课型实施中，教师要引导学生有目的地收集信息，做出合理分析和推测；要引导学生用可重复实现的事实来论证推导，不能满足于初步概念的提炼；要具有发现错误、纠正误判的审辩式教学思维。

这类课适用于所有学科的学习，其实施策略有二。一是丰富支撑材料。教师要充分预设，为学生提供具有典型意义的事实材料作为思维过程的支撑，如文本、视频、挂图、演示、实验等感性材料，引导学生感知多种形式的事实。二是优化问题设计。教师要善于通过问题生发思维动机，促成学生对问题的理解和解决，帮助学生透过现象看本质，为概念的形成奠定基础。

2. 丰富方法探寻的经历

方法一般是指为达成目标而采取的路径或行为。就“思维课堂”来说，方法可以是听来的、看来的，但更应该是探究出来、创造出来的。

这类课型，让学生掌握和运用研究方法，找到解决问题的途径，提高解决问题的能力。引导学生的思维经历从零散到集中，从局部到整体的思维过程。思维要素的应用指向寻求问题解决的最佳方案，即通过逆向、侧向、递进的思维整体思考问题解决方案，再通过归纳和演绎、分解、聚焦的思维将问题解决的方式结构化、体系化，运用综合思维形成预设方案指导实践验证的行动。

初中男生、女生耐久跑的达标距离分别为 1000 米和 800 米，决定速度的很大因素是动作是否正确。方老师从“观察同学跑步动作有何不同”切入，指导大家观看马拉松第一人基普乔格的视频，发现值得学习的动作要领。看图选择准确动作再讨论其科学合理性后，以定格游戏强化动作再组织实际演练。课堂分析观察实验室的数据显示，42 位同学中 38 位同学开跑至半途动作准确；29 位同学跑至终点动作仍准确，6 位同学经教师提醒自己纠正了错误动作。

同学们跑完全程后，方老师回放了同学们的跑步视频，在强化正确方法的同时，也让学生看到可能影响结果的反向因素，并通过综合思考找到解决办法。可见，“方法探寻”的课型实施要融合指导与实践，不能只管方法传授，也不能一味强调实践。

这一课型的操作要领，是强化概念结构化、体系化。教师要时刻牢记“问题解决”是“方法探寻”的前提，有意识地引导学生在学习中建构较为完整的思维结构体系，探寻从零散到集中、从局部到整体的方法。学生常用的研究方法一般还包括观察法、调查法（问卷、访谈）、实验法、文献法等。此外，教师在应用这一课型时，也要提醒自己作为学习者，努力将自己的有效指导与鼓励学生自主选择、主动探究有机结合起来，体验多样的研究方法，引导学生深入地分析并解决问题，形成思维品质与实践能力的共同提升。

3. 在实践中形成经验

如果说知识是固化的成果，经验是运动的信息，那么就人类文明发展而言，知识与经验是互为补充、互相转化的两个方面。在某个特定的阶段或情境下，如果经验起引领作用，那么经验更重要；如果知识起引领作用，那么知识更重要；对于处理新问题复杂问题的情况，知识和经验都很重要，二者贯通的关键是实践。

“形成经验”的课型适用于实践类内容的学习。教师可以鼓励学生尝试用广义的表征思维形成主体性理解的经验，但更倡导让学生借助已有经验解决问题、形成成果并主动反思。

这一课型的思维要素为关联、类比、迁移（厘清并提炼事件成败的决定性因素），辩证、推理、假设、求证（完成“去粗取精、去伪存真、由此及彼、由表及里”的思维精加工，通过实证具化思维成果得出具有迁移价值的信息）。

《校园植物名片的设计与制作》这一跨学科主题实践活动，源于杭州市开元中学七年级学生对美化校园环境的主动建构。担任七年级综合实践活动课程教学的史桂丽老师已经带着他们经历了主题生成、方案制定和设计稿评审三次课内指导课。课外，同学们进行了需求调查、方式修改的实践。很快，学生们就将从设计过渡到制作。接下来的这堂课，史老师打算就学生在制作过程中可能遇到的问题和困难进行指导（见案例 6-1-2）。

案例 6-1-2 《校园植物名片的设计与制作》的学习活动设计

课一开始，史老师就以一段照片回放开启“情境 · 冲突”，引导学生回顾前期活动，再逐一汇报实践进度。

老师告诉大家，追梦少年组不但有了校园植物名片的模型，还在校园里进行了调研，拍成了视频。在全班同学盛情邀请下，追梦少年组向大家展示了视频。视频中，同学、老师、家长从“用户”的角度，对名片雏形提出了很多优点，也发现不少问题，例如介绍植物知识的二维码扫不出，塑封效果不好，雨水容易漏进去，打印字号太小看不清……如此，“成果 · 应用”很快切入“对话 · 探究”。

这段视频演示了问题发现的方法途径，被采访人提出的设计亮点、修改建议，揭示制作的实际问题，引起了全班同学的共鸣。史老师顺势而导："这也说明再好的设计在制作实现的过程中也会遇到困难。”解决焦虑的同时引导学生发现新的困难，然后分组记录、汇报制作过程中正在遇到或者可能遇到的困难。

接下来，史老师和学生轮流担任困难分类师，对各小组提出的困难进行归类。再让各组选择一类问题分析原因，找到解决的办法。

讨论到“究竟用什么字体、多大字号才合适？”时，同学们提出“试一试就知道了”。于是，课堂变成实验场，贴好不同字号字体的打印稿，一位位同学排队看，投票选，最终确定黑体不加粗一号字。讨论到“除了用塑封，还可以怎么黏合？”时，史老师展示了学校实验室的众多工具，让学生自选体验。

最后的“总结 · 拓展”环节，老师借助板书（见图 6-1-4）帮助学生归纳出呈现困难—归类困难—分析原因—探寻方法—实际验证是解决困难的基本经验，鼓励学生举一反三，解决其他问题。

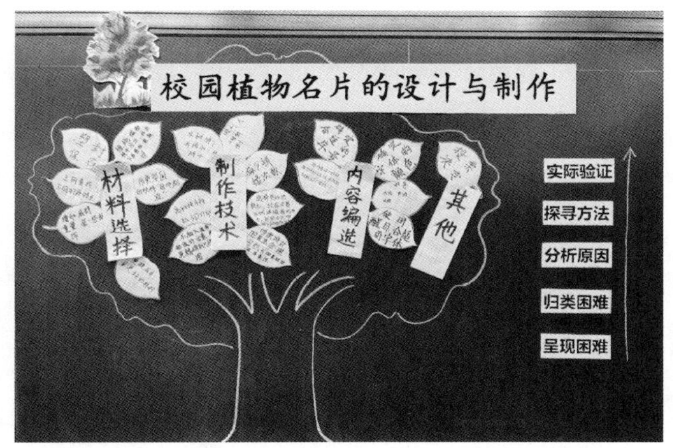

图 6-1-4 《校园植物名片的设计与制作》的板书设计

（史桂丽　杭州市开元中学）

可见，“形成经验”课型的价值不在于找到一个或几个问题的答案，而在于如何将已有的知识通过思维拓展为解决一类问题的有效策略。因此，教师要善于营造氛围，提出有价值的问题引发思维冲突，完整展开聚焦问题找到解决办法并加以实践的过程，衍生新的设想并勇于实施、科学实施。

4. 促成创新

创新是指以现有的思维模式提出有别于常规或常人思路的见解为导向，利用现有的知识和资源，为满足更高需求进行的改进或创造行为。

课型关联的思维要素包括想象、转化、统整（将所学的概念、经验和方法应用到实践中），求异、质疑、反思（多维度理解事物特征的普遍性和特殊性），创造（对事物的新理解与新应用）。

某老师在教学五年级下册音乐《春到沂河》的时候，先让学生聆听《春到沂河》乐曲，再将硬件 iPad 和软件“库乐队”结合运用，请学生在软件上用柳琴的音色和中国传统五声调式创作两小节的旋律，并进行多次演奏与完善。这一环节让学生对柳琴的音色有了更加深刻的理解，也在旋律创作中完成了新挑战。

“思维课堂”要促成的创新既有差异性创新又有探索式创新，前者是学生基于现有的思维模式，利用现存知识的改进或创造，后者是学生基于未知进行探索的改进或创造，二者的创造成果都有可能是新事物、新方法或新路径。因此，教师要学会保持耐心，因为就思维发展而言，过程比成果更重要。

链接 6-1-2 杭州市教育科学研究所附属小学“融冶校园——生态工程师“实践活动

杭州市教育科学研究所附属小学五年级学生在“生态工程师”主题实践活动（具体见链接 6-1-2，扫描二维码即可观看）中，立足校园生活，积极参与设计和改造教学楼、海螺广场、耕读长廊、风雨操场、田径场等场所。五（2）班学生的“海螺池改造”经历了需求调查、功能设计、模型制作等分几阶段的实践，还在校级成果展示会上获得了一等奖，一周后又在浙江省科技馆展出。成果满满，学习是否可以告一段落？庄峰迪老师不这么想。下一节课，她带领学生回看亲身经历的关键事件，以“我们的遗憾”为话题，从经历、方法、作品三个维度开启学生建设性的思考。跳出“作品获奖”这个框，学生对成果的认识有了拓展，对自己前期的活动从多个角度提出优化建议。例如“我们选的黏合剂价格贵，但效果不好，下次可以考虑直接用 3D 打印”“展示解说时，我太紧张。下次，可以提前练一练”。最后，庄老师以“成果档案袋”的目录设计为线索，引导学生进行组间交流，鼓励各组完善设计、分工制作、展示交流小组档案袋。这节课上，每个小组都完成了一份自己的档案袋，里面有喜悦，有遗憾，还有新的设想。这堂课，以“反思”触发新的“创新”。

如何让思维真正发生于每一堂课？这样的课堂要立足于不同的学科内容和特质，依据不同的学习进程，实施不同的课型，促成学生更主动、更自觉、更有效地思维参与。促成创新的过程，不一定看成果、作品的惊艳程度，有的时候，呵护学生的思维火花，就是培养创造型人才的最好途径。

作为区域推动课堂教学变革的实证研究，“思维课堂”凝练了创新经验。育人价值的理念重塑，构建了理想课堂的未来样本，明晰了区域课堂教学变革的新追求，推动教师课堂教学理念的重塑，为实现更具时代意义的课堂育人价值的本质回归，找到了理论与实践相结合的研究结合点。

第二节
教师更需要改变

⊙

作为教师，你一定看到过这样的教学场景：教师在课件上展示科学实验图片或者视频，学生在笔记本上记录知识点和实验结果；教师整理好名著整本书的要点，并编制出以备学生掌握的填空题、简答题，学生默背……学习似乎是学生的事，但实际上又都是教师的事。

作为教师，你是否有过这样的教学经历：除了教材与教参，不用其他的教学资料；除了制作和播放 PPT，其他的技术程序与方法基本没用过；课堂里提出的问题或任务，最终是要有答案的……即使，今天的学习都找到了正确的答案，未来，这些答案是否真的正确？

作为教师，你是否做过这样的尝试："大单元教学""项目化学习""逆向思维教学设计"……这些教学新动向，我一一了解，并做了教学实践；我对最新的技术发展充满了兴趣，并尝试将其运用到教学中；我努力研读课标，并将教学内容和课标相匹配；我经常会收集学生的信息，为我开展下一阶段的教学做铺垫……在这些行为的背后，是教师的教学理念，其中很关键的是教学思维方式和教师思维品质。

学生思维能力的提升、思维品质的发展，和他成长过程中接受到的教育分不开。教师作为学校教育的实施者，需要不断修炼自我，具有优秀的思维品质和发展学生优秀思维品质的教学能力。实际上，部分教师从小接受的教育也有一定的局限性，对学习的理解也存在偏颇。教师要将自我发展作为起点，改变学生，应该从教师自我革新开始。

一、教师要改变的是什么

教师首先要改变的是不科学的教学思维方式。教学思维是教师对教学活动及其本质的认识，关乎教师对什么是教学以及如何开展教学活动的理解与追问，决定着教师的教学实践行为，表现的教学思维方式是教师在长期教学实践中养成的解决处理问题的态度方法综合，它会体现在教学目标确定、教学内容与资源选择开发、教学方法运用等方面。

传统的教学思维方式呈现出单向性、平面化、割裂式等特点，这些问题也体现在教师的教学行为上。核心素养背景下的学科教学，亟需教师转变教学思维，让教学走对方向，走上正轨。通过观察大量的课堂教学行为发现，教师的教学思维方式存在以下问题：

重内容方法，缺乏目标思维。缺乏目标思维在日常教学中表现为两种现象。其一，缺乏教学目标意识。很多教师在教学活动中关注的是教学内容和教学流程，不清楚这些教学内容和流程能否促进学生知识建构、能力获得，导致课堂教学效率低下。部分教师颠倒教学目标与教学流程设计的顺序，先安排好教学流程，再补写教学目标，全然不顾目标与内容过程是否匹配。其二，在设计目标时缺乏结果导向思维。目标思维是结果导向的思维，是教师对教学实践的结果做出合理预测的思维方式。部分教师在目标设计上缺乏结果导向思维，误将教学过程和学习活动作为目标，以至于无法有效精准地评估教学达成状况。

重教师输出，过于主观单向。以“教”为中心的课堂，在教学设计与实践中往往以教师为主体，以教师的教学行为为核心。教学活动的主角是教师，课堂教学中教师具有绝对地位，学习活动的形式更多地局限于教师的讲授和示范、学生的模仿和接受，忽视了“教”与“学”的双向互动，忽视了学生作为学习主体的主观能动性，切断了学生与一切教学资源的多向沟通。

重书本知识，停留在平面思维。教学中只是进行书本知识和技能的罗列，强调对知识点的覆盖，忽视学习过程中方法、情感态度的融合；或者将知识技能、情感态度、过程方法割裂设计；以“知识”为起点，重视“记忆”水平的达成，“知识的运用”以模仿和简单的操练为主，缺乏多层次的思维水平的互动；以书本内容为主，缺乏与学生学习经验、教学资源材料、教学情境过程的立体勾连；重视单层次的学科能力训练，缺乏对学科核心素养的整体观照。

重单独设计，呈现孤岛现象。孤立思维下的教学设计与实践，把教学实施、学生培养的过程切割成一个个独立的互不关联的片段。从学科学习层面看，知识以点状形式分布，知识点孤立存在，未能就学科素养的达成在宏观与微观层面形成内在的逻辑沟通；从时间层面看，目标设计不能与孩子身心发展的特征相匹配，不能在每一节课上有效关注学生成长的年段特征，更谈不上对终身成长的关注。

二、教学思维转型赋能学习设计

核心素养背景下，教师需要实现教学思维的转型，用新的教学思维赋能学生学习设计，其中要明晰两个迭代中的概念。第一，从教学到学习的思维转型。教学只有转化为学习，才能到达学生学习的层面以指引和促进学生的有效学习，凸显教学的促学功能。第二，以学定教的思维转型。教师要站在学习者的立场，根据学情，遵循学习者身心发展规律，从学习行为科学的层面调动一切学习资源。赋能学习设计的教学思维主要表现在以下几个方面。

1. 指向全面育人的发展性思维

学习设计中，对育人价值的观照体现了教育教学的格局与立意。基础教育改革就是要：“推动课堂教学的‘转型’‘转向’与‘改变’——从‘教书’走向‘育人’，从‘知识传递’走向‘生命价值的挖掘与提升’。其中，由‘教书’为本转向通过教书来‘育人’，实现由‘知识’到‘生命’的转换，融通‘教’与‘育’，是其中的关键一步。”

指向全面育人的发展性思维引领下的学习设计，围绕学生发展的总目标，基于真实的问题情境，融合学科学习全过程，尊重学生的体验发现。以下两则教学设计，均体现了育人价值的学科融入。脱离学科学习情境的育人发展，容易出现贴标签、空洞乏力的现象。学习活动设计应该充分遵循学科特征，落实学科核心能力，将育人目标融入学科学习过程。

一年级上册道德与法治的第 2 课《校园里的号令》中设计了三个教学活动。一是播放各种校园铃声，正确区分并讲述不同铃声的不同含义；二是在情景模拟中正确判断各种铃声背后的行为要求，并通过示范表演表达自己的理解；三是关联生活，讨论发现各种铃声存在的意义，主动规范自己的行为，适应学校生活。

七年级上册语文第 22 课《寓言四则》之《穿井得一人》中也设计了三个教学活动。一是辨析重点词句反复出现的不同及意义，分析并阐述人物心理和形象；二是想象扩充“传谣”的过程细节，感受“传谣”的荒谬，分析谣言形成的原因；三是多角度分析寓意，并联系实际生活，探究寓言的现实意义。

回味上述两则学习活动设计，可以发现“思维课堂”倡导的是超越学科知识能力的习得与运用，自觉延伸到生活应用的复杂情境以及学生必备的成长素质。例如：对“校园铃声的辨析”和“铃声意义的讨论”是为了更好地理解“校园生活的规则”；对文言词句的分析阐述和主题人物形象的把握，有助于学生最终形成良好的思辨能力，探究寓言的现实意义，学会审慎对待外界信息，从而实现文言文教学的古今互动。

此外，充分体现学生对价值观的主动辨析、体认、澄清和建构。传统的教学也强调“情感、态度与价值观”，但是在学习活动设计中往往表现出情境与育人价值的脱离、价值观的被动接受。前一课，对“铃声价值”和“校园生活规则”的理解，是通过学生体验辨析体会到的；《穿井得一人》学习中学生良好的思辨能力以及审慎对待外界信息的价值观，是通过学生“辨析重点词句反复出现的不同及意义”“分析并阐述人物心理和形象”“想象扩充细节，感受‘传谣’的荒谬，分析谣言形成的原因”“多角度分析寓意，并联系实际生活”等一系列体验活动得到的。

2. 指向立体进阶的结构性思维

指向立体进阶的结构性思维引领下的学习活动设计，将知识点教学放到学科核心素养培养和学生年段能力发展的系统之中，明确单课教学与学科素养培养、单元整体学习以及项目化学习任务等之间的关系，充分关注到学科素养在课堂教学中落实的完整性，体现与年段特征相匹配的水平递增性特征，建立以学科核心素养为横向体系、以年段水平发展为纵向体系的立体系统的网络化结构。

案例 6-2-1　九年级语文《孔乙己》的学习目标

1. 通过精读，能借助小说细节发现孔乙己形象的复杂性，并进行合乎逻辑的论证。

2. 变换视角，概括故事，比较不同的表达效果。

3. 通过合作讨论，品味小说中富有表现力的词语和句子。

4. 能根据自己的阅读体验和理解修改原作结尾或设计孔乙己的结局，并说明意图。

（俞朔晗　杭州第十中学）

上例中，俞老师围绕学科核心素养与学科大概念，重塑单课教学的学习目标，对学科素养四个方面的每个水平层级都有所触及，其侧重与深入程度则根据学情、课堂的不同会产生相应的变化，《孔乙己》一课学习目标预设的学科核心素养水平发展层级分别为："语言建构与运用"维度的水平二——"整合与语理"，"思维发展与提升"维度的水平三——"批判与发现"，"审美鉴赏与创造"维度的水平二——"欣赏与评价"，"文化传承与理解"维度的水平一——"意识与态度"。将《孔乙己》一课的学习目标与之前设计的小说类课文的学习目标（见表 6-2-1）进行比对，形成了小说教学思维进阶的逻辑线。

表 6-2-1　初中小说类课文的学习目标

年级	小说	学习目标设计
七年级	《驿路梨花》	1. 运用略读，简单讲述小说情节（人物和故事） 2. 运用略读，指出情节中的悬念和误会，分析其效果 3. 通过讨论，分析"梨花"的多重含义
八年级	《社戏》	1. 运用略读，梳理并用四字短语概括小说情节 2. 运用精读，区分各种表达方式、分析各自作用 3. 运用换词法，品味关键字词、体会人物心理 4. 通过讨论，分析看戏经历背后的复杂情思

小说教学是初中语文教学的一个重要模块，教师要有意识地将这些分散排列的篇章教学串联起来，设计连贯一体的水平递进逻辑。以上学习目标的表述从"讲述""指出"到"分析""品味"，再到"发现""设计""评价""创造"，体现了能力水平的进阶。同时，教师将《孔乙己》一课放到九年级第四单元的单元学习目标中，与《变色龙》《溜索》《蒲柳人家》整体考虑，既有重合又各有侧重地落实小说单元学习目标。

3. 指向方法引领的整体性思维

素养立意的学习活动强调在学科核心素养以及水平等级引领下实现自我学习评价的对应与实施，强调对核心素养的深刻理解和分解细化，在多种方案的选择比对中找到最合理的适合学生学习的过程方法。指向方法引领的整体性思维观照下的学习活动设计，强调学习主体、学习条件、学习结果的整体表达，强调学习行为到学习评估的整个过程，强调学习行为的可视化和学习结果的可检测、易评估。

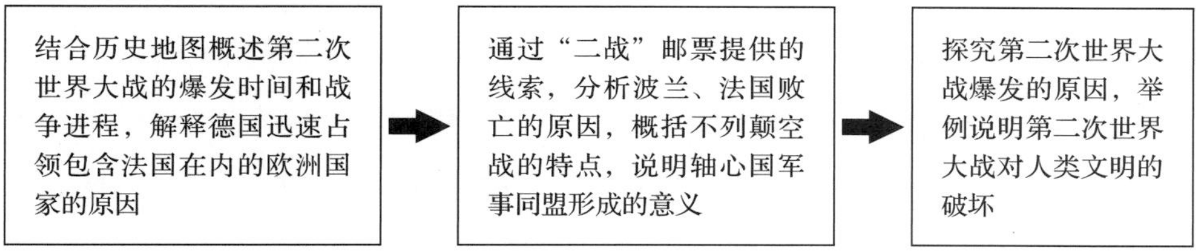

结合历史地图概述第二次世界大战的爆发时间和战争进程，解释德国迅速占领包含法国在内的欧洲国家的原因	➡	通过“二战”邮票提供的线索，分析波兰、法国败亡的原因，概括不列颠空战的特点，说明轴心国军事同盟形成的意义	➡	探究第二次世界大战爆发的原因，举例说明第二次世界大战对人类文明的破坏

图 6-2-1　九年级上历史与社会《大战的爆发》学习活动设计（第 1 课时）

在图 6-2-1 所示的学习活动中，教师特别关注学生的学科学习技能（包括学科学习方法、学科思想）的训练，将技能训练融入学科学习内容中，从而帮助学生掌握方法，提升思维能力。从中可见课堂完整的学习过程环节，目标表述包含了“历史地图”“二战邮票”等学习资源，这些也是学习凭借的条件；尤其凸显的是学习行为动词，“概述”“解释”“分析”“概括”“说明”“探究”“举例说明”，这些学习行为贯穿整个课堂，呈现了课堂学习的全貌，尤其是活动推进的整个进程；同时呈现了“学习—评估”的一体化，学习行为动词的表达让内隐的思维过程可视化，这样教师就可以根据学生外显的行为动作、具体的语言表述来评估学习结果。

4. 指向成果应用的探究性思维

指向成果应用的探究性思维强调学生在学习活动中从接受知识到发现知识，从价值接受到价值发现。这种思维引领下的学习活动设计，以创生能解决真实问题的成果或作品为导向，引导学生梳理已有知识形成结构、体系，产生新思考，或者迁移已有方法、经验创造新成果。

成果应用突出的是对学生原有学习基础经验的对接，探究性强调的是学生的主体体验参与，主动发现提炼。为了促成学生在课堂中依据学习成果创造性地去发现问题、分析问题、解决问题，教师可以帮助学生设想基于学习内容的成果，并从发布的角度进行预设和逆推，拟定学习规划，展开综合思考。关键策略是改变被动接受、死记硬背或机械训练的消极状态。

语文七年级下册第四单元的写作指导课，围绕《怎样选材》设计的学习活动有四：一，结合已有写作经验和经典作品选材分析，用表格法建立写作选材评价标准；二，建立素材库，能围绕中心从素材库中选择恰当的材料；三，出示不同的材料，辨析材料质量优劣，掌握选材真实和新颖的方法，根据中心表达的需要合理调整材料的详略；四，运用标准评价同学习作，呈现评价结果，并做出分析解释。

设计中，教师清晰地呈现了预测的学习成果——写作选材评价标准和运用标准进行写作评析的报告，并对学生已有的学习成果的总结、提炼、明晰，即原有的写作阅读经验中的材料评价标准。教师正是用成果逆推法来设计学习过程，整个过程中选材评价标准的建立不再是由教师单向呈现，而是让学生成为评价标准的主动建构者，并将写作评价标准运用到习作指导的全过程，根据正确的标准完善作品，实现自评和互评。

在指向成果应用的探究性思维引领下，课堂以“探究形成初步成果—应用成果—重难点突破—完善成果—应用新成果”的环节推进，让学生在不断地探究发现、调整完善、展示交流中提升思维品质，提高解决问题的能力。

三、教研创新助推教学思维转型

如何在学习设计研究实践中实现教师教学思维转型，同时在优秀的教学思维指导下完成学习活动设计重构？依托教研创新，探究新型教研样态，提升教研活动的实效性，是重要的途径。

1. 从“讲座式”教研转变为“工作坊”模式

工作坊模式的特点是以“学习者”为中心，让每一个参与者在实践体验中应用、掌握和内化。学习活动设计的科学性辨析难度较大，如果不进行教学实践，教师们很容易停留在原有的教学模式。在工作坊模式教研活动中，由学科名师带团队，实现重点学科突破，明确素养立意的学习活动设计陈述方法和撰写要求，开展现场设计和范例比对，并举办“学习者中心”的课堂观察研究活动。教师们围绕“不同理念教学活动的特征分析”“以‘学’为中心的活动设计”“学习目标引领下的课堂教学实践”等主题，开展讨论、设计、展示、改进完善，实现学习活动设计从模仿到自创。

例如，推进的区域新型“学习中心”建设，让先行团队示范性开展课程建设、空间布置、评价构建与教学实施，所有的核心团队成员分工合作参与到其中一个“学习中心”的建设与实践运作中，在实践中学会实践，这种工作坊式的教研模式，凸显实践性，所有人从被动参与到主动实践，对后期研究工作开展很有好处。

2. 从“经验型教研”转变为“实验室模式”

“实验室模式”是将教学环节作为实验研究的对象，包括实验方案设计、实验对象选择、数据收集整理、分析与评估等。“实验室模式”将学习活动目标转变为可观察、可测量的行为表现，进一步细化观察评价的维度，让学习活动的实施清晰落地。例如信息技术支持的“课堂分析观察实验室”，实时收集师生的课堂行为数据，通过回放、采样、统计与分析等，开展基于实证的教学研究，用数据说话，通过不断地比对，分析改进教学设计，实现学习目标的优化精简，让教学实施精准有效。基于智能助教开展课堂诊断，以数据为依据，帮助教师追溯课堂教学场景，聚焦课堂类型、课堂流程、课堂工具等要素，反思“情境·冲突—对话·探究—成果·应用—反思·拓展”等课堂基本环节，寻找改进课堂教学质量的策略。另外，教师的课堂诊断数据将最终汇聚到区域数据库，以便学科教研员及时掌握全区教师的课堂教学情况，有针对性地开展教学指导活动。

2021 年末，上城区“思维课堂观察分析实验室”实践研究推进会在杭州

链接 6-2-1
张麟老师的课堂反思

市胜利小学拉开帷幕。在课堂展示环节，杭州市胜利实验学校黄建老师和杭州市天长小学张麟老师呈现了基于一道题的同课异构。课后，黄建老师和张麟老师首先为大家呈现了两堂课思维课堂观察分析实验室的诊断报告和学生的后测数据。基于平台生成的数据和后测呈现的数据，两位老师对课堂进行了反思，与现场专家展开了讨论（链接 6-2-1 是张麟老师的课堂反思，扫描二维码即可观看）。

思维课堂“观察分析实验室”实践研究推进会，为老师们科学诊断、精准评价、反思改进教学指明了方向，也为教育和技术的深入融合带来了全新的思考。这样的教研以“采集分析—诊断改进”，成为上城的一种新型教研模式，让大家看到了技术赋能课堂改革的现在和未来。

3. 从“散点式教研”转变为“项目化模式”

“项目化教研模式”基于问题，强化经历，凸显测评，强调成果。例如上城区以项目化教研模式推进了重大教育教学改革工作，中小学“思维课堂”教学研究、作业与课堂的互动机制研究、区域“学习中心”建设、课程联盟建设研究等等。项目化教研模式有着完善的教研规划，有着系列化的研究进程，同时又因为中期推进的一系列检查，保证了教研工作的连贯性和教研的高质量。这种教研模式让老师们的教学研究始终聚焦目标，系统连贯。例如我们在推进“学习目标研究”项目中，教研活动以“创新学习目标评估”为主题，将目标评估融入教学全过程，建立“前测—诊断—反馈—跟进”的循环改进流程。教师们分工合作，针对疑难点建立可视化评估平台，运用思维图、评估题库、访谈等专项调研形式来实现目标的评估。

4. 从“单学科教研”转变为“跨学科模式”

打破学科界限，回归真实的生活问题取向，教研活动的安排正逐渐从“单学科教研”向“跨学科教研”转变。面向未来的教研如果还拘囿于单学科内，让教师困守在界限分明的学科教学之中，那与时代的脱节就会显现出来。跨学科视野下的教研活动会给教师带来别样的体验与实践。跨学科模式，不单单是学科内容的不同，更表现为学习方式的不同。

例如杭州市上城区“五育并举 融合发展”课堂变革项目组，旨在探索课堂教学的五育融合新样态。2022 年杭州市娃哈哈小学承办的“指向育人价值重塑的课堂变革研讨会”，从五育融合的视野出发，探讨育人价值重塑的课堂教学变革，通过专家报告、课堂观摩、艺术展演、空间展示、对话交流等形式，展开研讨，构建“五育融合”的学校教育新样态。学校课程和教学实践，往往需要多学科教师协同推进，例如一堂“平等”“圆满”“和谐”的课，课堂基于核心素养，融合了各个学科的特色，让每个学生都能平等地享受学习的机会和资源，启发学生从数学、体育、语文、美术、音乐等角度思考“圆的世界”。五育并举、融合育人要贯彻落实在学校教育整个过程，不能离开课堂教学。践行“与美同行”的教育理念，对以“美育”引领、带动五育融合的实施路径做了新的思考。

在这场教育教学改革中，最应该改变的就是教师，教师不变，学校不会变；教师不变，课堂不会变。教学思维的转型需要教师个人有一种自觉转变提升的意识与行动，也需要区域教研部门做出适应时代的教研方式转型探索。拥抱变化，大气包容，将学校教育与社会时代相连接，教师任重道远。

参考文献

[1] 李政涛 .“新基础教育”研究传统 [M]. 福州：福建教育出版社，2015.

[2] 孔晓玲 . 思维课堂：面向未来的学教变革 [M]. 北京：现代出版社，2021.

[3] 孔晓玲 . 教师教学思维转型：从学习目标的设计开始 [J]. 中小学管理，2021（9）：17-20

[4] 孔晓玲 . 审辩式思维观照下的初中文言文教学 [J]. 语文建设，2021（5）：39-43.

第七章
不只是设想：学习资源与未来探索

课堂是学校教育最为重要的内容，也是学校教育质量的核心竞争力，课堂应当成为帮助学生全面而有个性地成长的土壤。“思维课堂”的研究，归根结底希望课堂能发挥其促进学生成长的价值，希望教师遵循其内在规律，促进学生的成长。对教师来说，选择不同的学习资源是一个必须面对的课题。当然，教师要面对的新课题不止于此。课堂是个极为复杂的场域，其中的影响要素众多，“思维课堂”的研究要带动更多教师走出原有经验的舒适区，基于儿童的立场，去探索课堂品质提升方法。本章阐述了思维课堂视域下的学习资源建构、应用，并和读者探讨未来课堂的特征和实践。

第一节
为你而设的学习资源

⦿

没有资源赋能，就不会有理想的“思维课堂”。从某种角度来说，是学习资源的多样性成就了课堂教学目标的达成。

所幸当前互联网、云计算、大数据、人工智能等信息技术的革新，正在重塑着经济、文化、社会等领域的新样态。在教育领域，新技术以及由此产生的学习资源迭代，对教育教学的理念、呈现形态和组织形式正产生着深远的影响。不仅学校里的智能终端、智慧教室、创新实验室成了新学习资源的样态，学校外的各类场馆、乡村田野，都成了学习资源中的新鲜要素，如何引导学生掌握多种学习资源增进学习效果，是当今教育领域高度关注的热点问题。

一、“思维课堂”与学习资源

“思维课堂”更重视学习资源的个性化选择，更强调思维支架与学习工具的综合运用。这里所指的学习资源，涵盖支持系统、教学材料、学习环境，包括支持学习的人、物、信息等，以及材料、设备、场所、环境等可被学习者所用的所有。学习资源一般分为三类，第一类是为学科专门设计的学习资源，如教材、练习册、学具、实验器材等；第二类是互联网时代带来的新型学习资源，如微课、网络课程、学习社区、教育网站等虚拟学习资源；第三类是指对学习环境的重组再造，包括了非专门设计的学习资源或者可被利用的学习资源，如博物馆、创客实验室等。

虽然学习资源的日益丰富有助于学生建构学习和解决问题的能力，但这并不代表有了学习资源一定就能促进思维发展。只有结合学习资源的特点和思维发展的规律，研究学习资源应用于思维课堂的路径方法，才能从资源促进高阶思维发展的应然状态进入实然状态。

“思维课堂”所倡导的是个性化运用各种学习资源建构新型课堂样态。积极采用新技术、新方式搭建思维支架的目的，是为了促成学生的主动参与、深度对话、应用迁移和个性学习。因此，对其功能要做必要的了解和定位。

“为学生深度学习赋能”是“思维课堂”建设学习资源的价值定位。我们理解的“深度学习”，是让学生围绕着具有挑战性的学习主题，全身心积极参与、体验成功、获得思维发展的有意义的学习过程。深度学习的发生，需要师生共同开发学习资源，以适合的“学习材料”，实现“亲身”经历知识的建构和发展，帮助学生成为具有批判思维、创新思维，又有合作精神的未来公民。具体而言，“思维课堂”视域下的学习资源建设应该具有三大功能。

首先是实践性功能。通过设计多样化的学习资源，建设多类型的学习工具和平台，真正践行“玩中学”和“做中学”的理念，让学生在动手实践中习得知识，培养学生解决具体问题的能力，激发学生的学习兴趣，增强学生的学习动力，满足学生的思维发展需求。

其次是支持性功能。通过联结学科之间、校内外、线上线下不同学习资源，重构丰盈学生学习生活的学习场；通过引导学生开展游戏化学习、体验性学习、合作性学习，让学生真正成为教育的主体，并得以最大限度地发展自己、提升自己，实现共享共生，真正打造以学生为本的教育样态。

最后是研究性功能。通过强化技术助力，为学生提供最真实的学习情境，建设开放性、混合性、创新性学习资源，满足学生创新体验，支持学生开展协作学习和创意表达，打造浸润式的学习环境，让学生在快乐学习中收获真知，提升学生思维发展的内驱力。

二、思维图、程序库和微课集

近年来，上城区着力开发了思维图、程序库和微课集等，作为促进学生思维发展的学习支架和工具。

1. 思维图：促成多维度形象化的思维互动

作为打开思维潜能的强有力的图解工具，思维导图的应用范围越来越广。在“思维课堂”的实践中，教师希望把思维图作为触发师生互动的教学工具，实现四种作用（见表 7-1-1）。一是梳理再现学习内容，帮助师生掌握正确有效的方法策略，建立完整的知识框架体系；二是承担课堂管理的新型辅助；三是作为指导支架，外显思维，促成深度对话；四是作为一种可视化诊断工具服务于评估。

表 7-1-1　四种不同作用的思维图

①再现内容梳理方法	②辅助课堂管理
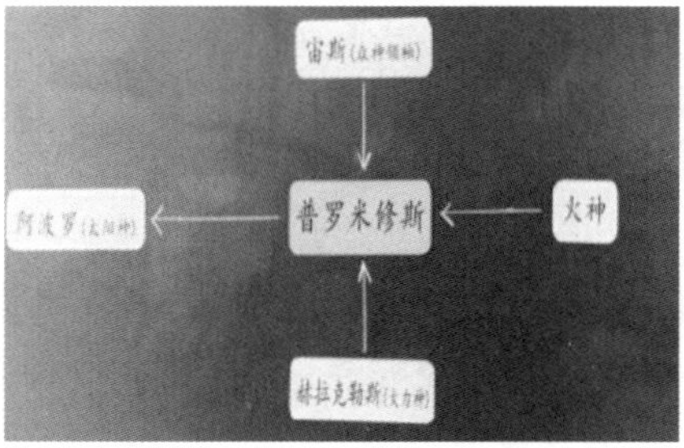 宙斯 普罗米修斯 阿波罗 火神 赫拉克勒斯 四年级上语文《普罗米修斯》	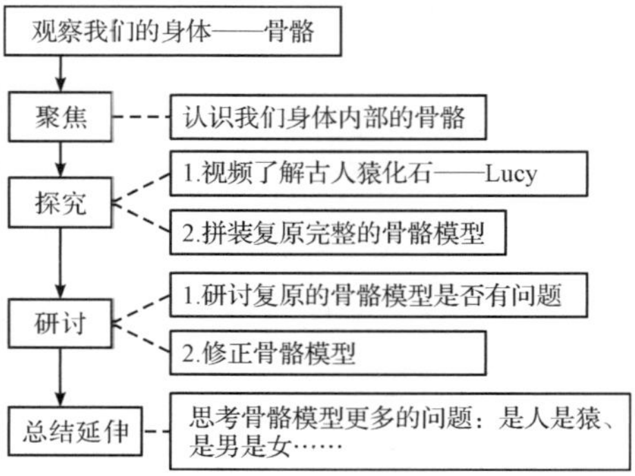 观察我们的身体——骨骼 聚焦 - 认识我们身体内部的骨骼 探究 - 1.视频了解古人猿化石——Lucy；2.拼装复原完整的骨骼模型 研讨 - 1.研讨复原的骨骼模型是否有问题；2.修正骨骼模型 总结延伸 - 思考骨骼模型更多的问题：是人是猿、是男是女…… 二年级下科学《观察我们的身体——骨骼》

续表

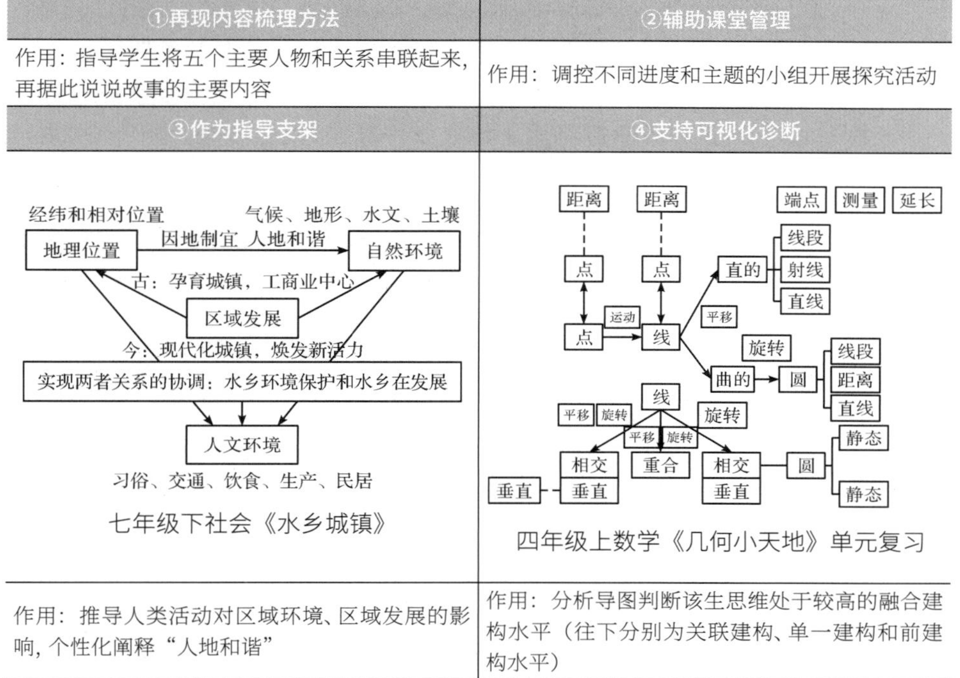

①再现内容梳理方法	②辅助课堂管理
作用：指导学生将五个主要人物和关系串联起来，再据此说说故事的主要内容	作用：调控不同进度和主题的小组开展探究活动
③作为指导支架	**④支持可视化诊断**
七年级下社会《水乡城镇》	四年级上数学《几何小天地》单元复习
作用：推导人类活动对区域环境、区域发展的影响，个性化阐释“人地和谐”	作用：分析导图判断该生思维处于较高的融合建构水平（往下分别为关联建构、单一建构和前建构水平）

思维图应用于课堂的操作要领有三：一是实现多主体的思维交互，以发展学生思维为导向，助推学生、教师都成为思维图的原创者、指导者、合作者。二是分享兼顾整体与个体，既要通过分享推动整体，也要透过思维图看到学生个体的知识结构和思维差异，并作出具体指导，或调整预设方案。三是图示的多样化拓展，如流程图、象限图等，并挖掘思维图更多的教学指导价值。

2. 程序库：优化有指导重反馈的思维指导

“工欲善其事，必先利其器。”应用合适的数字化工具可以让课堂教学的效能、效率和效益事半功倍。利用恰当的程序工具，可以在提高课堂效率、为师生减轻负担的同时，创造安全的思考环境，实现隐性思维的显性化、抽象思维的图示化以及检测反馈的实时化，提高学生的自我效能感和内部动机水平。

案例 7-1-1 七年级下综合实践活动《家居变形记》实录片段

史老师利用钉钉平台的视频会议保证学生有想法可迅速连麦表达观点；利用 Xmind 思维导图将学生的观点进行实时提炼和归类；利用在线填表功能发放调查表，鼓励和引导学生抛出自己的创意，积极反馈给出相应指导，并根据学生的观点，归纳变形记的解决思路。最终，学生们形成更完善的解决方案。

（史桂丽　杭州市开元中学）

从上例可见，有效的思维指导可能需要同时运用多个技术工具。为方便教师选择并尽快熟练使用，课题组着手引进、整理并改造了科学可靠的应用程序。

目前形成的程序库借助爱数平台搭建，涵盖导图、立体图形、模拟实验、演示、编程、音频视频创作、云协作、同屏、移动学习平台、自适应学习系统共十类 32 个可靠的教学应用程序（见表 7-1-2）。教师随时可以下载使用。这些工具对硬件环境的要求较低，既适合装备智慧教室，也适合教师在传统的多媒体教室使用。

表 7-1-2 “思维课堂”应用程序列表

适用场景	程序名称
思维导图类工具	Xmind Process On MindManager
三维立体图形演示工具	SHAPES-3d（App）
动物解剖模拟实验工具	Froggipedia（App）
天文观测工具	星图（App）
虚拟实验平台	PhET
绘图工具创建和编辑场景	Algodoo
互动反馈系统	HiTeach Kahoot Plickers App Scratch
图形化编程工具	Scratch
演示文稿工具	PowerPoint Prezi Focusky WPS
视频创作工具	iMovie 小影（App）快剪辑

续表

适用场景	程序名称
音频创作与分享工具	荔枝 喜马拉雅 蜻蜓（App）
支持云端实时协作的服务软件	石墨文档 WPS 云文档 金山 钉钉表格
移动端设备同屏共享工具	希沃授课助手
网络学习平台	全景课堂（App）
移动式互动学习平台	UMU 学习平台
自适应学习系统	基于 AI 技术的智能助学系统

3. 微课集：满足自主学习需要的思维工具

“微课”是指围绕某一单一教学目标的、以时长不超过 10 分钟的微视频为主要载体的、辅以相应的任务单和微练习等配套资源共同组成的学习资源包。作为一种新型数字化学习资源，以其“短小精悍”的特点，契合了网络时代个性化学习、泛在学习、碎片化学习等需求，微课主要服务于学生的自主学习，正改变着当前教育教学的样态。微课中教师可以设计较多的活动环节，这些环节的设置，要求学生自主学习、合作探究，对于学生学习力的提升起到了积极的作用。微课开发属于数字化学习资源开发的范畴，其流程应符合学习资源开发的一般范式，具体包括选题、设计、制作和测试四个步骤（见图 7-1-1）。

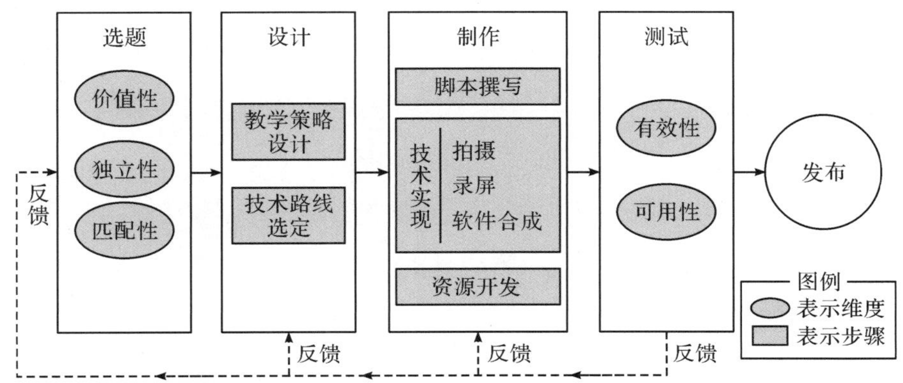

图 7-1-1　微课制作步骤

微课作为一种帮助学生思维发展的数字资源，要达到理想的教学效果，要遵循“以学习者为中心”的基本原则，配合相应的教学策略，灵活把握使用微课的时间和地点。不同类型的微课对开发者的技术要求也不同。

一是采用多样化的学习策略。问题是促进思维启动之门，在微课中采用问题化教学策略，能够激发学生的学习兴趣，衔接学习内容，促进有意义学习的发生。一般而言，问题的难度要适中，过于简单或者过于复杂的问题都难以激发学生的兴趣；同时提问的切入点要贴近学生的生活经验，比如从日常生活、社会事件、成长困惑、思想动态等角度提问。由于学习微课时缺乏课堂教学中的师生互动，所以微课中一般需要采用自问自答的方式来衔接内容。而使用情景、故事或案例教学时，能够为学生创设学习情境，使微课显得真实而充满故事性，有利于吸引和维持学生学习注意力，加强理解与记忆。

二是因人而异地设计脚本。一方面相对于课堂教学而言，学生在自学微课时，缺少教师面对面的组织与反馈，当学习任务难度过大时，学生容易产生畏难情绪，放弃继续学习微课。因此教师应尽可能面向全体学生进行设计。另一方面，微课对于支持差异化教学有着得天独厚的优势，可以让有需要的学生反复观看微课达成学习目标，也可以让学生自定步调学习。因人而异的设计，提出不同任务难度，能够支持不同学习能力的学生完成学习挑战。杭州市天长小学科学微课的资源库就是遵循这样的思路来建设的。通过科学组教师共同的梳理，将小学科学三至六年级各个单元的学习难点知识，整理成文，同时利用“e 板会”录制微课视频，存入科学组资源共享库中，并根据科学课程标准及教学经验，制作出与知识难点配套的习题集（见图 7-1-2）。

一方面，微课主要是来源于教科书的重难点，由教师制作讲解。另一方面，微课也不应该局限于课本，可以不断拓展增加微课的来源。例如，届时根据学习需要剪辑的影视作品片段，学生讲述的有趣实验或者创意，还有项目化学习的任务发布与实践指导。“高楼地标建筑设计”就采用微课方式发布了项目招标书（链接 7-1-1，扫描二维码即可观看）。此外，微课设计的理念也可以由零散的片段化向系列化发展。例如上城区在 2020 年新冠疫情防控期间，小学英

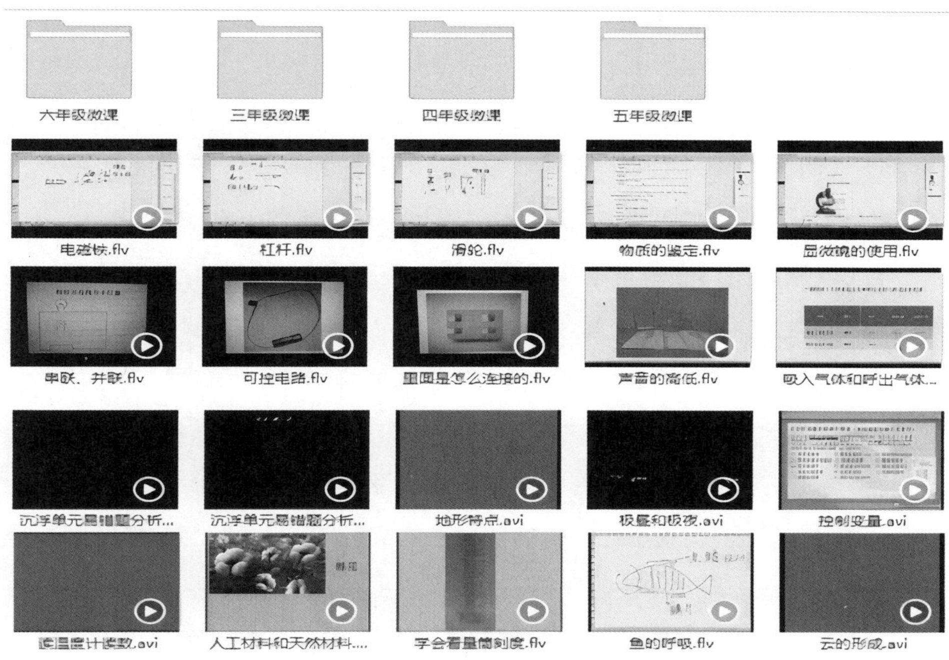

图 7-1-2　微课资源库的建立

语教研团队火速成立“非常时期微课团”，统一微课开发的标准，依据现行教材开发微课程，向社会免费开放，解决了教师和学生家长资源难找、资源难选的问题。

链接 7-1-1
杭州市地标设计大赛第二关 开启任务

又例如，杭州市蒋筑英学校发动学生动手制作微课，充分激发学生的主观能动性，也让学生在“即学即传”中“学中做，做中学”，全面提升学生信息素养与思维能力。在既定的教学目标下，采取“翻转课堂”的模式，学生自发或在教师引导下，扮演“小先生”，组织并带领学生实现自主能动性的知识获取与习得及分享。借助信息技术提升工程，“小先生”制微课从部分学科实践走向全员参与，全科涵盖。

三、学习场域的整体变革

“思维课堂”是学生生命成长的精神家园，一个充满生产力和创造力的学习空间，学生置身其中如同铁屑进入磁场，不由自主地被吸引，形成了一种学习活动特有的、强大的思维场，让场域中的每个学生都有所思、有所得。

学习场域的整体变革可以从四个方面的联通着手。首先，让教室内部的桌椅之间也成为学习交流的空间。在未来课堂中，不一定把桌椅都布置成传统形式的排排坐。教室内的桌椅应该为便于学生开展合作学习而布置，为方便师生互动而灵活移动和组合。其次，打破年级与年级之间、教室与教室之间的界限。以开放、连通的视野设计学习空间，实现班级及年级的联通，打造更大格局的学习共同体。其三，让教室与学校的各个空间实现联通。每一个学校空间都是潜在的学习空间，开放学校的整体空间，让学生在自由走动中自由沟通，自由互动。最后，让课堂和社区、社会实现联通。白天，教室是教师和学生的活动场地，晚上，就可能是社区的活动场所。反过来，学校周边的社区活动室、运动场所、公益场馆也可以成为课堂。如此，“思维课堂”和家庭、和社会自然而然形成一种紧密互动，有助于学校、家庭和社会开展深入合作。

虽然学生思维发展的水平，与学校信息技术装备并不一定成正比，但利用数字资源一定能为学生学习提供更多的选择。为了让学生获得更好的学习体验，“思维课堂”不断拓展新型的学习空间，充分利用周边社区、自然环境、博物馆等作为学习实践场所，支持学生开展多样态的真实学习。

1. 两维互补，拓展空间维度

“思维课堂”空间架构中的两维是指实体与虚拟两个维度。

实体空间主要是指真实存在的物理空间。为适应创新教育的需要，“思维课堂”需要进行合理布置，打造聚集创新资源与工具的立体集成空间。为实现平等、民主的学习氛围，马蹄形、面对面、内外圈型等多样布局方式的应用越来越普遍，为学生营造了民主、和谐的学习环境。

虚拟空间主要是依托之江汇网络课程平台，与物理空间相呼应，构成无缝融合学习空间。网络空间承载的学习资源，让学习方式有了更多选择，学生根据个人喜好、能力水平等挑选线上资源，摆脱“全班齐步”的统一教学步调。

2. 四种场景，创设多种空间

结合人本化、开放化、智能化特性的空间特征，“思维课堂”构建了“乐创空间”“科创空间”“文创空间”“慧创空间”四大场景，打造有归属感、舒适感和未来感的新型学习功能单元，引领学习方式变革。

一是注重兴趣养成的乐创空间。功能设计、尺度设计、色彩设计、材质设计等 4 条设计线打造学习中心，其中建筑造型、色彩色调、内部修饰的精心设计要充分考虑激发学生的动机，特别是对低龄段学生而言，激发学生的求知欲和探索欲，调动学生的主观能动性。例如浙江省杭州第六中学在校园中开辟了智慧农场，农场内绿植满园，小桥流水，而且安装了自动浇灌机、风力测试仪、土壤测试仪等智能装备，让学生沉浸在绿色生态奥秘的探究之中。

二是注重思维品质的科创空间。通过在场所中搭建与科创学习主题相关的场景、装置等，促进学生学习经验的积累，帮助学习者从真实的情境理解知识，并转化为自己的行动力。最终在展示并讲解学习成果的过程中回顾和总结学习经验，与同学、与教师共同分享和交流学习经验。例如杭州市蒋筑英学校“未来科学 +”探究厅中，实验设备摆放整洁有序，学生身着白大褂、头戴护目镜参观体验科学探究活动。整个空间弥漫着科学的严谨性和探究性，学生在其中耳濡目染，自然受到熏陶，丰富的学习资源为学生开展科技创新提供了更多的机会。

三是注重环境浸润的文创空间。促进思维发展的学习空间大多具有公共开放性，方便学生在课堂中开展合作交流活动，形成有利于创造创新的宽松和谐环境。如杭州天地实验小学建有“三面式开放”小剧场，拥有戏剧排练室，全息化的戏剧教室，围绕戏剧打造了“爱弥儿”电视台、“方圆”微电台、“绿幕”创作室等学习场所，为学生开展影视、艺术的创作提供了充分的支持。

四是注重技术融合的慧创空间。充分考虑学生作为“数字土著”的群体学习特征，创建能够支持学生彼此协作、便捷接入网络、促进真实学习的环境，增强现实技术、富媒体技术、传感器技术、学习分析技术等最新发展的技术装备为构建高交互性的学习空间提供了可能。例如杭州市胜利实验学校打造的创智学习中心，就是如此。学生在创客空间中感受智能灯控、3D 打印、激光切割、物联网等科技作品，体验信息技术功能作用。

3. 协同共建，形成三种模式

上城区位于杭州的中心城区，区域内名胜古迹星罗棋布，博物馆资源极为丰富，仅国家级文物保护单位就有多处。学校和众多博物馆之间距离较近，这使得区域内优质教育资源的课程化更容易实现。博物馆资源课程化要关注学生学习方式的改变。课程要引导学生进行研究性学习，设计中要有探究性问题、探究路径、思维导图、参考书目以及探究指导等；还要有跨学科任务式学习设计，把文物研究引进课程，通过有意思、有意义、有可能的学习任务，让学生面对真实问题的挑战，经历问题解决的过程。课堂可以搬到博物馆，让学生和文物面对面，身临其境地与文物进行对话和交流。这样的学习就变成沉浸式、实践式的学习，有利于激发学生主动探索的热情，提升学科素养。

自 2018 年开始，上城区在全域范围内启动了“思维课堂进场馆”的探索，在遵循“思维课堂”基本理念的基础上，与各大场馆合作建立基本操作模式，为各校推进课堂变革提供研究和实践的指南，通过治理改革打破学校与博物馆教育资源壁垒。如今，上城区多个学校已经实现了博物馆资源与“思维课堂”研究的整合，例如紫阳书院遗址与中华传统文化学习中心课程结合，蒋筑英科技馆的资源结合“未来科学 +”探究厅学习中心的课程；浙江省自然博物馆与上城区“博 · 悟”学习中心的课程相融合，就是多种资源合力促进学生思维发展的范例。

例如杭州师范大学第一附属小学在浙江博物馆、中国财税博物馆、杭州市博物馆的专业支持下，在校内建成五座微型博物馆，并基于微型博物馆的空间设计建设了项目化学习课程，探索学生五育融合的学习方式，拓展学生的成长新样态。其建构如图 7-1-3 所示。

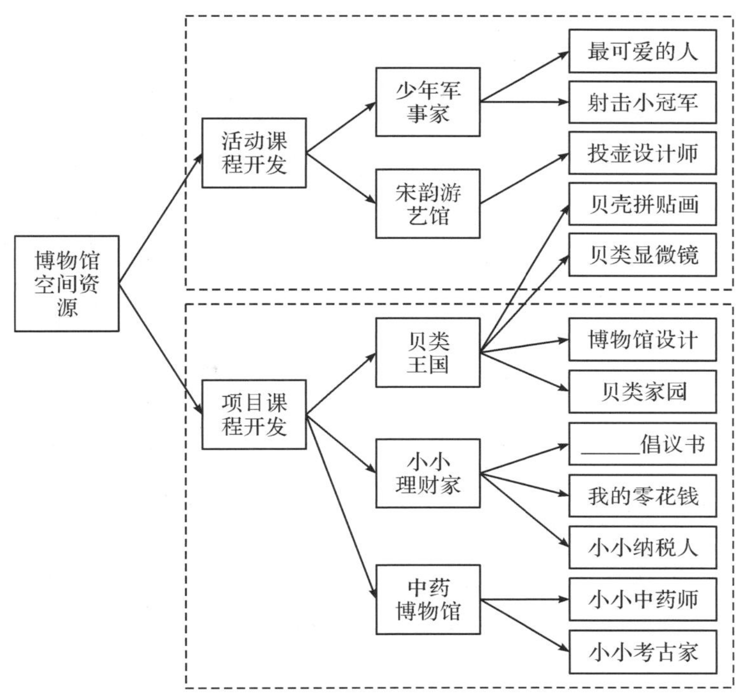

图 7-1-3　基于博物馆空间的学习资源课程课程化的建设实践

如上图所示，学校根据学生年龄段的特点开发了丰富有趣的课程。例如符合低龄儿童的活动课程有“最可爱的人”“射击小冠军”“投壶设计师”“贝壳拼贴画”“贝壳显微镜”等。根据高段学生的思维发展水平、动手实践能力以及问题解决水平，设计开发的课程有“博物馆设计”“贝类家园”“____倡议书”“我的零花钱”“小小纳税人”“小小中药师”“小小考古家”等。

如果说，博物馆与“思维课堂”的新组合，丰富了学习资源的区域供给，那么，当“思维课堂”和优质企业相遇，同样打造了新的资源样态。

案例 7-1-1 基于学校大脑的初中科学 STEM 学习中心建设

2019 年，上城区与阿里巴巴旗下学同科技开展战略合作，探索基于学校大脑的 STEM 学习中心建设，精心打造了适用、舒适、多功能的学习空间，具备实践活动区、交流区、学习资源储备区、成果陈列区等功能。初中 STEM 学习中心的核心是融合了学校大脑的控制中心，该中心布置 360° 无死角的高清摄像装置及跟踪式体感感应装置，可以捕捉学生的各种动作；同时教室内已布置各类精工仪器与工具材料等，可供学生选择性使用。同时，该教室也为模型课程与电子制作课程配置了风洞与驾驶舱等。先进设备及多元化需求设施都非常适合同学们进行长期项目式学习、实践与展示。

（杭州市建兰中学）

从案例 7-1-1 中可见，数字学习资源建设过程中，其来源通道包括自主建设、资源共享和企业购买三种途径。这些途径都能够带来资源总量的提升。近年来，杭州市“数字科技赋能、智慧城市建设”的工作不断强化，以数字经济为代表的科技创新要素成为催生新发展动能的核心驱动力，数字要素创造的价值在国民经济中所占的比重将进一步扩大。正因如此，许多高新企业都开始以创新为核心驱动力，将注意力转移到将数字技术成果运用到各领域、各行业，实现企业发展转型升级。另一方面，学校教育也正处于推进智慧教育，运用大数据技术推进教学改革的关键时期。与具有教育情怀、实力雄厚、社会影响力大的企业的合作，促进了教育与社会的跨界深度融合。

资源拓展的第三种方式，是让家庭成为学校思维课堂的有益延伸和补充，开启合力育人的新方式。

家庭资源具有方便、安全、可重复的优点。生活中常见的事物和现象中蕴含很多科学道理和探究资源。如何把孩子的审辩式思维和创新素养的培养作为父母和孩子共同的事情？答案是鼓励家长积极投入，成为“思维课堂”的参与者、建构者和共同学习者。以五年级《科学》教材为例，老师们就开发了近十个可以在家庭厨房中完成的探究活动，如“种子发芽的实验”“观察绿豆芽的生长”“做一个生态瓶”等。父母和孩子一起共同探究同一个真实问题，共同设计解决方案，彼此之间成为最好的学习伙伴，这对于学生的成长来说，难能可贵。案例 7-1-2 是建在杭州市胜利实验小学的上城区创意智造中心，面向全区学生发布的“亲子创客工作坊”的招募公告。

案例 7-1-2 欢迎参加“亲子创客工作坊”

为了让我区更多孩子了解创意智造，爱上创意智造，也为了倡导新型家庭亲子关系，上城区创意智造中心酝酿已久的“亲子创客工作坊”活动终于来了。上城区三至六年级的同学，可以带上父母来这里，通过两小时的亲子合作，完成一个真实的具有挑战性的项目，共同体验创造的乐趣。工作坊由余国罡老师和创客助教引领，每期活动，邀请 8 名同学和 8 位家长参与。特别欢迎爸爸参加的亲子组合。活动安排如下，你可以选择一项来报名。

时间	主题	简介
4 月 21 日 18:00—20:00	Pepper 机器人	编写程序，让机器人陪你玩猜数游戏
5 月 12 日 18:00—20:00	激光切割造物	使用激光切割机设计制作一件创意作品
5 月 19 日 18:00—20:00	猜拳机器人	打造一个能和你玩石头剪刀布的机器人
5 月 26 日 18:00—20:00	蓝牙智能小车	每个孩子都有一辆自制智能小车
6 月 9 日 18:00—20:00	物联网灯光控制	编写手机 App，控制台灯的亮灭与颜色

（杭州市胜利实验小学）

以上课程在周末时间进行。同时开放的还有网络亲子实验课程，以系列趣味实验为主要内容，指导学生与家长以亲子合作的方式共同进行科学探究。仅一个学期，就辐射各校学生达数百人，收到了较好的效果。

4. 面向未来，创设虚拟空间

未来学习是重构学习空间的学习。技术的发展使得学习空间由原来的物理空间延伸到了虚拟空间。与物理空间不同的是，虚拟空间是借助数字技术、互联网技术等进行信息存储、处理与分享的空间。网络空间的搭建以及其承载的海量的数字教育资源，让学习方式有了更多的选择。学生可以综合个人特长、爱好、能力等因素挑选线上课程，摆脱“全班齐步走”的统一教学步骤，进行更自由的个性化学习。

基于这样的思考，在线课程的建设成为重点。常规的线下课堂每个班只能保障 25—40 个学生同时上课，受师资条件限制，优质师资及优质课程无法惠及每个学生。教师把线下课程制作成一系列的微课，在此基础上形成微课程，发布在网络课程平台上，辅之以相关的习题和在线讨论活动，供全区所有学生选修。这种在线课程几乎不受名额限制，让优质课程资源惠及更多的学生。

与线下课程相比，在线课程对教师的数字媒体开发能力提出更高的要求。学生的线上学习主要以微课的形式进行，这就要求在教学课件的基础上，精心设计和制作各种学习资源，特别是微课的教学设计，通过情景化、问题化、故事化的教学设计，激发和维持学生的学习动机，保障微课教学效果。线上课程在教学管理上，也对教师提出了新要求。线上课程虽然不存在面对面教学中的班级秩序管理等问题，但要求教师利用网络班级群组、学习平台数据等，掌握学生的学习进度和作业完成情况，及时解答学生发布在平台中的问题等。

由于微课等学习资源面向校外学生开放的课程多为短课程，常常会带来课时紧张的问题，教师在课上讲完基础知识部分后，剩下的时间不足以支持学生开展讨论和实践。为解决这一问题，教师把课程相关的基础知识以微课的形式发布在网络课程平台中，请学生在课前学习，并完成线上的练习题。教师根据在线练习的答题情况，了解学生的课前学习情况，学生在教师的引导下进行小组交流和拓展性学习，从而获得更深层次的理解。

例如小学戏剧体验活动中心的表演课，在教育戏剧“多元智能”理念下，一种用“整个身体来学习”的创新学习模式。这门课涵盖了设计绘本阅读、角色体验、道具制作、舞台表演等学习内容，对学生进行戏剧元素训练，让不同的人有不同的智能禀赋，让孩子“多一种方式”来学习，激发不同孩子的潜能，初步培养喜爱表演的小演员。为了解决课时紧张的问题，留出更多时间在课上表演和讨论，教师采用混合式学习方式，把表演的概念、方式等基础内容制作成微课，让学生课前在线学习，而把课上的时间主要用来邀请学生表演、评价学生表演等，有效提高教学的效率，让学生的表演功底更扎实。

案例 7-1-3 的“云剧场”，是为了解决疫情防控期间师生难以现场互动的问题，而构建的学习资源。

案例 7-1-3 基于“云剧场”的英语戏剧学习中心构建与实施

“云剧场”英语戏剧在线学习中心是提供学生进行线上戏剧表演、戏剧展示的空间。它将学习的时间从局限的课堂 40 分钟拓展到生活中。为了更好地为学生提供学习帮助，戏剧在线学习中心提供了三大空间，即戏剧欣赏空间、体验学习空间和评价共享空间。“云剧场”英语戏剧在线学习中心的设计见下图 7-1-4：

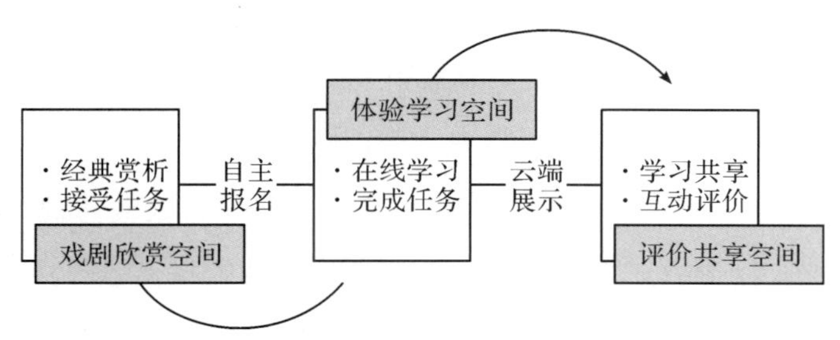

图 7-1-4 “云剧场”在线学习中心设计构图

第一，戏剧推送，经典剧目在线教学。“云剧场”教学团队需设计相关的在线学习课程与课后任务安排，通过网络平台发布本周线上体验课程，提供经典戏剧片段。学习结束后学生在了解了本课程的难度和适宜年级后，可以选择接受任务完成微作品的制作。

第二，体验学习，戏剧技巧自主感悟。自主报名参加课程后，学生进入体验学习空间，进行线上观看体验，参与人物分析、角色扮演、服装设计、道具制作等，进行个性化戏剧表演，并根据任务要求完成一定的戏剧表演微作品制作。他们可以随时随地打开“云剧场”学习微课程，根据自己的节奏播放或暂停，或反复播放，成为学习的主人。

第三，评价共享，回归目标共享成果。“云剧场”还应提供学生分享评价空间，以便学生上传微作品开展云端分享，教师团队对学生提交的微作品进行指导与实时评价，通过接受平台大数据反馈，了解学情，为后续的线上线下课程做好学情准备。此外，教师还可以及时收集学生对课程学习的需求，适时更新学生欢迎的学习内容，完善学习形式。

（陈瑶　上城区教育学院）

从案例 7-1-3 的实践可以发现，“云剧场”保留了线下小剧场的戏剧教育功能，同时具备体验门槛更低、参与度更广、不受时空限制等优点，让走进“云剧场”的学生理解戏剧的意义，变“戏剧教室”为“云空间戏剧”，为学生开展自主学习、提升思维品质、提升创新能力提供可能。同时，“云剧场”为学生提供了不同于线下学习的感受体验，激发了学生的学习自主性；通过引导学生感受自己肢体变化、面部神态、声音变化等，保持健康心理。此外，“云剧场”还能帮助学生克服现场表演可能带来的局促感，放下焦虑，更好地参与到表演中来。虚拟的“云剧场”，引导学生搜集更多信息来理解故事背景，用自己的方式更好地塑造人物形象，为创新意识、创造能力的发展提供了支持。

对教师来说，新型课堂场域的观念能改进教学模式，使自主学习、合作学习、探究学习等设想付诸实践。“思维课堂”的资源建设，就是要把传统学习方式的优势和数字化学习或网络学习的优势结合起来，既发挥教师引导、启发、监控教学过程的主导作用，又能体现学生作为学习主体的主动性、积极性和创造性。如此，学生既能在课堂中学有所获，还能根据自己的学习风格，自定学习进度，完成个性化学习。

第二节
“思维课堂”的未来探索

“思维课堂”教学研究的初衷，是希望解决中小学课堂教学的现实焦虑。例如，把超前的学习节奏误解为超常的学习能力，从而盲目增加学生的学习负担；又例如，把“教什么”或“怎么教”的问题视作教学研究的全部……

当今世界，正经历百年未有之大变局。当今中国，正发生着天翻地覆的变化。整个社会已经达成一种共识：不再以分数高低来衡量人才质量。未来的国家建设者应该具备适应终身发展和社会发展所需要的必备品格和关键能力。

如何帮助学生在学业发展方面获得人文底蕴与科学精神的共同提升？如何促成学生既会学习，又会生活的自主发展？如何引导学生在成长过程中获得丰富的实践经验与创新经历，成长为有理想、有本领、有担当的人？教育的责任实在是太过重大，太过艰巨。

各地、各校教育教学改革的步伐从未停下，教育人对“学习”的理解越来越透彻，对“课堂”的要求越来越高。然而，不可否认的是，从理念到实践落地的过程中，我们所走的每一步，都会遭遇重重阻碍。课堂是个极为复杂的场域，其中的影响要素众多，“思维课堂”研究抓住最关键的要素，基于儿童的立场，基于真实学习的立场，去寻找符合当下学习规律的教学实践之路。“思维课堂”的研究力图找到一条可见、可行的路径，让教师解构学习的密码——思维，和孩子一起体认学习的价值和意义，并使其落地、生根、发芽、开花和结果。这一过程，带领很多人走出了教学的舒适区去探索课堂品质提升的方式与方法。因为，教育的意义不仅在当下，更在未来。

只有敏锐地把握住时代发展的趋势，看到未来，才可能实现“为了未来”的教学变革。未来的“思维课堂”研究，寻求的就是这样的变革。

一、“思维课堂”的本质是育人

一说到思维能力提升，更多的老师想到的是课堂的高效、认知的加速。我们经常要提醒自己，教育的目的是什么？各种方法、手段、载体，最终必须服务于目的——育人。“思维课堂”希望发展学生的思维，而不是为了让学生更好地记住、背诵、获得一个好分数，那违背了教育的初衷。“思维课堂”的教学研究，希望引导老师们，从更高的立意、更大的格局，赋予课堂更有生命力的价值。

思维品质培养是学生能力发展的核心，这些能力要为学生的未来奠基，首先服务于其进入社会能更好地获取生存技能的需要，其次在于获得更有品质的精神世界的需要，就如马斯洛所说的获得友谊、尊重和自我实现。这就需要教师实践“思维课堂”教学的时候，心中有思维，更要有学生，不仅重视思维培养的结果，更要注重思维培养的过程，注重思维培养的方法艺术。

1.“思维”是有情感倾向的

浙江大学心理学博士王腾飞认为：“思维是冷的，情感是热的，两者是不同的。但是，涉及针对情绪或者社会的情景和刺激的推理，其实就有了情感倾向。所以，情感会影响思维，思维也会影响情感问题的解决能力。”确实，思维的情感性主要表现在所处环境的情感倾向和思维方式习惯之中。安全自由的学习环境包含了更多的容错性，不害怕失败与试错，主动尝试错误，让学生在错误中找到正确的方向。任何一种思维的发展离不开这样的行为。

如此，课堂之变革就势在必行。停留在知识技能传授和操练的课堂，无法做到“目中有人”，无法实现核心素养的自觉转向。积极主动、不懈质疑、包容开放，是优秀思维应该具备的特征，但我们不能指望学生天生就有，或者一夜之间自动生成这样的能力。

从这个角度来说，课堂的变革不能用一个模子来打造，但课堂的精进一定是赋能学生作为一个“人”的发展。“思维课堂”要打造的就是理性与情感交互发展，思维与能力互补递进的学习。

2. 赋予学习责任

要激励学生成为学习的主人，自主学习应该成为孩子的常态行为，思维品质培养的影响力如何从课堂延伸到课外，延伸到学生未来的生活，其最终目的是让学生感觉到学习的责任。赋予学生管理自己思维的角色，规划调整复杂的项目和人物，不断反馈修改，阶段性推进反思环节。责任的期望，一定会带来课堂学习颠覆性的体验。

3. 提供个性化的“思维”支架

思维品质的一大特点就是个性化，每个人的独特思维路径使课堂充满了复杂性和挑战性。“思维课堂”教学强调思维过程的可视化，根本目的就是看见思维，从而诊断思维、发展思维。每一个学生的思维漏洞、思维方法都不一样，我们尽可能地针对不同孩子的思维缺陷或思维问题提出针对性的发展方案，从而实现全面发展的育人目的。

从这个角度来说，教学研究必须摒弃功利的因素。我们的教是为了最终不需要教，我们的研究最终是为了人人都能研究。“思维课堂”的研究，是以教师的自觉改进、学生的自我负责为最终目的。

二、为未来学习而设计

未来，学生将如何学习？不妨畅想这样的情境。如果某个学生想了解外星人，他可以选择邀请一位真实的或者虚拟的天体物理学家和自己对话，也可以直接把自己投射到元宇宙中完成一项星际联谊活动；或者，他喜欢通过实景阅读，可以把自己传送到 10000 年前，解读古人留下的雕塑、壁画、文字中的信息；还有可能，他会找到志同道合的学习伙伴，就某个问题展开大量检索，就某个议题进行论证……

这样的学习方式，真的离我们很远吗？如果有一天，这样的学习方式具备了物理条件，我们的学生能拥抱它，并从中获益吗？“思维课堂”的研究，试图站在未来回看今天的学习，并做出改变。

1. 打破时空禁锢

我们习惯了听铃声上下课，学校将教师按时进课堂、下课铃声响起准时下课等行为纳入教学管理的范畴，教师的课堂教学设计也是按照学校给定的具体实践来进行的。

变化不会等人们完全准备好才来，新冠疫情就让常态化的课堂时空变得脆弱不堪。一方面，我们看到线上教学的蓬勃发展，拓宽了教学时空，让更多的可能得以实现。另一方面，我们也发现，学生自主学习和实践，有效思维和拓展的能力成了决胜学习的关键，但是大多数学生并没有做好准备。

理想的“思维课堂”是重新认识课堂后的时空重构。新时代发达的技术媒介，正走入教育人的研究视野，但是资讯的丰富迅疾，信息的爆炸，也让教育者措手不及。罗杰斯对学习原则论述的一个核心，就是要让学生自由学习。实现学生自由学习的前提，是要信任学生，看到他们所拥有的可能性和无限的学习潜力，并为之提供帮助。“思维课堂”教学是以任务情境为单位，以问题解决为核心，大任务套小问题，有时候不需要常规的一节课时间，有时候需要长时间地投入或者经历好几周。所以按问题解决安排时间节奏，需要教师们思考时间的分配、张弛和教学频度强度的设计。

春天的时候，杭州滨江的樱花大道上经常有学生在那边跑步，某中学将体育课跑步项目放到了樱花盛开的跑道上。尽管樱花与跑步的技巧无关，但旁观者明显感觉到了课堂的幸福感。

杭州市崇文实验学校的校园里有一个生物角，科学教师充分利用这里的生物多样性给学生讲课。越来越多的学校和教师，将学生带到学校附近的古街步行道，让学生边走边记录，回来后，给相关部门写古街改进建议信……

课堂不仅仅是一个固有的空间，它的禁锢应该被突破，走进自然，走进社会，当我们赋予这些事物以教育的意蕴和价值，所有的资源就会有新的活力。

2. 实现学科融合

学科细分来源于分化的精致追求，这让各个学科的壁垒越来越牢固，学科之间的界限分明，互不干扰。而问题也随之产生。我们每一个人在解决家庭问题、社会问题的时候，不可能将需要解决的问题进行分解。例如装修房子，先考虑用数学去思考解决，然后进入语文频道，再思考道德与法治，这是很可笑的事情。而事实上，每一个学科的教师都在强化自己的领域，还有老师担心学生因其他学科占用本学科的学习时间，而抑制其他领域。

跨学科不是“学科 + 学科”，而是以真实的问题解决为出发点，鼓励学生运用多学科的理论和方法，努力寻找解决的方法路径。

从单学科、多学科到多学科、超学科学习，“思维课堂”教学强调的不是学科界限，而是解决问题，让“思维”能力在真实的土壤上生长。超学科并非取消学科，实际上更需要每一个学科，每一堂课，为实现有品质的真实学习，做出贡献担当。

3. 无用学习与无评价学习

因为各种错综复杂的原因，当下的教育太重视学习的“有用”，为分数，为生存，为自我，等等。“高效学习”和“有效学习”的理论基于“有用学习”，如此的功利视角界定了很多“有用”，是针对局部和眼前的。面向未来，“思维课堂”能否多一些“无用学习”？乔布斯学习书法课的时候，根本没想过这个课程居然会带来改变社会的效果；朝一朵花发呆，向一只昆虫问好，有用还是无用？孔子说的“君子不器”，说的是君子不能局限于器物的功能，应该有更大的格局，博学多识。多学一点眼前无用的知识，让自己的容量变大，视野变大，为未来做好准备。

同样，目前的课堂教学非常强调评价，而评价标准来源于共性标准，是在个性化实践基础上的高度凝练。评价对群体目标的达成确实有贡献，但问题是我们能否为个体定制评价。我们看到的评价设计者绝大部分是专家，是教师。将评价的主动权交到学生手中还有很长的路要走。无评价学习崇尚自由自主的学习，褪去更多的功利目的，安全惬意地享受学习的过程，将学习思维的过程作为精神世界提升的一部分。

三、“思维课堂”与技术工具

“思维课堂”的研究，自始至终把技术、工具的融合作为重要的途径。之所以将技术工具单独提出来讲，是因为技术发展日新月异，已经改变了我们的生活方式，必将对教育产生巨大的影响。技术为教学所用，为学习所用，为思维发展所用，势在必行。链接7-2-1（扫描二维码即可观看），呈现的是波士顿动力机器人的成长之路，见证了人工智能技术的高速发展和未来趋势，也提醒人们，教育无法回避技术，也必须融合技术。

链接 7-2-1 波士顿动力机器人发展史

1. 技术赋能“思维课堂”教学研究

技术赋能的“思维课堂”研究已经在我们区域内全面铺开，并有了阶段性的实践成果。“AI+”课堂诊断，基于观察数据开展教学反思。在 AI 智能助教的帮助下，教师可以根据思维课堂教学诊断框架，对比思维课堂教学的一般范式，依据课堂观察分析报告中的数据开展教学反思，成为落实常态思维课堂教学的有力抓手。部分教师对思维课堂的教学理念和实施策略还不够明晰、不够娴熟，基于智能助教开展课堂诊断，以数据为依据，帮助教师追溯课堂教学场景，聚焦课堂类型、课堂流程、课堂工具等要素，反思“情境 · 冲突—对话 · 探究—成果 · 应用—反思 · 拓展”等课堂基本环节，寻找改进课堂教学质量的策略。另外，教师的课堂诊断数据将最终汇聚到区域数据库，以便学科教研员及时掌握全区教师的课堂教学情况，有针对性地开展教学指导活动。

“AI+”教学研究：开展常态课堂教学研究。AI 智能助教同时也改变了教师的课堂教学研究方式。AI 智能助教为教师营造了一个虚拟的教研空间，系统的拍摄设备直接安装在班级教室中，在拍摄时教师和学生是无感的，丝毫不担心因为观察者的存在而改变课堂样态。教师可以邀请其他教师观看课堂录像后评课，甚至可以直接邀请教研员、教学专家远程实时听课。由教师群体、教研员、专家远程协作建立的在线研修共同体，进一步挖掘课堂观察分析报告中的数据，发现普遍规律，聚焦异常数据，回放课堂视频，还原师生行为发生的具体课堂场景，让课堂教学研究走向深处，走向常态。

“AI+”沉淀资源：建设个性化的数字资源库。教师利用 AI 智能助教自动生成课堂实录，对教学设计、课件、优秀作业、课堂观察分析报告、教学诊断报告以及教研过程进行全方位的记录，形成教师专属的个性化的数字资源库。教师也可以对课堂实录进行切片处理，自动生成微视频，标注课堂录像中的经典问答、特色活动、成果展示等，保存到云端资料库或本地电脑中。这些资源将为教师下一步的教学和教研提供参考。在此基础上，AI 智能助教汇聚全区教师的优质数字资源，形成区域课堂教学资源库，推进优质数字资源的共建共享。

人工智能技术的革新正在重塑着教育教学的新样态。但是无论技术如何发展，课堂的本质没有发生变化——它仍然是一个师生互动对话的过程。人工智能应用于教学的关键，在于把技术与常态课堂深度融合，促进学生的知识习得与思维发展，促进教师的专业成长。

2. 从使用工具到创造工具

当技术仅仅作为工具的时候，它是静态的、无生命的。当我们从功能的角度去审视工具，并将其运用到具体的任务情境中，工具就产生了实际的意义。

对教研工作者来说，提供工具只是最基本的帮助。对教师来说，尝试是变革的基础。让教师围绕一个问题的解决，尝试使用不同的程序软件或者平台，对比分析哪一种符合教师所需要的达成效果，这样的做法明显比以前好很多。技术工具的功能开发和使用规则掌握在少数技术人员手中，不断地揣摩和学习工具的行为让教师不堪重负。这些工具是否能减轻教师目前传统的教学行为的负担，成为教师首选工具之一？其实，教师需要的并非技术工具成品，而是一些可以自由组合的部件，不同的组合具有不同的功能，能基本满足其备课、上课、批改和辅导、记录的工作需求。让教师和学生有制作或者创造工具的可能，就会改变目前被动的局面。

华东师范大学博士生导师李政涛教授曾经说过，在思维课堂建构的过程中，上城教育人创生出的属于现在并通向未来的“上城范式”，不只属于上城、属于杭州，也属于中国、属于世界，它在发出“课堂变革：教学改革的中国声音”的同时，也丰富了“中国声音”。“思维课堂”的研究不会停步，因为，我们有责任与信念。

让我们一起畅想未来，建构属于未来的“思维课堂”！

参考文献

［1］朱永新．走向学习中心：未来学习中心构想［M］．北京：中国人民大学出版社，2020.

［2］朱永新．未来学校：重新定义教育［M］．北京：中信出版集团，2019.

［3］中共中央办公厅、国务院办公厅．关于进一步减轻义务教育阶段学生作业负担和校外培训负担的意见［Z］.2021.

［4］浙江省教育厅等四部门．关于进一步规范小学放学后校内托管服务工作的实施意见［Z］. 2018.

［5］刘宇佳．课后服务的性质与课后服务的改进——基于我国小学“三点半难题”

解决的思考［J］. 当代教育论坛，2020（1）：45−51.

［6］陈宇卿. 区域教育走向个性化：行动与反思——以上海市静安区教育改革为例［J］. 教育发展研究，2016（6）：58−62.

［7］康丽颖. 促进儿童成长：课后服务多元主体协同育人探讨［J］. 中国教育学刊，2020（3）：22−26.

［8］吴开俊，姜素珍，庾紫林. 中小学课后服务的政策设计与实践审视——基于东部十省市政策文本的分析［J］. 中国教育学刊，2020（3）：27−31.

［9］尹后庆. 新优质学校的价值追求和现实关照［J］. 上海教育，2021（21）：28−29.

［10］王莺，郑一峰. 学习中心：中小学创新教育的区域实践［J］. 教学月刊. 中学版（教学管理），2021（1）：9−11.

［11］孔晓玲. 思维课堂：面向未来的学教变革［M］. 北京：现代出版社，2021.

［12］施良方. 学习论［M］. 北京：人民教育出版社，2001.

后　记

面向未来，致敬当下

⊙

“思维课堂”的研究已经持续了很多年。这项研究，始终牵动着我们的好奇心，让一整个团队长时间关注并尝试揭示一个又一个环节的奥秘。某种程度上，它已经成为区域教育人追求教育变革的一种信念。

勇气，是这支团队的第一个标志。基础教育的痼疾非一个人、一个团队所能解决，但星火的力量不容忽视。学业负担的问题、身心健康的问题、教育理念转型的问题……真正的教育人敢于直面基础教育的难点、痛点，课堂、学习、思维，作为我们教育教学改革的聚焦点，我们力求用这个支点撬起对基础教育质量提升的期望。我们的团队高频次地开展实践研讨，更多的是失败与迷茫，我们拿不出一个通用产品，我们提炼不出新颖的观点理论。但是每个学期开学，我们这个团队总能“咬”住一个曾经阻碍我们前进的攻关点，汇集大家的智慧，信心满满地再次开始新的探索。“思维课堂”教学研究需要执着的信念和坚定的决心，致敬当下，上城团队的每个人为了心中的教育理想前行，上城为教育改革贡献了自己的力量。

理性和智慧，是这项研究不变的追求。“思维课堂”教学研究立足当下，追寻的是面向未来的学教变革。教育教学改革进入深水区，整齐划一的简单变革动作已经不适合现在的环境。教育需要高品质发展，课堂需要实现育人价值的重塑建构，而“思维”是高品质教育的保证，是学生学习真实发生的关键。我们的研究遵循实证的方式，在“设计—论证—实验—再论证—再实验”的循环中递进。这种内嵌式的教学实验，是一场静悄悄的革命，是一种自我的修正反思，是不断精进的过程，是一个继承与发扬的过程。所以，几年来，我们很少发布指令要求学科怎么做，要求学校怎么做。我们希望一切都是内在的蜕变，滴水穿石，量变促成质变，在不久的将来，看到一个全新的自己。

开放与包容，是上城教学变革的特质。课堂教学的情境纷繁复杂，我们深切地认识到仅靠一支队伍、一个区域的力量是不够的，不同的区域不同的教师，有着不同的发展土壤、不同的教育理念，允许大家有不同的声音，观点可以亮出来讨论辨析，方法可以拿出来使用比较。就一个区域而言，也不可能让所有的学校齐头并进，让所有的学科整齐划一。在包容各种研究观点实践方式的同时，我们也包容教育人的实践速度与参与程度，只有这样，才能营造一个安全的研究实践氛围。对我们而言，包容自己的不完美，包容所有的失败，在涅槃中接受真实的自我，是难能可贵的。前进固然是好，而要持久地前进需要更多的支持。

上城区教育学院每一个学科研究员都参与其中，很多学科在此研究领域颇有建树，为区域研究推进贡献了学科智慧。中小学“思维课堂”教学研究过程中不断有子项目推进，这些子项目的研究推进很有生命力，例如吕琼华老师负责的“思维课堂观察分析实验室”、邵虹老师负责的“促进思维发展的好作业研究”、杜洁老师负责的学业“思维树”的精准构建，还有汪湖瑛老师负责的“学科项目化”实践研究，在行进之路上，都有了阶段性成果。尽管有很多磕磕绊绊，但我们的思考和实践从未停止，假以时日，这棵“小树”一定会蓬勃生长。

得益于“上城教育高质量发展系列丛书”总主编项海刚局长和教育局全

体领导班子的支持，中小学“思维课堂”教学研究不断深入。中小学“思维课堂”教学研究受国内外最前沿的“思维发展”理论与实践案例的影响，过程中不断吸收各种新的教育教学设计理念来指导实践，例如项目化学习、逆向教学设计等；不断地寻找技术工具来支持课堂观察、教学设计、学习活动组织等。继第一本专著《思维课堂：面向未来的学教变革》出版后，我们再次写下《思维课堂：和孩子一起解码学习》。两本书既有联系，又是深入聚焦探索，侧重点与研究的深度不同。两本书在一个逻辑系统内，前者更为宏观，从区域的教学推进的角度提炼范式、提供教学案例；后者，更多的是基于儿童视角的学习思维培养的思考与实践。本书的第一章由唐少华和蒋敏撰写，后面的撰写者分别是第二章邵虹、朱奕晴，第三章闻蓉美、陈瑶，第四章汤亚梅、曹建军、孙琴娟，第五章吕琼华、任敏龙，第六章蒋敏、孔晓玲，第七章郑一峰、孔晓玲。本书的科研助理是徐雪峰老师。本书在撰写过程中还得到了华东师范大学李政涛教授和杭州市教育科学研究所原所长施光明先生的倾力指导，我们不胜感激。

此外，浙江省教研室任学宝主任、张丰副主任，浙江省教育科学研究院朱永祥院长，浙江省教育科学研究院基础教育研究所林莉所长，杭州市教育科学研究院俞晓东院长等诸多专家的引领指导，为“思维课堂”教学实践落地实现“一键高能”指明了方向，我们感恩在心。

面向未来，致敬当下。走好脚下每一步，让更多学生享受课堂，享受学习，走向幸福的未来。

编者

于 2022 年大暑